"十二五"国家重点图书出版规划项目

21世纪先进制造技术丛书

高速列车激光-电弧复合焊接技术

陈　辉　吴圣川　著

科学出版社

北　京

内 容 简 介

全书系统介绍高速列车主承载结构关键部件所涉及的材料激光-电弧复合焊接过程机理、焊接关键工艺技术、焊接过程数值模拟、焊接过程智能化控制、接头的服役性能及安全可靠性评价，将激光-电弧复合焊接的研究成果与工程化应用实例展现给读者，使读者能够更深层次地了解高速列车主承载结构关键部件激光-电弧复合焊接关键技术及其工程化应用前景。

本书可作为材料加工方向高年级本科生及研究生的教材，也可供相关领域的科研工作者、工程技术人员参考。

图书在版编目(CIP)数据

高速列车激光-电弧复合焊接技术/陈辉，吴圣川著. —北京：科学出版社，2019.6

(“十二五”国家重点图书出版规划项目：21世纪先进制造技术丛书)

ISBN 978-7-03-059899-8

Ⅰ.①高… Ⅱ.①陈…②吴… Ⅲ.①高速列车-焊接工艺 Ⅳ.①U260.6

中国版本图书馆CIP数据核字(2018)第268168号

责任编辑：刘宝莉 / 责任校对：郭瑞芝

责任印制：徐晓晨 / 封面设计：陈 敬

科学出版社 出版

北京东黄城根北街16号

邮政编码：100717

http://www.sciencep.com

北京凌奇印刷有限责任公司 印刷

科学出版社发行 各地新华书店经销

*

2019年6月第 一 版 开本：720×1000 1/16

2021年4月第二次印刷 印张：12 1/4 彩插：4

字数：250 000

定价：98.00元

(如有印装质量问题，我社负责调换)

作 者 简 介

陈辉，西南交通大学教授、博士生导师，“轨道交通关键材料及服役安全评价技术”四川省青年科技创新研究团队带头人，四川省学术与技术带头人，四川省有突出贡献优秀专家，四川省科技创业领军人才。西南交通大学轨道交通材料及工艺研究中心常务副主任，四川省先进焊接及表面工程技术研究中心常务副主任，成都市科学技术顾问团特聘专家，成都新材料产业研究院专家咨询委员会委员，中国焊接学会四川省地方委员会主任，四川省机械工程学会焊接专委会主任。承担国家重点研发计划课题、973 计划前期研究课题、国家科技支撑计划课题、国家自然科学基金项目 10 余项。近 5 年出版专著 2 部，其中《高速列车铝合金车体的焊接技术》获得“首届四川高校出版社图书奖”优秀学术著作一等奖；发表论文 120 余篇；授权发明专利 4 项，实用新型专利 9 项。获得四川省科技进步奖一等奖 1 项，四川省第八届高等教育教学成果奖二等奖 1 项，教育部创新创业大赛国奖银奖 1 项。

《21 世纪先进制造技术丛书》序

21 世纪，先进制造技术呈现出精微化、数字化、信息化、智能化和网络化的显著特点，同时也代表了技术科学综合交叉融合的发展趋势。高技术领域如光电子、纳电子、机器视觉、控制理论、生物医学、航空航天等学科的发展，为先进制造技术提供了更多更好的新理论、新方法和新技术，出现了微纳制造、生物制造和电子制造等先进制造新领域。随着制造学科与信息科学、生命科学、材料科学、管理科学、纳米科技的交叉融合，产生了仿生机械学、纳米摩擦学、制造信息学、制造管理学等新兴交叉科学。21 世纪地球资源和环境面临空前的严峻挑战，要求制造技术比以往任何时候都更重视环境保护、节能减排、循环制造和可持续发展，激发了产品的安全性和绿色度、产品的可拆卸性和再利用、机电装备的再制造等基础研究的开展。

《21 世纪先进制造技术丛书》旨在展示先进制造领域的最新研究成果，促进多学科多领域的交叉融合，推动国际间的学术交流与合作，提升制造学科的学术水平。我们相信，有广大先进制造领域的专家、学者的积极参与和大力支持，以及编委们的共同努力，本丛书将为发展制造科学，推广先进制造技术，增强企业创新能力做出应有的贡献。

先进机器人和先进制造技术一样是多学科交叉融合的产物，在制造业中的应用范围很广，从喷漆、焊接到装配、抛光和修理，成为重要的先进制造装备。机器人操作是将机器人本体及其作业任务整合为一体的学科，已成为智能机器人和智能制造研究的焦点之一，并在机械装配、多指抓取、协调操作和工件夹持等方面取得显著进展，因此，本系列丛书也包含先进机器人的有关著作。

最后，我们衷心地感谢所有关心本丛书并为丛书出版尽力的专家们，感谢科学出版社及有关学术机构的大力支持和资助，感谢广大读者对丛书的厚爱。

熊有伦

华中科技大学

2008 年 4 月

序

高速铁路的钢轨、桥梁、隧道开挖等工程机械和机车车辆的制造都离不开焊接，而焊接是决定其结构服役安全可靠性的关键技术。西南交通大学轨道交通材料及工艺研究中心几十年如一日，长期从事铁路焊接研究工作。在钢桥方面，针对梁板钢桥焊接、16Mn 钢桥栓焊和大跨度微合金化钢桥梁整体节点的焊接，承担了多项研究工作。在工程机械方面，在国家“六五”攻关中承接了工程机械用 15MnMoVNRe 高强钢焊接强韧性的研究，进行了筑路机械捣头和盾构机开挖刀具研究并组织产品生产。在钢轨焊接方面，西南交通大学起步较晚，但发展很快，从钢轨补焊到铝热焊和小型气压焊焊接钢轨，到修理进口闪光焊机，再到研制大型闪光焊机和气压焊机，相关技术和装备已出口国外，在轨道交通和高速铁路的建设中起着重要作用。在高速列车方面，在国家“八五”攻关中承接了高速列车机车车体不锈钢焊接项目和客车车体铝合金焊接项目。

近十年来，作者团队参加了多项与高速列车制造相关的国家科技支撑计划项目，承担了各系列高速列车的焊接残余应力测试分析，对高速列车焊接结构易出现的问题，特别是接头疲劳和应力腐蚀进行了深入的试验研究和理论分析，为提高结构安全可靠性起到了重要作用。针对存在的接头强度低、气孔倾向大等问题，提出将激光-电弧复合焊接技术应用于高速列车铝合金的焊接，降低焊缝的气孔倾向，提高接头强度系数，克服了搅拌摩擦焊接在底架复杂短焊缝上应用的不足，为高速列车焊接技术创新提供了新思路。作者团队近年来开展了铝合金枕梁、不锈钢端部底架、耐候钢转向架等部件的激光-电弧复合焊接研究，根据近几年的研究成果，总结分析并撰写此专著。

《高速列车激光-电弧复合焊接技术》一书总结了近期高速列车激光-电弧复合焊接研究成果，内容丰富新颖，对进一步研究高速列车焊接结构可靠性和促进优质高效的智能化生产有着重要作用。

西南交通大学教授　王元良

2018 年 9 月于成都

前　　言

为打造我国高速列车自主化制造技术平台和高速铁路品牌，保障高速列车全寿命周期的安全可靠性，迫切需要优化升级高速列车主承载结构关键部件焊接技术。目前，国内外高速列车制造主要采用电弧焊接技术，但是高强度铝合金电弧焊接存在热影响区软化严重、气孔率高、接头强度系数低等突出问题，严重制约了高速列车焊接制造品质的提升。搅拌摩擦焊接适用于铝合金车体长直对接焊缝，难以满足车体底架、转向架构架等复杂结构多接头形式、空间位置的焊接要求。双丝焊接技术可提高焊接效率，但依然存在焊后变形严重、残余应力较大等问题。激光-电弧复合焊接技术是一种高质量、高适应、高可控的焊接方法，是高速列车主承载结构焊接技术创新的主要发展方向。

在国家重点研发计划课题、国家科技支撑计划课题、973 计划前期研究课题、国家自然科学基金项目、四川省科技计划项目以及众多企业委托重大科技攻关项目的资助下，作者所带领的研究团队组建了“轨道交通关键材料及服役安全评价技术”四川省青年科技创新研究团队，通过跨学科、跨单位联合攻关，系统地开展高速列车主承载结构关键部件激光-电弧复合焊接关键技术及工程应用研究，取得了系列创新成果。

本书由陈辉规划整体结构及内容。全书撰写分工如下：第 1 章由陈辉、蔡创撰写；第 2 章由陈辉、朱宗涛、吴圣川撰写；第 3 章由陈静青撰写；第 4 章由杨涛、熊俊撰写；第 5 章由朱宗涛、李远星、余敏、刘艳撰写。全书由陈辉、吴圣川统稿。

本书是作者所带领的研究团队成果的总结。书中引用了大量国内外文献资料，在此对文献作者深表感谢。在本书撰写过程中，西南交通大学材料科学与工程学院王元良教授、王一戎教授、车小莉工程师提出了很多宝贵的建议，在此一并表示衷心的感谢。

由于作者水平有限，书中难免存在不足之处，敬请各位专家读者批评指正。

目　　录

第1章 高速列车激光-电弧复合焊接过程机理

高速列车的制造涉及铝合金、耐候钢和不锈钢等多种材料，而焊接技术是实现列车部件装配的关键制造技术。传统的电弧焊接技术存在接头强度系数低、气孔率高、应力及变形大、对复杂空间位置焊接适应性差的问题，而激光-电弧复合焊接技术具有效率高、间隙适应性强、应力变形小、智能化程度高等特点，是高速列车承载结构焊接技术的主要发展方向。

本章主要介绍高速列车激光-电弧复合焊接的过程机理。首先，概述高速列车结构特点及其常用材料的焊接性，以及激光-电弧复合焊接技术在高速列车制造中的优势。其次，针对高速列车常用典型材料，阐述激光、电弧、材料的相互作用，复合焊接过程等离子、匙孔和熔滴过渡行为，从而明确激光-电弧复合焊接过程能量传输及传质模式，从匙孔行为和熔池的动态行为综合分析焊缝中气孔缺陷的形成机制。最后，以铝合金材料为例，分析激光-电弧复合焊接过程热场分布及焊缝冶金特征。

1.1 高速列车用材料及激光-电弧复合焊接技术

1.1.1 高速列车结构概述

自1964年10月1日，日本东海道新干线建成通车(最高运行速度为210km/h)。从此之后，世界各国开始争相规划和建设高速铁路。1986年，国际铁路联盟(International Union of Rail ways，UIC)对高速铁路的定义是：最高速度至少达到250km/h的专用线或最高速度达到200km/h的既有线。目前，一般可以将铁路速度分级定义如下：①100～120km/h称为常速；②120～160km/h称为中速；③160～200km/h称为准高速或快速；④200km/h以上称为高速。因此，以最高速度200km/h以上运行的列车称为高速列车。高速列车可以是由机车牵引客车组成的列车，但一般是指动车组组成的列车，称为高速动车组。

我国于 2007 年 4 月 18 日实施了铁路第六次大提速,研制的高速列车也正式投入运营。2017 年 12 月 28 日,石济高铁正式开通,标志着中国高铁“四横四纵”的线路网正式完成,里程超过 25000km,占全世界高铁里程的 2/3,稳居世界第一。我国已拥有完整的铁路技术装备科研,设计和制造体系,具有自主研制高速铁路技术装备所需的扎实的技术和工业基础。图 1.1 为我国自主研制的高速试验列车。

图 1.1　中国高速试验列车

高速列车主要由以下几个部分组成[1]:

(1) 车体。车体主要分为带司机室车体和不带司机室车体两种,它可容纳乘客和供司机驾驶,又是安装与连接其他设备和部件的基础。车体主要由顶棚、侧墙、端墙、底架等大部件和车体附件等组成。

(2) 转向架。转向架是保证高速列车运行品质和安全的关键部件。转向架一般由轮对轴箱装置、构架、弹簧悬挂装置、车体支承装置和制动装置组成。高速列车转向架分为动力转向架和非动力转向架。

(3) 车辆连接装置。车辆编成动车组运行必须借助连接装置,其中,机械连接包括车钩缓冲装置和风挡等;同时还有车辆之间的电气和空气管路的连接、高压电器连接、辅助系统和动车组供电连接以及控制系统连接等。

(4) 制动装置。高速列车常采用电气制动与空气制动的复合制动模式,此外还有电子防滑器及基础制动装置等。

(5) 车辆内部设备。车辆内部设备是指服务于乘客的车内固定附属装置,如车内电气、供水、通风等。

(6) 牵引传动系统。牵引传动系统由主电路、高压设备、受电弓、牵引变流器、牵引电机等组成。

(7) 辅助供电系统。辅助供电系统包括空气调节系统、照明设备、旅客服务设备、应急通风装置及维修用电等。

1.1.2　高速列车用材料及其焊接性分析

高速列车制造中常用的金属材料有铝合金、耐候钢和不锈钢等，焊接技术是连接各金属材料的关键技术。下面将分别介绍高速列车中常用的金属材料及其焊接特点。

1. 高速列车常用材料

目前，国内外高速列车的车体材料主要有不锈钢、高强度耐候钢、铝合金[2]。

1) 耐候钢车体

耐候钢即耐大气腐蚀的钢，一般含有 Cu、Ni 等耐腐蚀元素。其中，含钛耐候钢具有较好的耐大气腐蚀性能和较高的强度，可焊性也比含铜耐候钢好。

2) 不锈钢车体

不锈钢车体选择耐腐蚀性好、屈服点高、疲劳强度高和焊接加工性能好的低碳奥氏体不锈钢作为车体材料，相比耐候钢车体结构减重较多。

3) 铝合金车体

早在 20 世纪上半叶铝合金就已经用于车体制造，最早用于地铁和市郊列车，后来用于普通列车。20 世纪 90 年代后，与车体等长的多品种大型中空挤压型材的出现，使铝合金成为生产高速列车的主导材料。目前，高速列车中主要采用 5XXX 系、6XXX 系、7XXX 系铝合金。铝合金车体的优势可综合为以下几点：

(1) 制造工艺简单，节省加工费用。铝合金具有良好的塑性，易挤压成形，可以根据车体结构优化设计的要求，挤压出各种复杂形状的铝型材，其宽度可达 600～800mm，长度可达 30m；可大幅度减少焊接工作量，简化车辆的制造工艺；总的制造工作量比钢质车体减少 40%左右。

(2) 减重效果好。由于型材为薄壁、中空，减少了很多横向构件，用大型挤压铝型材组焊的铝合金车体重量大幅度降低。耐候钢车体、不锈钢车体、铝合金车体的重量比达到了 10∶7∶5 左右。另外，大型挤压铝型材组焊的车体,其当量弯曲刚度较高,可以达到设计要求。

(3) 运行品质良好。铝合金车辆自重小,可节省牵引功率、提高加速性能、降低制动功率,改善动力性能,且具有良好的密封和隔声性能,提高了舒适性。铝合金车体还具有外表平滑、美观等优点。

(4) 耐腐蚀、维修费降低。铝合金具有良好的耐腐蚀性,从而延长了客车的使用寿命,减少了检修工作量。

2. 高速列车常用材料的焊接性

1) 耐候钢

耐候钢通过向钢中添加 P、Cu、Cr、Ni、Mo 等元素,使金属表面在常温下形成一层氧化膜,达到耐大气腐蚀的目的。

耐候钢的焊接性良好,焊接热影响区(heat affected zone,HAZ)的最高硬度不超过 350HV,选择焊材时,除了要满足强度要求外,还需要保证焊缝(weld metal,WM)金属的耐蚀性能与母材匹配。焊前准备时,需清除坡口及其周围的氧化层。耐候钢不易产生热裂纹,冷脆倾向也不大,但是随着耐候钢厚度和强度等级的增加,冷裂纹的倾向也逐渐增大。焊接接头处若出现冷裂纹,可能与下列因素有关:焊缝金属中扩散氢的总量、热影响区中的马氏体或贝氏体、接头处出现明显的拉应力。

2) 不锈钢

不锈钢按照金相组织的不同可以分为奥氏体不锈钢、铁素体不锈钢、马氏体不锈钢和双相不锈钢。高速列车常用的不锈钢材料为奥氏体不锈钢。

奥氏体不锈钢热导率低、电阻率高、线膨胀系数大,焊接过程中容易产生压应力。奥氏体不锈钢焊缝的柱状晶方向性很强,有害杂质元素易于偏析产生热裂纹。接头在敏化温度区间 450～850℃长时间停留,会使碳化铬($Cr_{23}C_6$)在晶界析出,产生晶间腐蚀现象,常见形式为焊缝晶间腐蚀、过热区“刀蚀”、热影响区敏化区晶间腐蚀。当奥氏体不锈钢中存在铁素体时,如焊缝长时间处于 650～850℃,有可能析出硬脆的金属间化合物,使接头处的塑性、韧性和耐蚀性降低。

奥氏体不锈钢焊前不需要预热,常用的焊接方法包括钨极惰性气体保护(tungsten inert gas,TIG)焊接、熔化极惰性气体保护(metal inert gas,MIG)焊接等。应选择碳含量低和含有稳定化元素的焊材,控制焊材中 C、P、S 等元素的含量。宜采用小线能量的焊接工艺,使接头焊后快速冷却,避免在 450～850℃长时间停留或者进行焊后热处理。为提高接头的抗晶间腐蚀性能，焊后可对接头进行稳定化处理。

3）铝合金

我国 CRH2、CRH3、CRH5 型车的端墙或司机室墙板常用 5083 铝合金。5XXX 系 AlMg(Mn)铝合金的主要合金成分为 Mg，为不可热处理强化铝合金，多以固溶处理以及加工硬化的方式来提高强度。该系铝合金挤压加工性能差，难以获得薄壁及中空型材，因此多适用于焊接结构。随着 Mg 含量的增加，铝合金的力学性能也随之提高。若 Mg 含量超过 5%，则铝合金的耐应力腐蚀性能恶化；若 Mg 含量超过 7%，则铝合金的塑性降低，焊接性也变差。

CRH2、CRH3、CRH5 型车的车体侧墙、地板、车顶主构件等常用 6005 或 A6N01 铝合金。6XXX 系 AlMgSi 铝合金的主要合金成分为 Mg、Si，为可热处理强化铝合金，可通过固溶、时效等热处理手段来进行强化。该系铝合金具有良好的挤压加工和加压淬火性能，可获得大型复杂薄壁型材，其耐蚀性和焊接性较好。但是熔化焊接时有热裂纹倾向，焊接区的软化较为严重。

CRH2 型车的牵引梁、缓冲梁、枕梁等重要结构件常用 A7N01 铝合金。7XXX 系 AlZn(Mg、Cu)铝合金的主要合金成分为 Zn，为可热处理强化铝合金，该系铝合金是目前室温条件下强度最高的一类铝合金，可焊性也较好。合金的焊接裂纹倾向随着 Mg 含量的增加而降低。7XXX 系铝合金具有一定的耐应力腐蚀性能（Zn、Mg 的质量分数≤7%时），但是耐应力腐蚀性能低于 5XXX 系和 6XXX 系铝合金。

与钢相比，铝合金的焊接具有以下特点：铝的热导率和线膨胀系数大，焊后会产生较大的收缩应力；铝易与氧形成氧化膜（Al_2O_3）或杂质，焊后容易产生气孔、夹杂等缺陷；当铝从液态凝固为固态时，氢在铝中的溶解度急剧减小，易产生氢气孔；铝合金的熔化温度范围较大，容易产生凝固裂纹（熔化区）或液化裂纹（热影响区）；铝合金对光和热的反射率较大，熔化后熔池无明显色泽变化，给焊接操作和熔池监测带来困难。

铝合金焊接时，通过合理选择焊接材料，可以有效降低焊接接头的裂纹敏感性。铝合金焊接接头中的气孔可分为工艺型气孔和冶金型气孔。工艺型气孔与保护气或熔池搅拌带入的气体有关，通过优化工艺参数可以有效减少。冶金型气孔多与氢有关，应尽量避免氢进入母材和填充材料，具体措施包括:焊前对焊件脱脂去油、去除氧化膜;烘干焊材,减少含水量;采用高纯度的保护气体。

1.1.3 激光-电弧复合焊接技术

高速列车铝合金车体的焊接量很大,以 CRH380A 型车为例,一辆车体的焊缝总长度可以达到 2.5km,一列车(8 辆车)铝合金车体的焊缝总长度就高达 20km[3]。接头的强度和焊接质量直接关系到焊接部件的安全可靠性。目前,我国高速列车制造中的连接方式以 MIG 焊接、熔化极活性气体保护(metal active gas,MAG)焊接为主,以 TIG 焊接、电阻点焊接和铆接为辅。这些焊接方法普遍存在焊接效率低、应力和变形较大等问题,不利于我国高速列车的升级换代。因此,国内外高速列车制造商考虑在高速列车制造过程中,选用新型焊接方法替代传统熔化焊接,以提高焊接效率、改善接头焊接质量。激光-电弧复合焊接就是一种新型高效焊接方法。

1. 激光-电弧复合焊接原理

激光是利用原子或分子受激辐射的原理,使工作物质受激发而产生的一种光辐射。同一激光束中所有光子的频率相同、相位一致、偏振与传播方向一致,所以激光是一种单色性好、方向性强、亮度极高的相干光辐射。激光辐射在材料表面时,光子会被材料中的电子散射,从而导致激光被透射、反射和吸收。被吸收的光子通过逆韧致辐射过程,将能量传递给电子,电子与声子相互作用将光能转换为热能,使材料被加热。当材料被加热到熔点温度时,材料发生熔化,形成熔池,被用于材料焊接、熔覆等热加工。激光焊接具有能量密度高、热影响区小、熔深大等优点,但对焊接间隙要求高。电弧焊接利用空气放电的原理来熔化金属并进行焊接,对坡口适应性强,但存在能量密度较低、焊接速度小、焊后变形和残余应力较大等缺点。

激光-电弧复合焊接是将激光与电弧两种不同热源组合在一起,并共同作用于工件的一种新型焊接方法,既可以发挥两种热源的优势,又可以弥补两者各自的不足。激光-电弧复合焊接工作原理示意图如图 1.2 所示。

激光-电弧复合焊接技术由 Steen 等[4]于 20 世纪 70 年代末提出,它可大大提高薄板的焊接速度和成形质量[5]。随着大功率激光设备的问世以及研究人员的探索，激光-电弧复合焊接技术在 20 世纪 90 年代初得到迅速发展。以激光为主要热源，采用电弧辅助激光进行焊接，充分利用两种热源的优势共同作用于工件表面，产生协同效应，从而实现高效、大熔深和高强度焊接，形成了真正意义上的激光-电弧复合焊接。

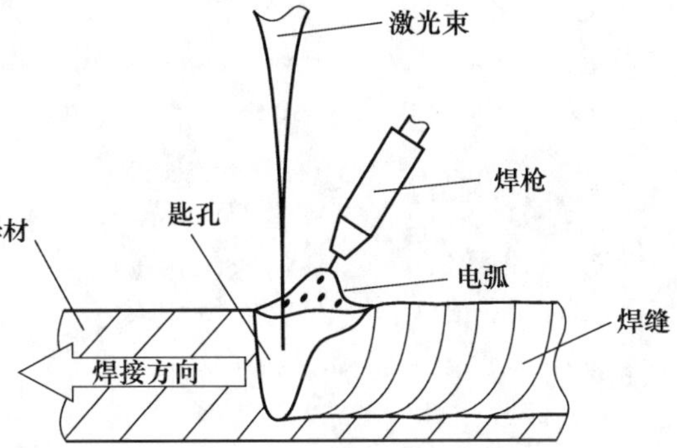

图 1.2　激光-电弧复合焊接工作原理示意图

2. 激光-电弧复合焊接特点

激光-电弧复合焊接可以使两种热源充分发挥各自的特点，获得优于单一的激光焊接和电弧焊接的焊接效果。与电弧焊接相比，激光-电弧复合焊接可以在较快的焊接速度下获得更深的焊缝；与激光焊接相比，激光-电弧复合焊接可以提高工件间的桥接能力。此外，激光-电弧复合焊接还可减少焊接接头处的脆硬相、裂纹、热变形和气孔等。电弧焊接、激光焊接和激光-电弧复合焊接在桥接能力、残余应力与变形、生产效率、裂纹倾向、冷却速度、熔深、电弧稳定性等几个方面的对比如表 1.1 所示[6]。在焊接大、厚部件时，这些都是十分重要的考虑因素。激光-电弧复合焊接吸收了单热源焊接的优点，可以实现厚板的单道焊接，获得低残余应力与变形、高深宽比的焊缝。

与传统电弧焊接相比，激光-电弧复合焊接技术焊接速度快、生产效率高、焊接线能量低、焊接构件残余应力与变形小，并且激光的加入可以有效改善电弧的稳定性；与激光焊接相比，激光-电弧复合焊接解决了单激光焊接铝合金反射率高的问题，且桥接性和工艺适应性更优、气孔更少、过程更稳定，更适于工程化应用。

表 1.1　电弧焊接、激光焊接和激光-电弧复合焊接的对比[6]

对比项	电弧焊接	激光焊接	激光-电弧复合焊接
桥接能力	熔化区宽，桥接能力好	熔化区窄，桥接能力差	熔化区宽，桥接能力好
残余应力与变形	线能量高，残余应力与变形大	线能量低，残余应力与变形小	线能量低，残余应力与变形小
生产效率	焊接速度慢，生产效率低	焊接速度快，生产效率高	焊接速度快，生产效率高
裂纹倾向	凝固裂纹倾向高	形成脆硬相，裂纹倾向提高	残余应力降低，裂纹倾向低
冷却速度	冷却速度慢，阻止脆硬相的形成	冷却速度快，气孔数量相对多	冷却速度快，气孔数量少
熔深	相对浅的熔化区，熔深小，多道焊	高能量密度，熔深大，厚件单道焊接	熔深大，厚件单道焊接
电弧稳定性	焊接速度较快时电弧不稳定，出现驼峰焊道	—	激光和电弧的相互作用使电弧稳定

3. 激光-电弧复合焊接种类

激光-电弧复合焊接常用的激光器有 CO_2 激光器、固体激光器、光纤激光器、半导体激光器等。CO_2 激光器的激光输出功率较高、光束质量较好，但是其波长较长（10.6μm），不适用于铝合金等高反射率材料的焊接。与 CO_2 激光器相比，固体激光器具有更小的波长、更高的吸收率和更小的体积，同时还能够用光纤进行传输，可以实现柔性加工，不过对于目前常用的 Nd:YAG 激光器，其电光转换效率低，光束质量也相对较差。光纤激光器常采用掺入某些激活离子的光纤为工作物质，具有较高的能量转换效率、较长的激光器免维护寿命和较高的光束质量，适用范围较广。半导体激光器相比于 CO_2 激光器和固体激光器，具有波长短、体积小、效率高、易调制等特点，但是目前该激光器的光束质量较差，限制了其在深熔焊接方面的应用。

根据激光热源与电弧热源的空间相对位置不同，激光-电弧复合焊接可以分为同轴复合和旁轴复合两种类型。同轴复合是指激光热源与电弧热源同轴作用于工件，该方式下焊接无具体方向性，可以消除热源的不对称性，但是复合焊接焊枪、卡具设计、焊接工艺比较复杂，复合难度较高，因此多采用 TIG 电弧和等离子弧（plasma arc）。旁轴复合是最常用的一种复合方式，它是指激光热源与电弧热源之间具有一定的相对角度，焊接时可以选择电弧在前，也可选择激光在前，这会导致热源的分布不对称，不过该复合方式下，焊枪和卡具的设计简单，热源相对位置调节灵活，可以采用 TIG 焊接或熔化极气体保护焊接（gas metal arc welding，GMAW）等。

在激光-电弧旁轴复合焊接中，激光热源与电弧热源存在两种排布方式。一种方式是激光与电弧前后串联排布，相互之间间距较大，两热源分别作用于工件表面并形成两个独立的熔池。这种方式可以通过电弧热来预热或后热焊缝，以实现提高激光吸收率、改善接头成形及性能的作用。另一种排布方式中，激光热源与电弧热源的间距较小，两者共同作用于试件表面并形成一个共同的熔池。在这种焊接方式下，激光与电弧间存在复杂的相互作用，也是最常用的一种热源排布方式。

根据电弧热源的种类不同，激光-电弧复合焊接又可以分为以下几类[7]：

1）激光-TIG 复合焊接

CO_2 激光-TIG 电弧旁轴复合焊接是最早开始研究的一种激光-电弧复合焊接方法。由于 TIG 电弧为非熔化极电弧，可以通过同轴或旁轴的方式进行复合，旁轴复合时也有激光引导电弧或电弧引导激光两种方式。该焊接方法主要用于薄板金属的焊接，焊接速度可为单激光焊接的 2 倍，接头熔深可达单 TIG 焊接的 2 倍。同时也提高了焊接过程中电弧的稳定性，减少了接头的气孔、咬边等缺陷，改善了接头的成形质量。

2）激光-GMAW 复合焊接

GMAW 包括 MIG 焊接和 MAG 焊接两类，这种焊接方法是利用焊丝与工件之间燃烧的电弧作为热源来进行焊接。目前，激光-GMAW 复合焊接是最常用的一种复合焊接形式。相较于激光-TIG 复合焊接，激光-GMAW 复合焊接利用 GMAW 焊接填丝，提高了接头桥接能力，并能够改善焊缝的组织和性能。GMAW 焊接适用于厚板的焊接，工程应用范围也更广。但是由于 GMAW 焊接过程中同时存在填丝和熔滴过渡等问题，其焊接过程更加复杂，多采用旁轴复合的方式。

3）激光-等离子弧复合焊接

等离子弧具有刚性好、稳定性好、方向性强、电弧引燃性好、加热区窄、对外界敏感性小等优点，非常有利于激光-电弧复合焊接。这种方法在薄板对接焊、不等厚板焊接、镀锌板搭接、铝合金焊接、表面合金化等方面都有良好的应用效果。与激光-TIG 复合焊接类似，激光-等离子弧复合焊接可以采用旁轴复合和同轴复合两种方式。

4) 其他激光-电弧复合焊接

除了以上几种激光-电弧复合焊接方法外，还有激光-双电弧复合焊接、激光-埋弧复合焊接等。激光-双电弧复合焊接在激光的作用下，三个热源共同作用于同一熔池，其焊接速度可比常规激光-GMAW 复合焊接提高 33%，比埋弧焊接提高 80%，而焊接线能量比常规激光-GMAW 复合焊接减少 25%，比埋弧焊接减少 83%。而激光-埋弧复合焊接适用于厚板接头的快速焊接，焊接速度可达 5m/min，焊接板厚可达 80mm 以上。

1.2 激光、电弧与材料之间的相互作用

1.2.1 激光和电弧的相互作用

激光-电弧复合焊接过程中，电弧能够稀释激光焊接等离子体，使等离子体电子密度减小，减少了等离子体对激光的吸收、散射和折射效应。但是当电弧电流较大时，由于电弧等离子体也很强，电弧对激光等离子体的稀释作用就不明显，反而会对激光产生屏蔽作用。另外，当焊接电流较小或者焊接速度较高时，电弧会处于不稳定状态，激光-电弧复合焊接中激光的加入会吸引和压缩电弧，增加了电弧的密度，使电弧更加稳定。

1.2.2 复合等离子行为

图 1.3 为 7XXX 系铝合金 MIG 焊接、单激光焊接、激光-脉冲 MIG 复合焊接过程中(复合)等离子体形貌，t_0 对应脉冲电流波形的上升时刻，图中为一个脉冲周期内的等离子体图像。

图 1.3(a)为 MIG 焊接的一个周期内的电弧等离子体形貌，在 $t_0+0.6$ms 时刻，电弧电流到达峰值，此时电弧热量高，有利于保护气氛的电离，形成明亮、较大的电弧等离子体区域。在 $t_0+1.2$ms 时刻，脉冲参数逐渐减小回复至基值状态，等离子体逐渐减弱。$t_0+6.2$ms 时刻为下一个脉冲的开始时刻。由于焊枪始终保持倾斜，电弧未成轴对称，但仍然呈钟罩形。

图 1.3(b)为连续激光焊接在 1.4ms 内的等离子体形貌，激光功率为 4kW，无侧吹保护气。从图中可看到，等离子体的高度、形状变化较大，等离子体最高可超过 10mm。在 t_0 时刻，等离子体沿着激光入射方向，呈长条状，在 $t_0+0.2$ms 时刻被压缩，约 5mm 高，随后等离子体又逐渐升高，并偏离激光入射方向。从图中可以看出，激光等离子体/金属蒸气的形态是呈周期性不断变化的。

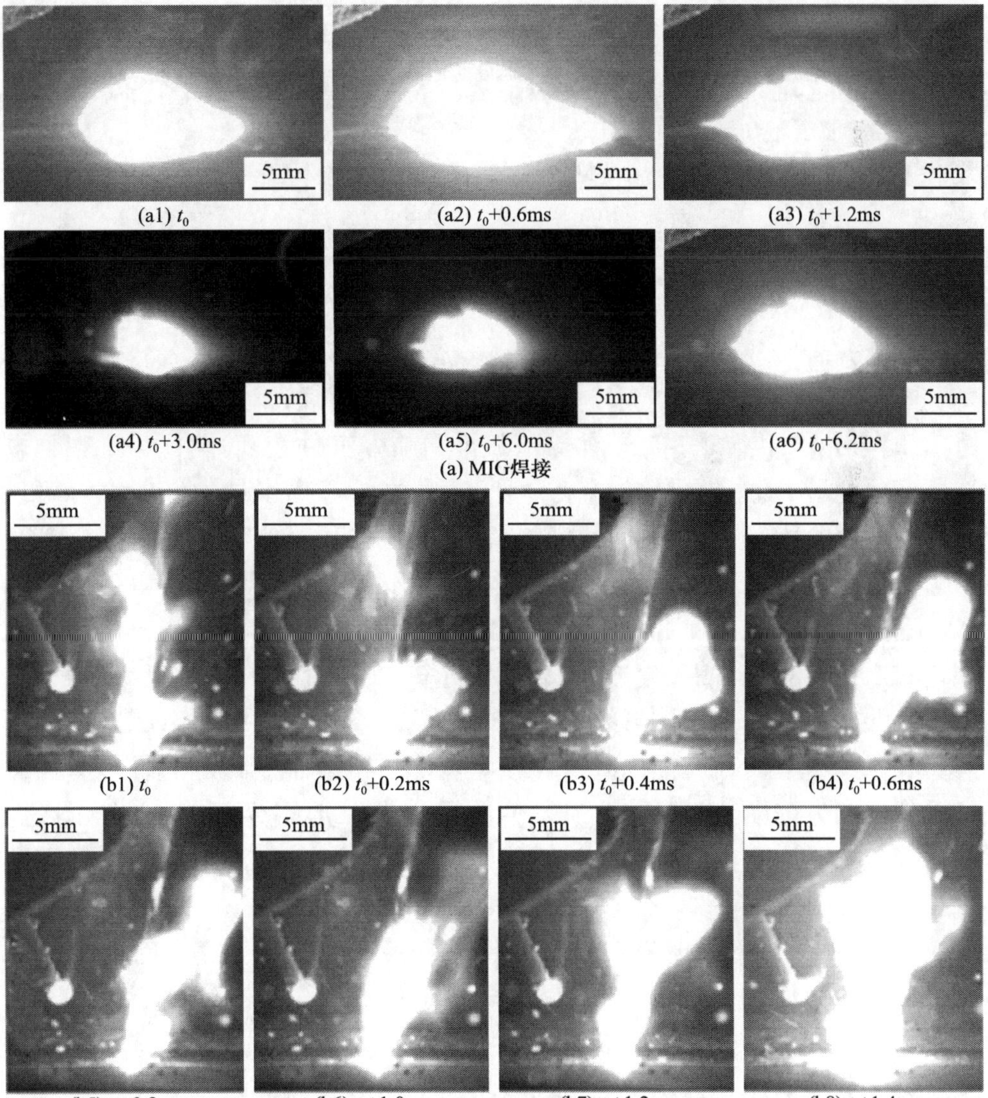

(a1) t_0　(a2) t_0+0.6ms　(a3) t_0+1.2ms

(a4) t_0+3.0ms　(a5) t_0+6.0ms　(a6) t_0+6.2ms

(a) MIG焊接

(b1) t_0　(b2) t_0+0.2ms　(b3) t_0+0.4ms　(b4) t_0+0.6ms

(b5) t_0+0.8ms　(b6) t_0+1.0ms　(b7) t_0+1.2ms　(b8) t_0+1.4ms

(b) 激光焊接

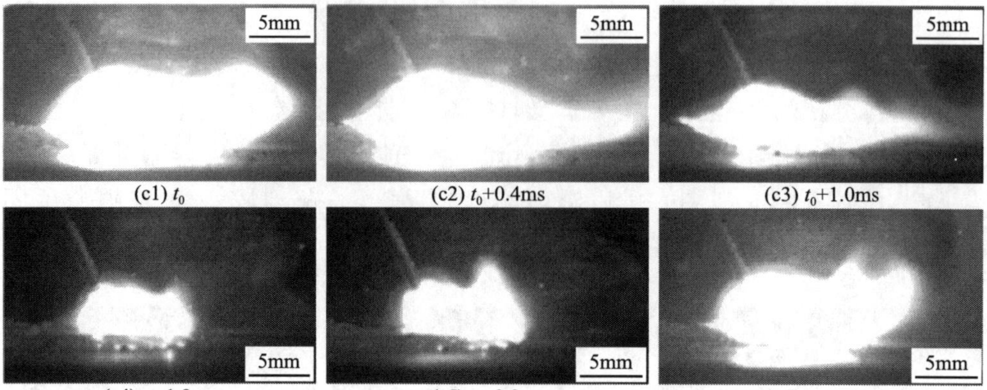

(c1) t_0　(c2) t_0+0.4ms　(c3) t_0+1.0ms

(c4) t_0+1.9ms　(c5) t_0+2.9ms　(c6) t_0+5.7ms

(c) 激光-MIG复合焊接

图 1.3　不同焊接方式下的等离子体形貌

(v_{weld}=0.54m/min，v_{wire}=6m/min，P_{laser}=4kW)

图 1.3(c)为激光-MIG 复合焊接在 5.7ms 内的等离子体形貌，在脉冲电流的上升阶段，激光作用点处的等离子体较高，激光与电弧各自产生的等离子体混合在一起。在电流峰值时刻，电弧挺度增强，最大面积地作用于工件，同时激光作用点处等离子体被电弧推向前方工件表面，因此可观察到电弧长度达到最大值。在脉冲结束阶段，激光侧的等离子体逐渐升高。可以看到在基值阶段，电流仅维持电弧燃烧，与相同阶段的 MIG 焊接电弧相比，左侧电弧明显偏向于右侧激光，即在电弧较弱的情况下，激光对电弧形态的影响更显著。

图 1.4 为激光-MIG 复合焊接采用纯氩气、氦气(50%)+氩气(50%)、纯氦气保护时的等离子体形貌。通过对比发现，保护气体中加入氦气后，激光及电弧等离子体高度逐渐降低。在电流峰值阶段，电弧被明显压低，在氦气成分比例为 50%时，脉冲电流基值阶段的电弧形态显著收缩，电弧在焊丝端部维持燃烧。保护气体为纯氦气时，电弧被完全压缩至熔池表面，产生畸变。

上述现象与氦气和氩气的电离能、热导率有关，由于氦气的电离能为 24.58eV，远远高于氩气 15.75eV，而金属元素铝、镁、锌、锰、铁等的第一电离能均低于 10eV，远远小于以上两种保护气体的电离能，因此氦气保护时电弧引燃更困难；同时氦气热导率高，易通过热传导、辐射、对流等方式与环境进行换热，对电弧产生冷却作用，通过收缩电弧的形式来减少损失、维持

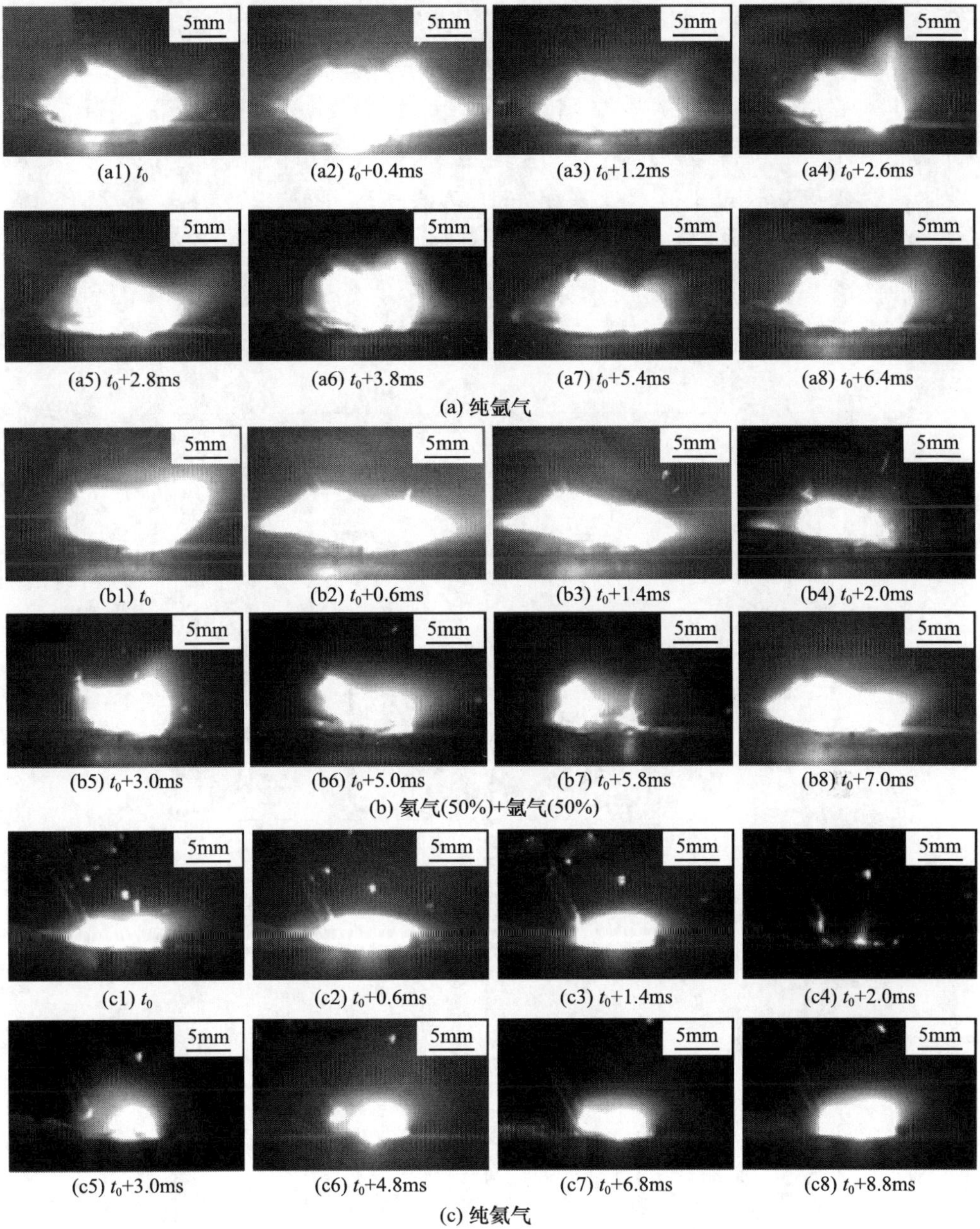

图 1.4　不同保护气体下激光-MIG 复合焊接等离子体形貌

能量平衡。此外，在 4kW 激光束辐射作用下产生的金属蒸气较保护气体更容易电离形成带电粒子，与焊丝端部形成稳定的导电通道，使电弧发生转移，在宏观上表现出激光对电弧的吸引现象。由图 1.4 可以看出，纯氦气保护时，在电流基值阶段难以维持电弧的正常燃烧，同时激光侧的等离子体也受到了压缩，出现熄弧现象，焊接稳定性变差。

使用光谱仪采集激光作用材料表面上方 2mm 处的等离子体。如图 1.5 所示，600～820nm 范围内谱线，随着氦气含量的增加，连续谱及各波段特征谱强度逐渐降低。在纯氩气时，氩原子特征谱线数量多，且强度高；而纯氦气时，特征谱线数量最少、强度最低，主要为铝合金中金属元素特征谱线。随着保护气体中氦气成分增加，等离子体温度、电子密度逐渐降低，如表 1.2 所示。

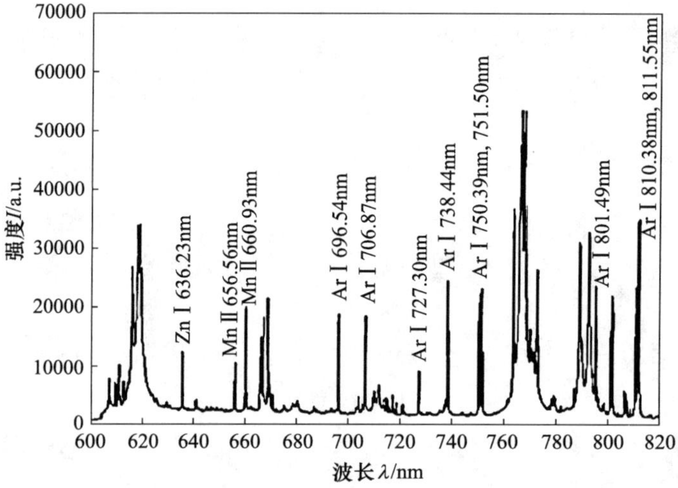

(a) 纯氩气

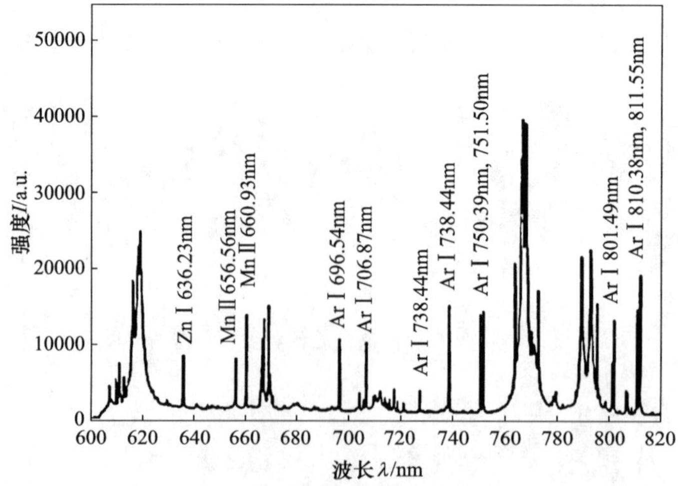

(b) 氦气(50%)+氩气(50%)

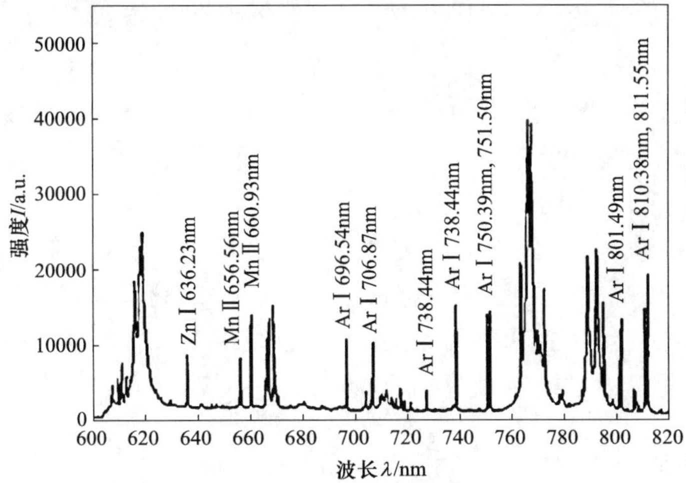

(c) 纯氦气

图 1.5　不同保护气体下激光-MIG 复合焊接光谱图标定

表 1.2　不同保护气体下的等离子体温度和电子密度

气体成分	等离子体温度/K	电子密度/cm^{-3}
纯氩气	10824	1.37×10^{17}
氦气(50%)+氩气(50%)	9602	0.59×10^{17}
纯氦气	8896	0.51×10^{17}

1.2.3　匙孔效应

激光深熔焊接过程中，光束作用位置功率密度能达到 $10^7 W/cm^2$ 以上，金属材料剧烈气化膨胀产生的反冲压力在液态熔池中形成匙孔。匙孔效应是影响激光焊接特性的重要因素，一方面，匙孔效应对高功率激光加工过程中激光能量的吸收有重要作用，进入匙孔的激光能量几乎全部被吸收；另一方面，匙孔的动态行为是影响激光深熔焊接过程稳定性的关键因素。

一般认为，激光深熔焊接过程中匙孔内部的能量传输机制包括逆韧致吸收和菲涅尔吸收。逆韧致吸收是指匙孔内部的金属等离子体对激光能量的吸收行为，激光穿过等离子体时，一部分能量被等离子体吸收，能量发生衰减。功率密度为 I_0 的激光光束穿过高度为 h 的等离子体后，功率密度将衰减至 I_1：

$$I_1 = I_0 \exp(-\alpha h) \tag{1.1}$$

式中，α 为逆韧致吸收系数。

$$\alpha = \frac{z^2 e^6 n_e n_i \ln\Lambda}{3\omega^2 c \varepsilon_0^3 (2\pi m_e k_B T_e)^{3/2} \sqrt{1-\left(\frac{\omega_p}{\omega}\right)^2}} \tag{1.2}$$

式中，z 为等离子体价数；e 为电子电量；n_e 为电子密度；n_i 为离子密度；$\ln\Lambda$ 为库仑对数；ω 为激光电磁场频率；c 为光速；ε_0 为真空介电常数；m_e 为电子质量；k_B 为玻尔兹曼常量；T_e 为等离子体温度；ω_p 为等离子体振荡频率。

可以看出，当激光波长一定时，逆韧致吸收系数 α 为电子密度 n_e、离子密度 n_i 和等离子体温度 T_e 的函数。

菲涅尔吸收是指匙孔壁对激光多重反射的吸收行为。激光在匙孔壁上发生多次反射，每次反射激光能量被匙孔吸收一部分，同时激光光束的传播方向也会发生变化。当功率密度为 I_0 的激光束射入倾角为 θ 的匙孔时，由匙孔壁的菲涅尔吸收机制吸收的能量密度 I_2 可表示为

$$I_2 = I_0\alpha(\theta) \tag{1.3}$$

式中，$\alpha(\theta)$为菲涅尔吸收系数。

焊接过程中，特别是铝合金材料，匙孔处于周期性的开合振荡状态之中，匙孔的振荡行为与焊缝中的气孔缺陷密切相关。Matsunawa 等[8]采用 X 射线透射成像系统实时观察了 A5083 铝合金激光焊接过程中匙孔的动态振荡过程及气泡的形成过程，如图 1.6 所示。可以看出，在较短的时间内

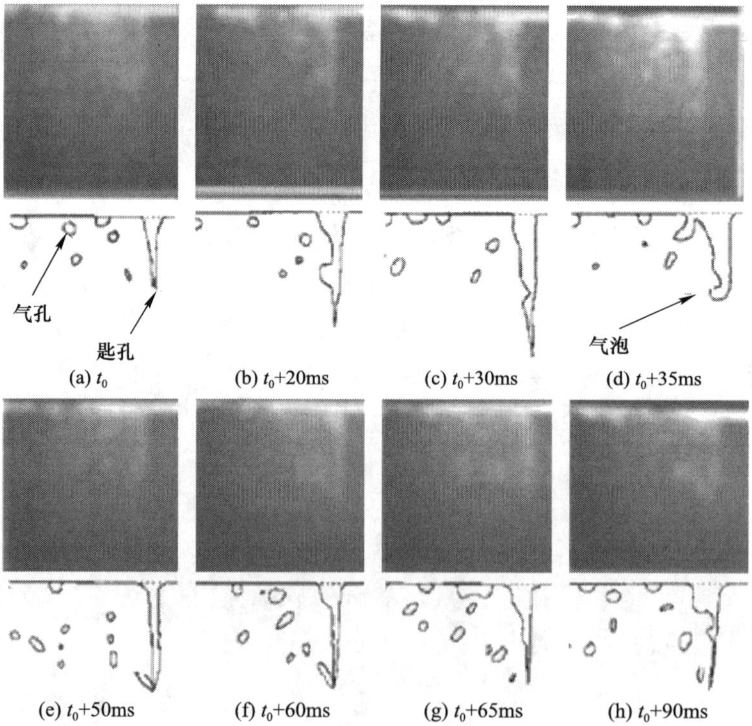

图 1.6　A5083 铝合金激光焊接过程中匙孔的动态行为[8]

匙孔的形貌及尺寸发生剧烈振荡，匙孔后壁局部区域受压产生凹陷，并且随着时间变化，凹陷的区域在匙孔的深度方向上发生变化，移动到匙孔底部时容易造成匙孔闭合产生气泡进入熔池，在熔池凝固的过程中如果气泡不能成功"逃逸"，则在焊缝中形成气孔缺陷。

1.2.4　能量传输特性

在复合焊接过程中，在小电流情况下，电弧等离子内部粒子的电离程度增加，电子浓度也随之增加，电弧等离子体会稀释激光等离子体，这会降低激光等离子体对激光能量的吸收和反射，提高激光束对工件的穿透能力[9]。但是，电弧等离子体与激光等离子体同时共存，而电弧等离子体又会对激光束产生吸收、折射和散射作用。此外，电弧等离子体的存在也会导致激光穿过等离子时的逆韧致吸收和光致吸收增强，降低工件对激光能量的吸收率。因此，复合焊接过程中，不能忽略电弧等离子体，在考虑激光等离子体对激光的传输作用时，也必须考虑电弧等离子体的作用[10]。

通过测量激光穿过 TIG 电弧后烧蚀有机玻璃的深度和宽度，可以反映电弧对激光的吸收与散焦特性。如图 1.7 所示，随着焊接电流的增大，电弧对激光能量的吸收呈现先增大后基本稳定的规律，电弧对激光的散焦作用逐渐增大，光束更加发散，并且当激光从电弧中心区域穿过时，散焦作用更加明显[11]。从图 1.8 所示的复合焊接过程电弧形态可以发现，当激光功率为 1kW，电弧电流较小(＜130A)时，激光将电弧压缩到匙孔会获得比较大的熔深，光致金属等离子体增大电弧电导率和热辐射系数导致电弧电子温度下降，弧根处形成的光致金属等离子体聚集区为电弧提供更加容易的导电通道，导致电弧弧根被压缩，获得较大的焊接熔深[12]。但是进一步加大电流，发现电弧等离子体急剧膨胀，焊接熔深降低，匙孔效应减弱。并且，随着激光功率的增大，电弧形态及焊缝熔深变化的临界电流值逐渐变大。

1.2.5　熔滴过渡行为

熔滴的过渡行为提供了焊接过程的稳定性、电弧行为特征、熔化效率、焊接烟尘、飞溅等工艺特性及焊接冶金特性等信息，具有直观性和可视性的特点，成为焊接信息技术中不可取代的信息获取来源与途径。在激光-电弧

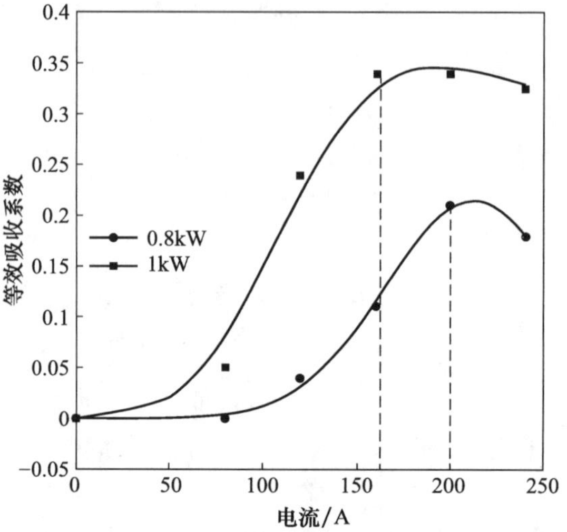

图 1.7　不同电流值时电弧对能量的吸收(光丝间距为 2mm)[11]

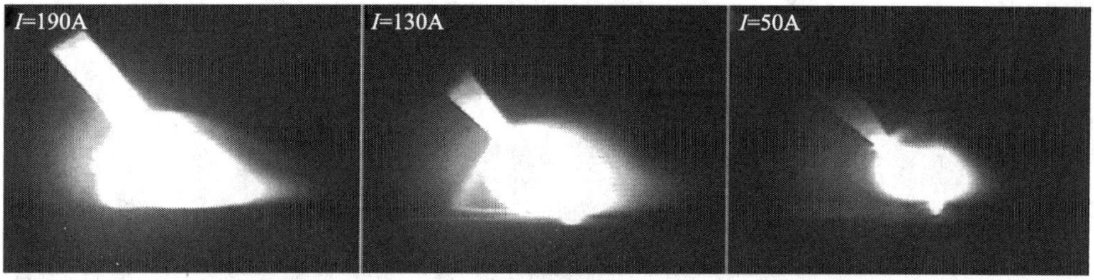

(a) 电弧形态

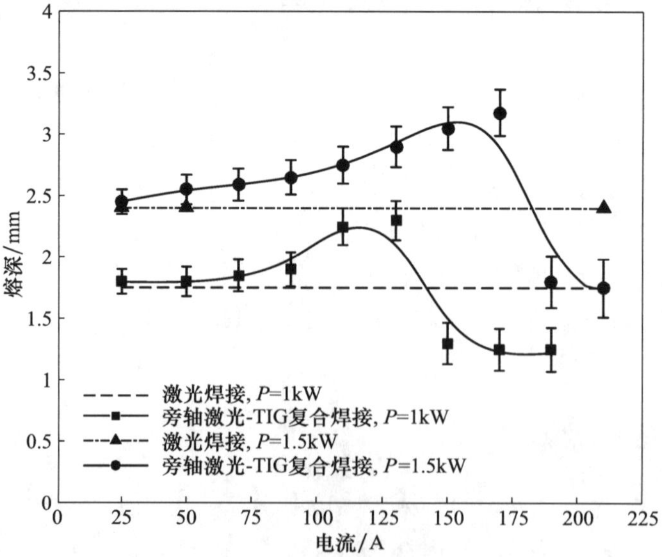

(b) 熔深

图 1.8　不同电流值时不锈钢复合焊接焊缝电弧形态与熔深度化[12]

复合焊接过程中，金属熔滴向熔池过渡的模式、熔滴尺寸、过渡频率及稳定性取决于焊接材料特性、焊接参数、保护气氛、激光能量、激光与电弧热源间的相互作用等冶金因素和物理因素，最终受多种力如重力、电磁力、等离子流力、表面张力、金属蒸气作用力等综合作用。激光-电弧复合焊接中的金属熔滴过渡模式一般有短路过渡、射滴过渡(一脉一滴、一脉多滴、多脉一滴)、射流过渡。

在激光-电弧复合焊接中，激光能量会影响电弧形态和电弧等离子体的热传导，影响电子密度和电流密度，使电弧长度、熔滴尺寸和速度发生改变[13]。

送丝速度(v_{wire})为6m/min时，熔滴过渡模式为射滴过渡和短路过渡，通常为一脉一滴，有时会出现两脉一滴。对MIG焊接和激光-MIG复合焊接熔滴过渡过程进行观察(见图1.9和图1.10所示)，激光功率(P_{laser})为3kW，焊接速度(v_{weld})为0.54m/min时，熔滴过渡模式均为射滴过渡，且为一脉一滴。送丝速度为6m/min时，MIG焊接熔滴从焊丝端部分离到落入熔池的时间为5ms(见图1.9)，而激光-MIG复合焊接熔滴从焊丝端部分离后1ms即落入熔池(见图1.10)。这是因为激光的加入使熔滴落点发生改变，两焊接过程熔滴的飞行距离不同。由图1.9可以看出，MIG焊接时，熔滴落点在焊丝延长线的右侧，如$t=5$ms时，落点到焊丝端部的连线与焊丝延长线的夹角为23°。由图1.10可以看出，激光-MIG复合焊接时，熔滴落点也在焊丝延长线的右侧，如$t=1.67$ms时，落点到焊丝端部的连线与焊丝延长线的夹角为12°。送丝速度为6m/min时，由于3kW激光的加入，熔滴落点更靠后，熔滴落点更靠后，飞行距离更短。

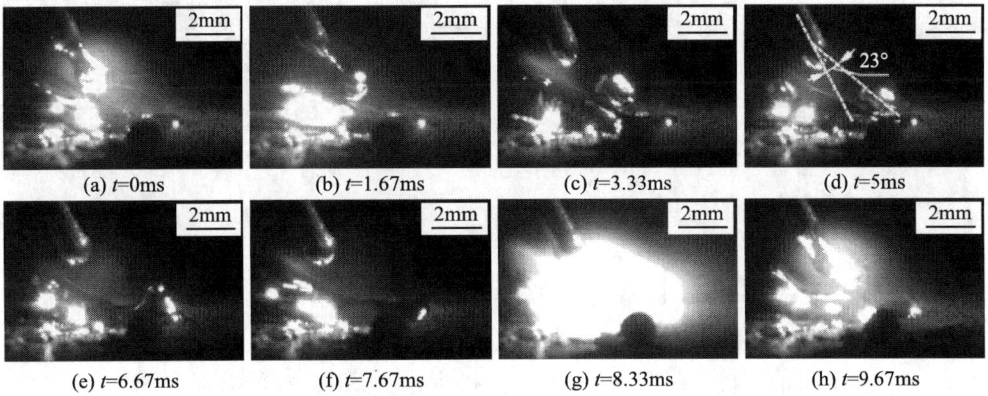

图1.9　MIG焊接熔滴过渡过程($v_{weld}=0.54$m/min，$v_{wire}=6$m/min)

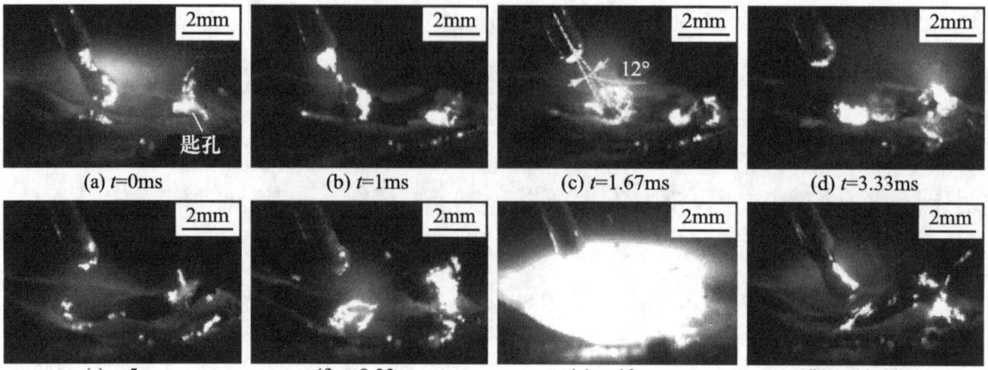

(a) t=0ms　(b) t=1ms　(c) t=1.67ms　(d) t=3.33ms

(e) t=5ms　(f) t=8.33ms　(g) t=10ms　(h) t=10.67ms

图 1.10　激光-MIG 复合焊接熔滴过渡过程(v_{weld}=0.54m/min,v_{wire}=6m/min,P_{laser}=3kW)

送丝速度为 12m/min 时,熔滴过渡模式为射滴过渡,有时为短路过渡,均为一脉一滴。图 1.11 和图 1.12 分别为送丝速度为 12m/min 时 MIG 焊接和激光-MIG 复合焊接熔滴过渡过程,激光功率为 3kW,焊接速度为 0.54m/min。可以看出,MIG 焊接和激光-MIG 复合焊接过程的熔滴均沿焊丝延长线落入熔池,激光的加入并没有明显改变熔滴落点,熔滴从焊丝端部分离后 0.67ms 即落入熔池。因此,送丝速度为 6m/min 时,激光的加入显著影响熔滴落点;送丝速度为 12m/min 时,激光对熔滴落点没有影响。

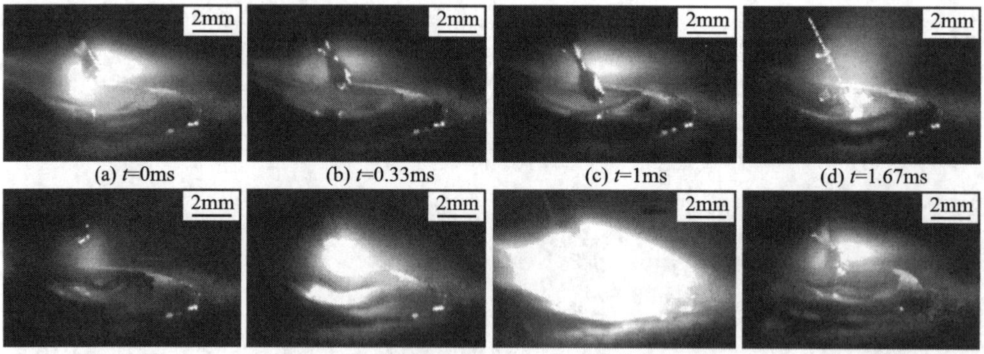

(a) t=0ms　(b) t=0.33ms　(c) t=1ms　(d) t=1.67ms

(e) t=2.33ms　(f) t=3ms　(g) t=3.67ms　(h) t=4.67ms

图 1.11　MIG 焊接熔滴过渡过程(v_{weld}=0.54m/min,v_{wire}=12m/min)

激光的加入对脉冲电弧电流和电压的影响如图 1.13 和图 1.14 所示。可以看出,送丝速度为 6m/min 和 12m/min 时,激光加入前后脉冲电弧电流的基值和峰值均没有明显差别,脉冲周期变化也不明显;送丝速度为 12m/min 时,脉冲电弧电流基值和峰值高于送丝速度为 6m/min 时。

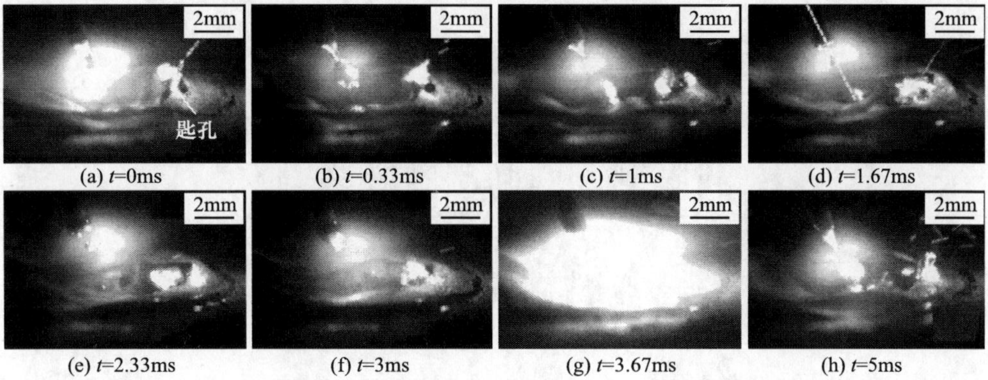

图 1.12　激光-MIG 复合焊接熔滴过渡过程(v_{weld}=0.54m/min，v_{wire}=12m/min，P_{laser}=3kW)

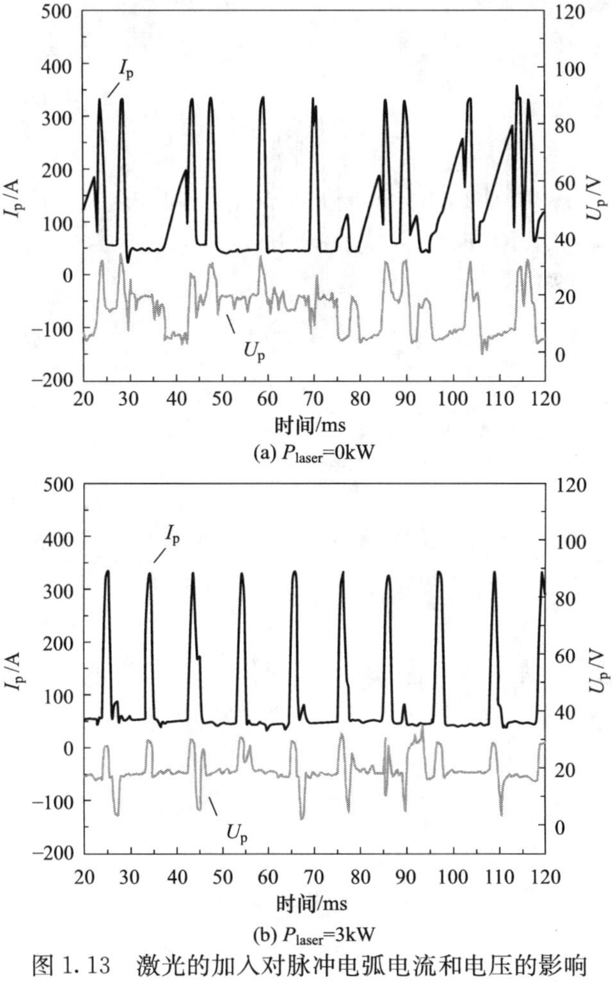

图 1.13　激光的加入对脉冲电弧电流和电压的影响

(v_{weld}=0.54m/min，v_{wire}=6m/min)

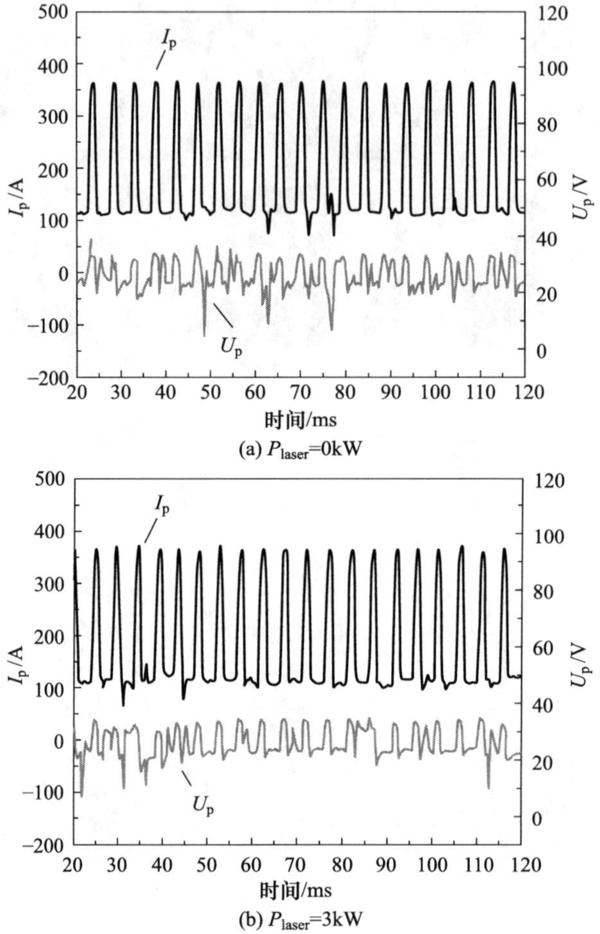

图 1.14　激光的加入对脉冲电弧电流和电压的影响

（v_{weld}=0.54m/min，v_{wire}=12m/min）

电参数的变化，尤其是电弧电压的变化与熔滴过渡过程相互对应，可反映焊接过程的稳定性。由图 1.13 可以看出，送丝速度为 6m/min 时，脉冲电弧电流和电压波动都较大，焊接过程不稳定；3kW 激光的加入使脉冲电弧电流和电压的波动减小，减少了短路过渡过程，使焊接过程更稳定。由图 1.14 可以看出，送丝速度为 12m/min 时，脉冲电弧电流和电压波动比送丝速度为 6m/min 时小，说明大电弧参数时焊接过程比较稳定；3kW 激光的加入使脉冲电弧电压波动减小，焊接过程更稳定。因此，激光加入后，脉冲电弧电流和电压的波动减小、焊接过程更稳定。

一脉一滴是最理想的熔滴过渡形式，当熔滴向熔池过渡时，熔池受到熔滴的冲击，会产生较大的熔深。对于两脉一滴甚至多脉一滴的情况，熔滴尺寸较大，电弧不稳定，在焊接过程中产生的飞溅大，焊接熔池宽，焊接质量差，效率较低，因此在实际中应用比较少。

1.2.6　熔池动态特征

采用X射线透射成像系统可实时观察激光-电弧复合焊接过程中熔池的动态行为，在工件内部预置高熔点钨颗粒，通过描绘钨颗粒的运动轨迹来表征复合焊接熔池的流动行为，如图1.15所示[14]。可以看出，复合焊接熔池中液态金属沿着匙孔后壁向熔池底部流动，之后流向熔池的后方。

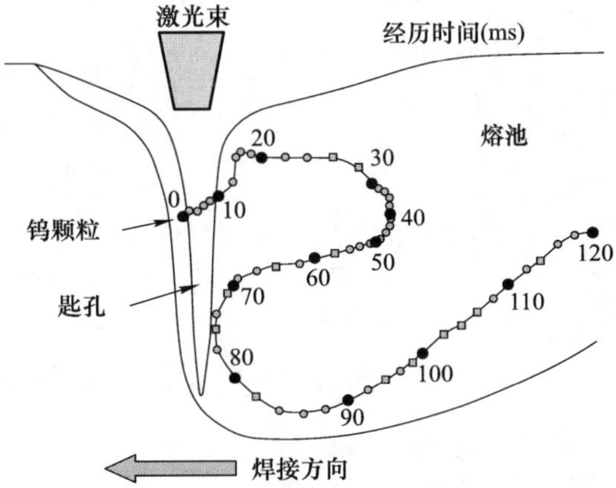

图1.15　激光-电弧复合焊接熔池动态行为示意图[14]

激光-电弧复合焊接过程中，熔池的动态行为与焊缝中气孔缺陷及焊缝内合金元素的分布密切相关。

熔池的流动可以促使气泡的逸出，此外，电弧参数的变化会引起熔池形态的变化进而抑制焊缝中的气孔缺陷。A5052铝合金激光-MIG复合焊接时，当电弧电流增大到240A时，相比于电流为120A，焊缝中气孔缺陷明显得到抑制。如图1.16所示[14]，电流增大时，熔池表面受到较大的电弧压力而下凹，同时匙孔的开口尺寸明显变大，熔池中的气泡容易从下凹的熔池表面逸出。

激光-电弧复合焊接过程中熔池的流动行为决定了合金元素的分布规律。以碳钢复合焊接过程添加不锈钢焊丝为例，复合焊接熔池上部的Cr元素含量明显高于下部，焊接过程中合金元素在熔池流动作用力下被推向熔池的上部，如图 1.17 所示[15]，同时熔池流动产生的旋涡的搅拌作用使熔池上部较大范围内合金元素的分布更加均匀。而匙孔底部附近区域合金元素 Cr 含量较少，主要是因为向上并向后的流动产生的力将含有大量合金元素的液态金属推向熔池上部。

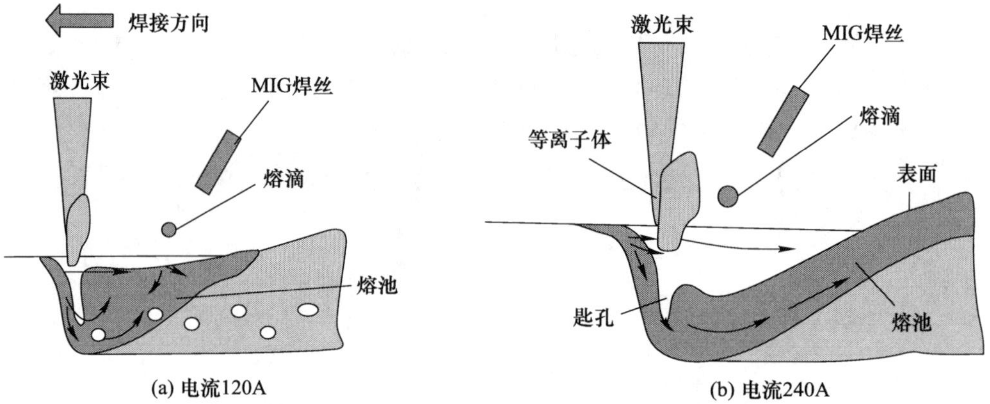

图 1.16　A5052 铝合金激光-MIG 复合焊接熔池动态行为示意图[14]

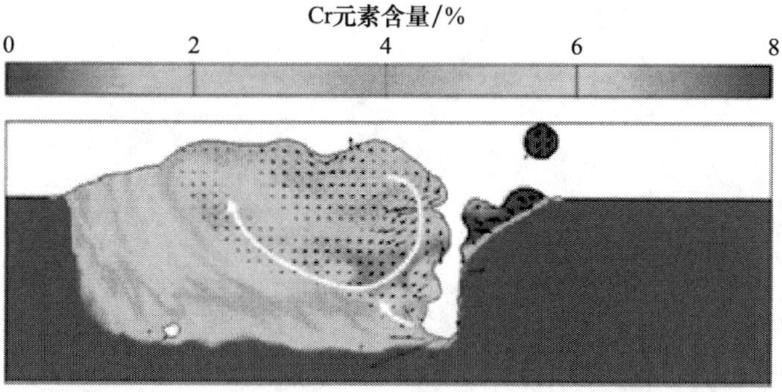

图 1.17　碳钢激光-电弧复合焊接过程中 Cr 元素分布[15]（见文后彩图）

1.3　激光-电弧复合焊接冶金特征

1.3.1　激光-电弧复合焊接熔池热场分布特征

激光-电弧复合焊接过程热场分布决定了接头组织转变规律。目前多采用数值模拟的方法来表示复合焊接熔池温度分布，以 AISI321 不锈钢为例,激光-TIG 复合焊接熔池温度分布如图 1.18 所示[16]。模拟结果显示,熔池中最大温度出现在匙孔壁,即材料的沸点约 3100K,熔池(高于 1673K)呈现典型的“拖尾”特征。熔池附近区域热循环特征可由热电偶测温的方法获得,8mm A7N01S-T5 铝合金激光-MIG 复合焊接热循环曲线如图 1.19 所示。可以看出,距离焊缝中心越远,热循环峰值温度越低,距离焊缝中心 20mm、15mm、10mm 和 5mm 处的峰值温度分别为 223℃、326℃、367℃和 639℃,由此可以判断距焊缝中心 20mm 处位于过时效区,距焊缝中心 15mm、10mm 和 5mm 处位于固溶区。

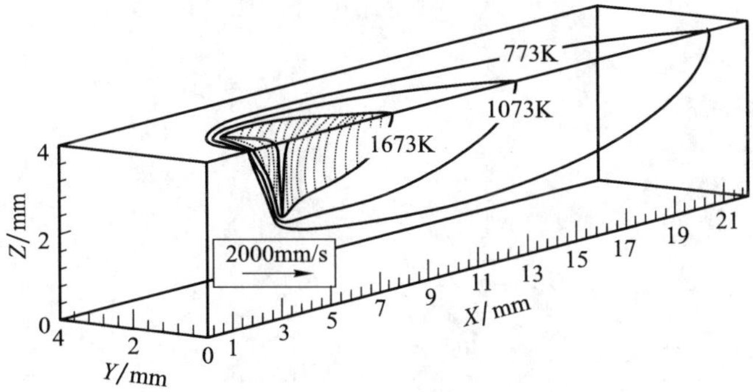

图 1.18　AISI321 不锈钢激光-TIG 复合焊接熔池温度分布[16]

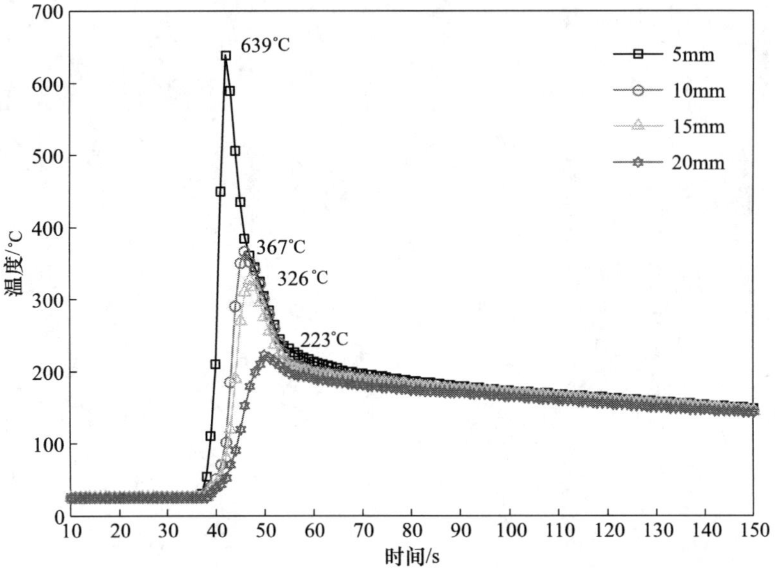

图 1.19　8mm A7N01S-T5 铝合金激光-MIG 复合焊接热循环曲线

1.3.2　铝合金激光-MIG复合焊接接头组织

1. 显微组织分析

A7N01S-T5铝合金激光-MIG复合焊接接头显微组织如图1.20所示。图1.20(a)和(b)分别为电弧区和激光区的组织，可以看出，焊缝区均为铸态树枝晶组织。熔合线附近组织如图1.20(c)所示，焊缝靠近熔合线附近为柱状晶，部分熔化区为等轴晶。焊接热影响区组织如图1.20(d)和(e)所示，较远处热影响区组织与母材组织(见图1.20(f))相似，为沿挤压方向分布的纤维状组织。图1.20(d)～(f)中均存在粗大的黑色杂质相。

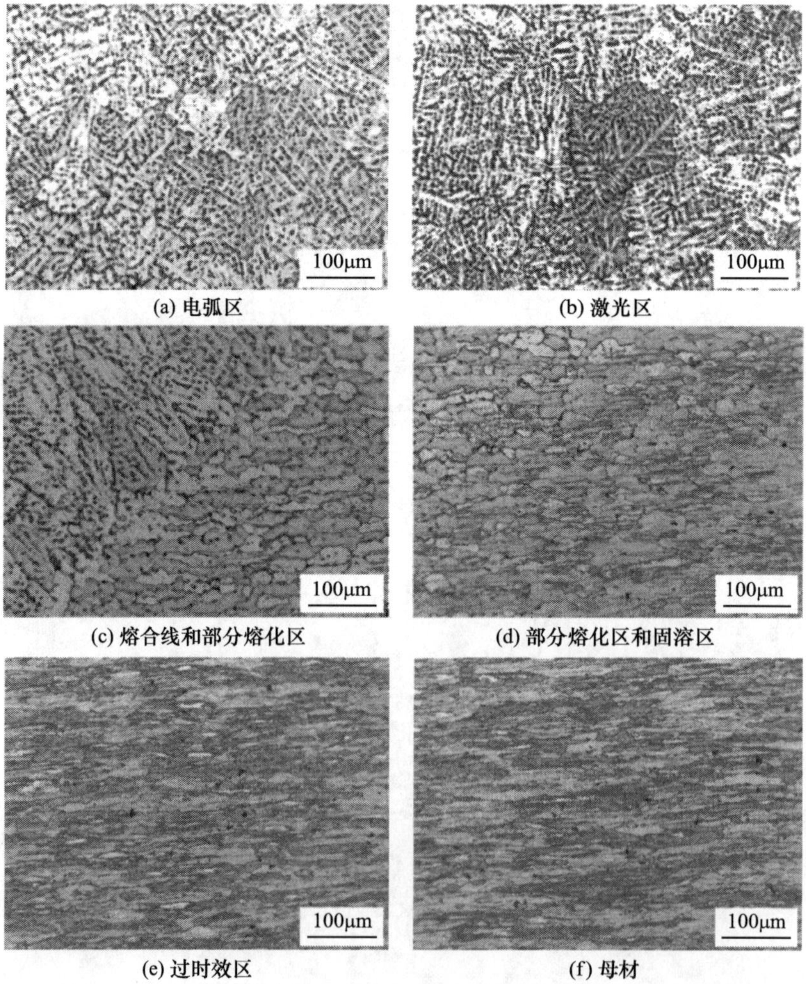

图1.20　A7N01S-T5铝合金激光-MIG复合焊接接头显微组织

与母材的纤维状组织不同，焊缝区为铸态组织。可见，组织形貌的变化很可能是引起接头焊缝区出现明显软化的原因。而图 1.20(e)和(f)表明过时效区和母材的显微组织并无明显差别。光学显微镜放大倍数有限，而铝合金的析出相通常为纳米级，在光学显微镜下观察不到，须采用扫描电子显微镜(scanning electron microscope，SEM)和透射电子显微镜(transmission electron microscope，TEM)对接头各区域的析出相进行观察和分析。

2. 析出相转变及分布

在 SEM 下观察 A7N01S-T5 铝合金母材中析出相分布，如图 1.21(a)所示，可以看到浅色析出相尺寸达 4μm，为图 1.20(f)中观察到的黑色粗大相。图 1.21(b)和(c)及能谱分析(energy dispersive spectrometer，EDS)结果表明，与基体(光谱点 3)相比，浅色析出相(光谱点 1 和光谱点 2)富含 Fe、Mn 元素，为杂质相。

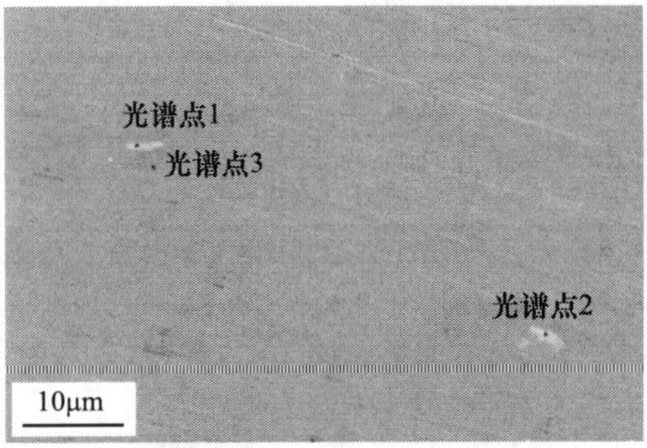

能谱分析结果(质量分数)　(单位：%)

元素	Mg	Al	Si	Cr	Mn	Fe	Zn
光谱点1	0.92	81.34	2.63	0.36	2.58	9.78	2.40
光谱点2	0.73	77.30	—	0.33	2.15	16.78	2.71
光谱点3	1.35	94.26	—	—	—	—	4.38

(a) 析出相形貌及成分

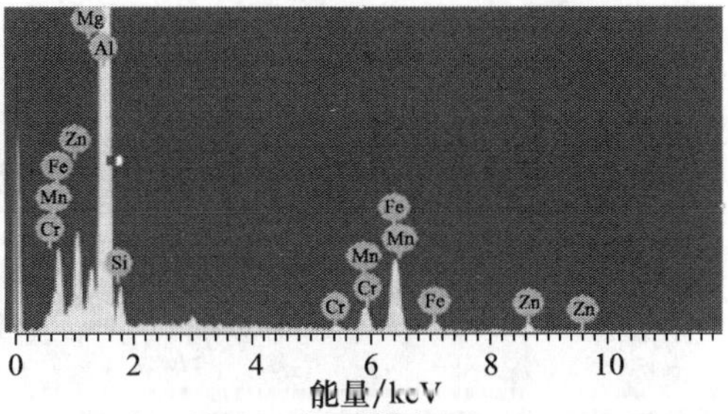

(b) 光谱点1

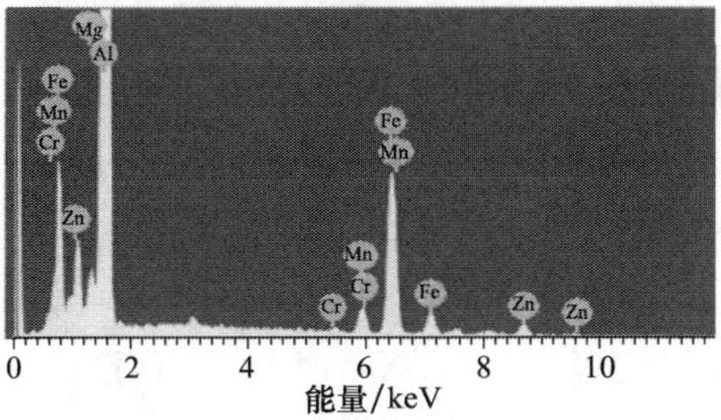

(c) 光谱点2

图 1.21　A7N01S-T5 铝合金母材中析出相形貌及能谱分析

在 TEM 下观察到的 A7N01S-T5 铝合金母材中析出相的形貌如图 1.22 所示。

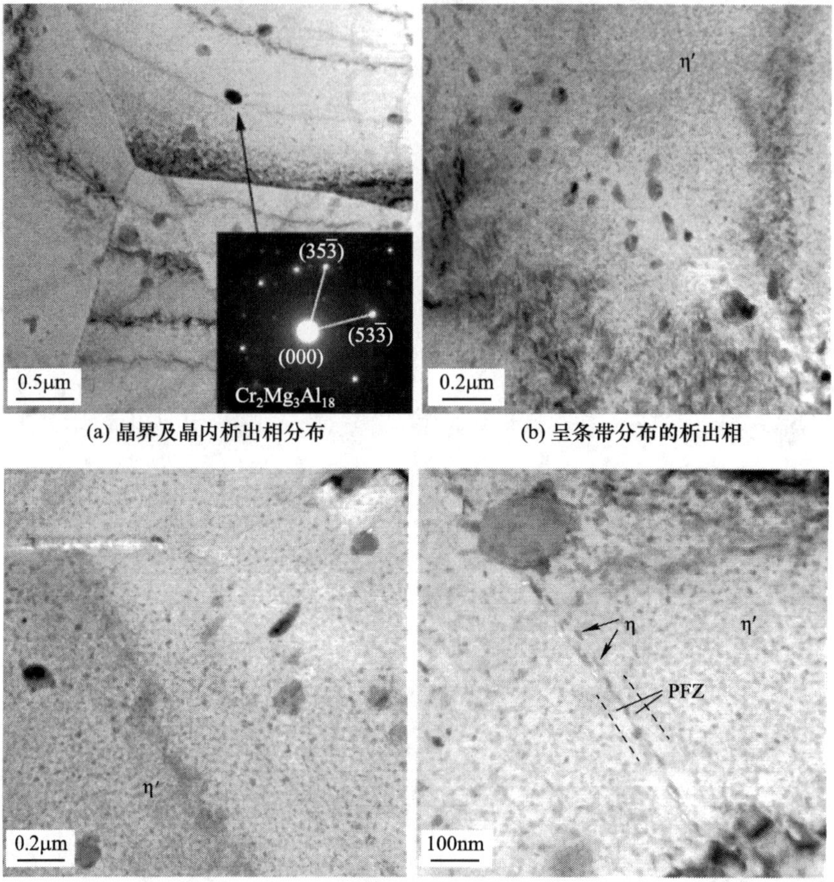

(a) 晶界及晶内析出相分布　(b) 呈条带分布的析出相

(c) 晶内析出相分布　(d) 晶界析出相及无析出物带

图 1.22　A7N01S-T5 铝合金母材中析出相形貌

由图 1.22 可以看出，A7N01S-T5 铝合金母材中有粗大的析出相，多呈椭圆形或多边形，尺寸为 20～160nm，还有少量呈条形，长 60～120nm。它们随机分布在晶粒内部和晶界，有些在晶粒内呈带状聚集分布（见图 1.22(b)）。多个粗大析出相的能谱分析结果表明，粗大析出相富含 Cr、Mn 元素。图 1.22(a)中衍射斑点标定结果显示箭头所示析出相为 $Cr_2Mg_3Al_{18}$ 相。可见，这些粗大相为 Cr、Mn 弥散相。Cr、Mn 弥散相具有防止再结晶的作用，但弥散相与基体不共格、尺寸较大，抗再结晶能力有限，会提高淬火敏感性。此外，还可以看到有些粗大相与其他的相连接在一起，为淬火过程中在 Cr、Mn 弥散相上形核而形成的粗大的 η 相（$MgZn_2$）。

由图 1.22(c)和(d)可以看出，除 η 相外，晶粒内还有大量弥散分布的细小的（10nm 以下）析出相，为 η′相（$MgZn_2$）。η′相是 A7N01S-T5 铝合金的主要强化相。由图 1.22(d)可以看出，有条形析出相沿晶界断续分布，长 20～40nm，这些析出相为 η 相。η 相为平衡相，平衡相形核是不均匀的，往往在晶界或其他较明显的晶格缺陷等处形核。因此，时效过程中在晶界一般会直接形成 η 相。这些沿晶界分布的 η 相小于在 Cr、Mn 弥散相上形核而形成的粗大的 η 相，说明晶界被激活为形核点的温度比弥散相低。由图 1.22(d)还可以看出，沿晶界存在无析出物区(precipitate-free-zone，PFZ)。PFZ 是晶界 η 相的析出吸取了周围基体中的溶质而形成的。

A7N01S-T5 铝合金激光-MIG 复合焊接接头过时效区的析出相分布如图 1.23 所示。过时效区析出相分布与母材类似。粗大的 Cr、Mn 弥散相和 η 相随机分布在晶内(见图 1.23(a))和晶界(见图 1.23(b)和(c))，尺寸为 20～200nm，主要呈椭圆形或多边形。由图 1.23(b)和(c)可以看出，沿晶界

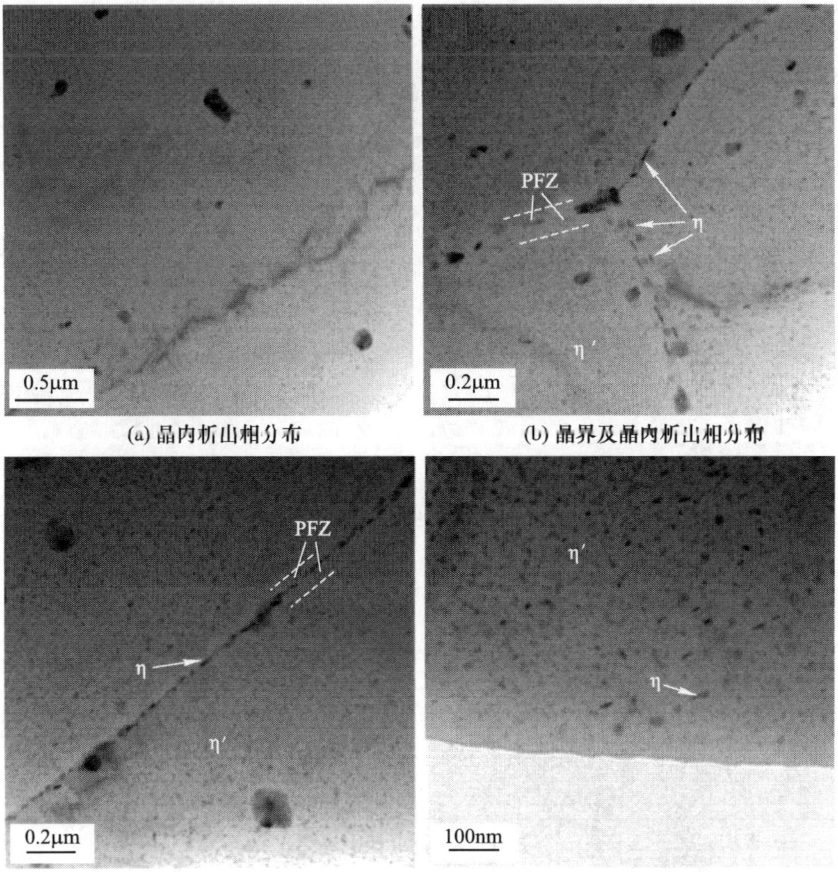

(a) 晶内析出相分布　(b) 晶界及晶内析出相分布

(c) 晶界析出相及无析出物带　(d) 晶内析出相

图 1.23　A7N01S-T5 铝合金激光-MIG 复合焊接接头过时效区析出相分布

分布的主要还是条形 η 相，长 30～100nm。与母材相比，沿晶界分布的 η 相长大，过时效区晶界两侧也存在无析出物区。图 1.23(c)和(d)表明，大量细小的 η' 相弥散分布在晶粒内部。由图 1.23(d)可以看出，晶粒内部也出现较小的条形 η 相，长 20～50nm。

对比 A7N01S-T5 铝合金激光-MIG 复合焊接接头母材和过时效区析出相的大小和分布，如图 1.24 所示。过时效区 η' 相的尺寸略大于母材区，且过时效区 η' 相的分布密度低。可见，过时效区被加热到 η' 相固溶温度之上，η' 相部分溶解。η' 相的溶解伴随着粗化，许多小的 η' 相颗粒消失，一些大的 η' 相颗粒出现。由图 1.24(c)和(d)还可以看出，与母材相比，过时效区晶粒内部细小条形 η 相的数量更多。可见，除 η' 相的长大外，还有 η' 相转变形成 η 相。这些大的 η' 相的出现和 η 相的形成意味着过时效，因此接头距焊缝中心 17～23.5mm 的区域为过时效区。

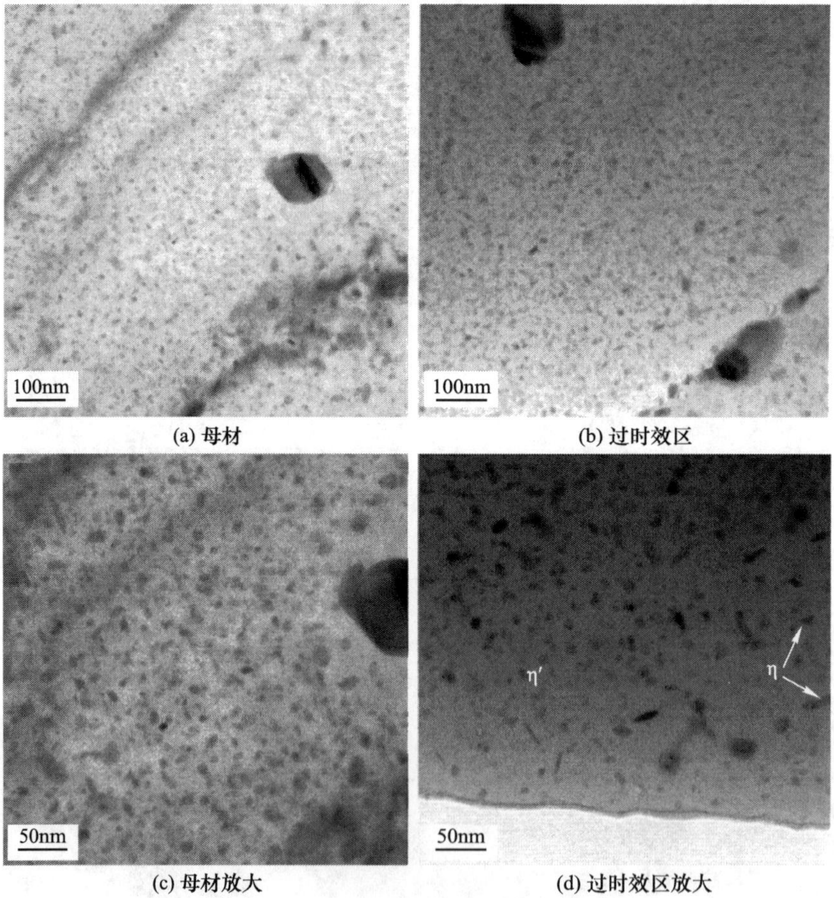

(a) 母材　(b) 过时效区　(c) 母材放大　(d) 过时效区放大

图 1.24　母材和过时效区析出相对比

图 1.25 为 A7N01S-T5 铝合金激光-MIG 复合焊接接头固溶区的微观组织形貌。由图 1.25(a)可以看出,与母材和过时效区类似,固溶区也有粗大的 Cr、Mn 弥散相。除此之外,晶内几乎没有细小的析出相,晶界上的 η 相也消失(见图 1.25(b))。可见,此处的峰值温度高于 η' 相和 η 相的固溶温度,使 η' 相和 η 相溶解。在焊后自然时效过程中,会形成吉尼尔·普雷斯顿(Guinier Preston,GP)区。由于 GP 区尺寸很小(半径小于 1nm),从图 1.25 所示的 TEM 照片中未能观察到。

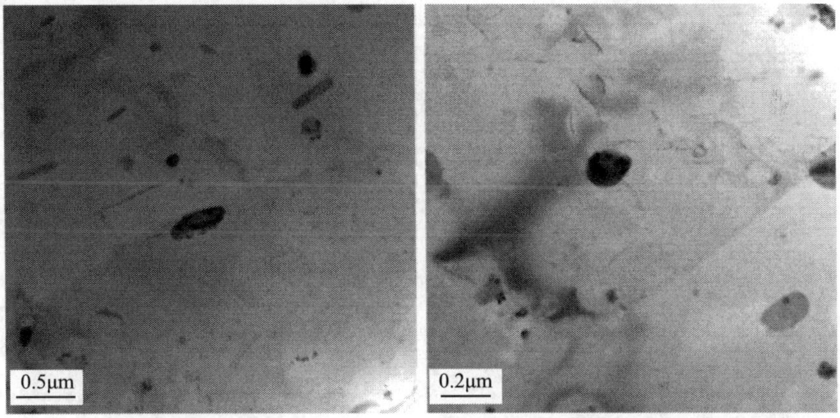

(a) 析出相分布　　(b) 晶界

图 1.25 A7N01S-T5 铝合金激光-MIG 复合焊接接头固溶区的微观组织形貌

为对比焊缝激光区、电弧区基体的化学成分,在 SEM 下对腐蚀后的试样进行能谱分析,如图 1.26 所示。可见,析出相均已被腐蚀掉。能谱分析

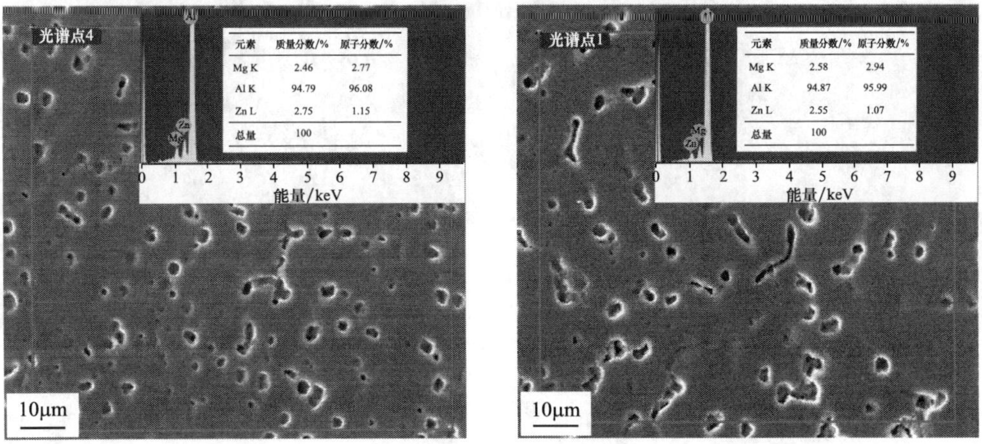

(a) 电弧区　　(b) 激光区

图 1.26 焊缝区能谱分析

结果表明，焊缝基体含有 Al、Zn、Mg 元素，激光区和电弧区成分相差不大。由于 Zn、Mg 元素的熔点低，在熔池中会发生烧损。激光的加入使熔池局部温度急剧增大，加剧了 Zn、Mg 元素的烧损。因此，与母材相比，焊缝中 Zn 元素的质量分数低了约 1.7%。此外，因为采用的 ER5356 焊丝为 Al-Mg 焊丝，补充了焊缝中的 Mg 元素，与母材相比，焊缝中 Mg 元素的质量分数高了约 1.2%。

图 1.27 为焊缝区析出相形貌。从图 1.27(a)可以看出，电弧区析出相形状不规则，大小不一，为 0.5～5μm。从图 1.27(b)可以看出，与电弧区相比，激光区内长 5～10μm 的条形析出相增多。对图 1.27(c)和(d)中电弧区和激光区的各种形状的析出相进行能谱分析，结果如表 1.3 所示。可见，激光区和电弧区析出相种类一致，焊缝中除含 Fe、Cu 等元素的杂质相外，还有含 Mg、Zn 元素的析出相。

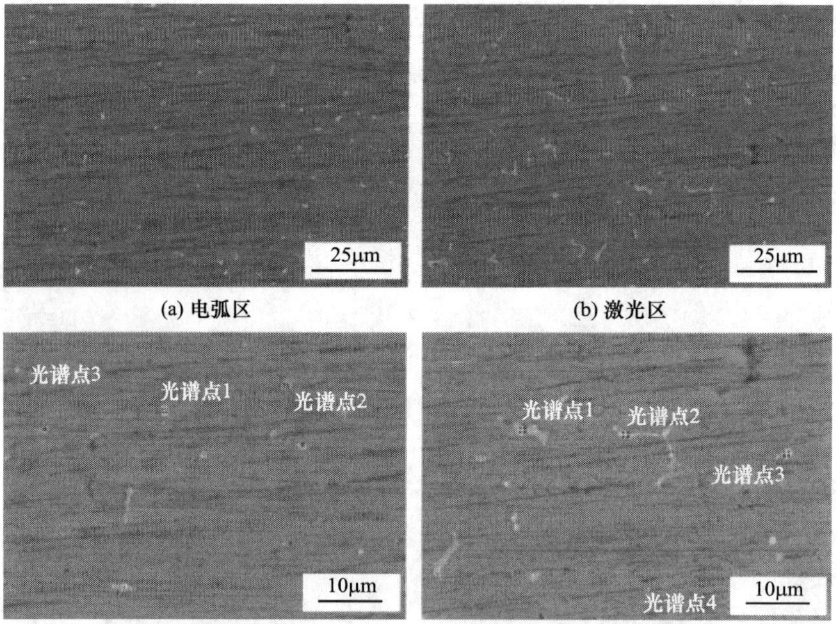

(a) 电弧区　(b) 激光区　(c) 电弧区放大　(d) 激光区放大

图 1.27　焊缝区析出相形貌

表 1.3　焊缝析出相能谱分析结果(质量分数)　　(单位:%)

图号	编号	Mg	Al	Si	Mn	Fe	Cu	Zn
图 1.27(c)	光谱点 1	5.13	76.01	—	—	12.53	—	6.32
	光谱点 2	13.78	68.91	—	—	—	—	17.32
	光谱点 3	4.47	91.16	—	—	—	—	4.47

续表

图号	编号	Mg	Al	Si	Mn	Fe	Cu	Zn
图 1.27(d)	光谱点 1	17.48	54.72	—	—	—	3.86	23.94
	光谱点 2	3.14	75.14	—	2.00	16.18	—	3.54
	光谱点 3	5.45	73.47	1.19	1.76	11.02	—	7.09
	光谱点 4	5.22	89.81	—	—	—	—	4.97

图 1.28 为 TEM 下观察到的焊缝电弧区的析出相形貌。可以看出，只观察到图 1.28(b)所示的粗大的不规则析出相，且不规则析出相间距离远。除此之外，没有观察到其他析出相，焊缝中没有细小的 η' 相和 η 相。能谱分析结果表明，图 1.28(b)中不规则析出相富含 Fe 元素，与 SEM 下观察到的富含 Fe 元素的杂质相为一类。

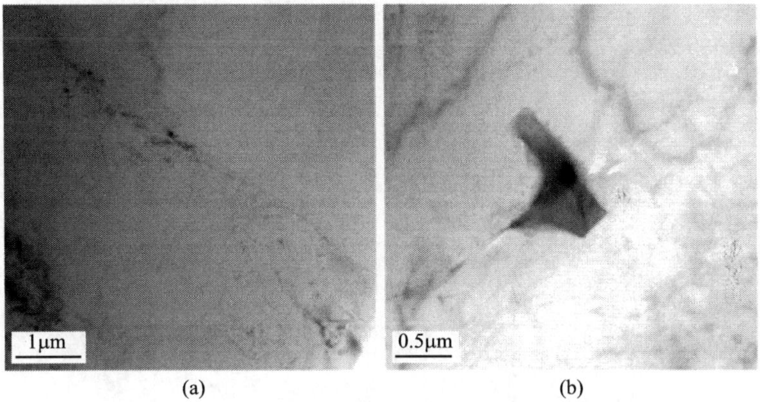

图 1.28　焊缝电弧区的析出相形貌

可见，与母材和热影响区相比，焊缝区没有细小的 η' 相和 η 相，焊缝中的析出相较少且比较粗大。焊接热过程的作用、焊丝的加入及 Zn 元素的烧损是焊缝析出相形貌与母材差别大的主要原因。焊接加热和母材的熔化过程使母材中的 η' 相和 η 相等强化相消失，焊丝的加入和合金元素烧损使焊缝区成分与母材不同，焊缝中的析出相较少且比较粗大。激光的作用使激光区析出相比电弧区析出相粗大。

3. 晶粒形貌

采用电子背散射衍射(electron backscattered diffraction，EBSD)获得 A7N01S-T5 铝合金激光-MIG 复合焊接接头焊缝、固溶区、过时效区和母材的晶粒形貌，如图 1.29 所示，四个位置分别为距焊缝中心 1.5mm、10mm、21mm 和 35mm。

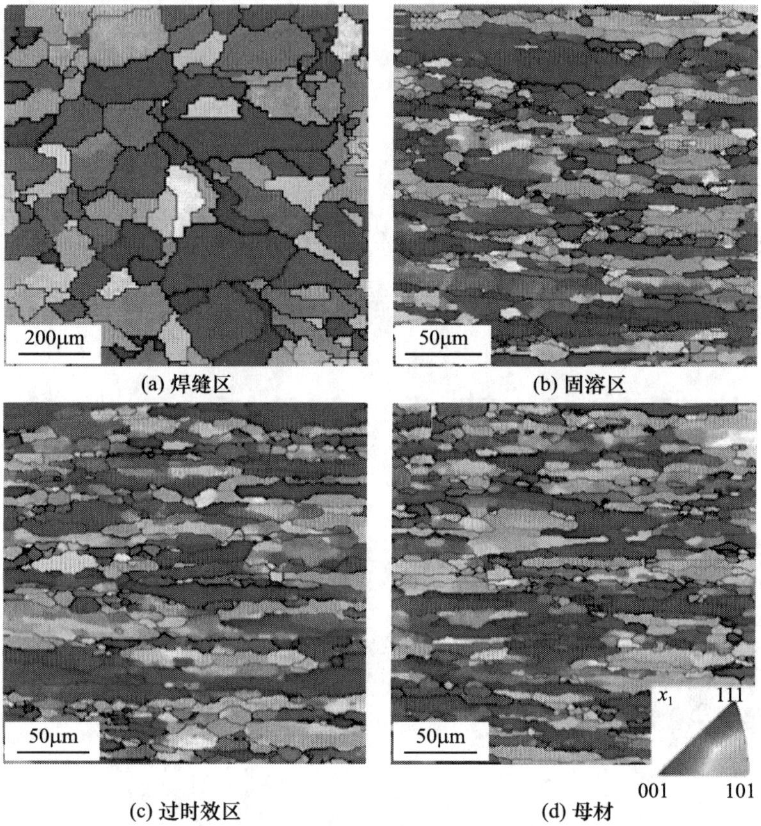

图 1.29　A7N01S-T5 铝合金激光-MIG 复合焊接接头晶粒形貌(见文后彩图)

图 1.29(a)中晶粒无方向性，为大小不均的等轴晶。焊缝靠近熔合线附近为柱状晶，焊缝中部为等轴晶。从图 1.29(b)～(d)可以看出，固溶区和过时效区晶粒形貌与 A7N01S-T5 母材相比并没有发生明显变化。T5 态为高温成形后进行人工时效，热挤压过程使 A7N01 铝合金的晶粒沿挤压方向拉长，由动态回复作用形成了许多细小的亚晶粒。

A7N01S-T5 铝合金激光-MIG 复合焊接接头各区域晶粒直径统计分析结果如图 1.30 所示。由图 1.30(a)可以看出，焊缝区 78%的晶粒直径为 30～110μm，个别晶粒可达 250μm。由图 1.30(b)可以看出，固溶区的晶粒直径小于 70μm，过时效区和母材的晶粒直径小于 45μm。固溶区、过时效区和母材区直径在 7.5～22.5μm 的晶粒分别占总晶粒数的 78%、77%和 82%，焊缝、固溶区、过时效区和母材的平均晶粒直径分别为 76.5μm、15.4μm、13.4μm 和 13.7μm。可见，焊缝区晶粒粗大，晶粒直径远大于固溶区、过时效区和母材。

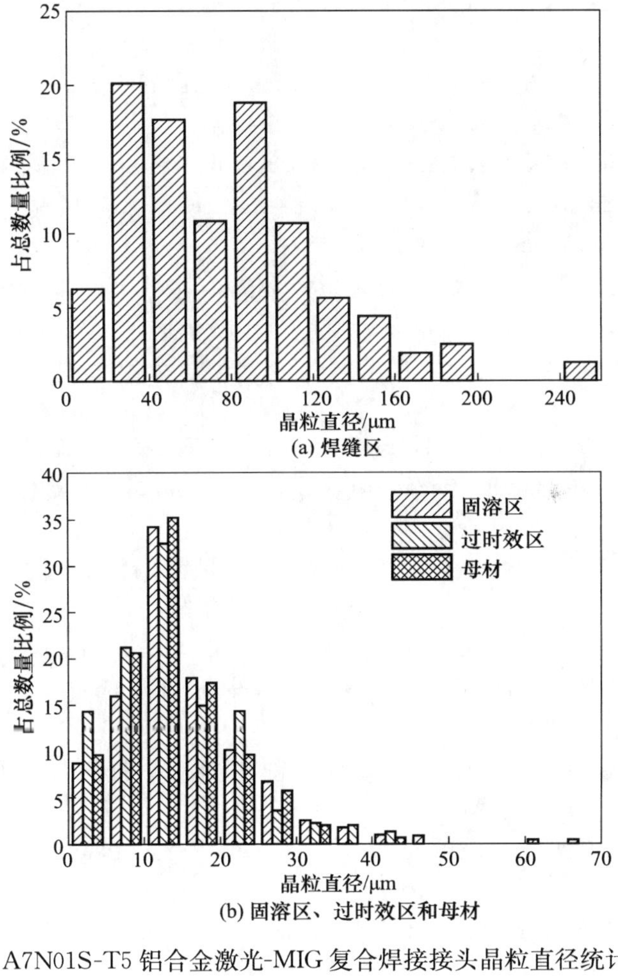

图 1.30　A7N01S-T5 铝合金激光-MIG 复合焊接接头晶粒直径统计分析结果

因此，焊接热过程没有改变固溶区和过时效区晶粒形貌及晶粒大小，焊缝区晶粒形貌改变且晶粒远大于固溶区、过时效区和母材。

参考文献

[1]　李强，金新灿. 动车组设计. 北京：中国铁道出版社，2011.

[2] 刘建国，幸筱流. 高速铁路概论. 北京：中国铁道出版社，2009.

[3] 金昌海，张海军. 从高速列车车体焊接来看铝合金焊接技术发展之动向. 金属加工（热加工），2011，(16)：14-15.

[4] Eboo G M, Steen W M, Clarck J. Arc augmented laser welding // Proceedings of the Conference on Advances in Welding Processes, Harrogate, 1978：257-265.

[5] Steen W M. Arc augmented laser processing of materials. Journal of Applied Physics, 1980, 51(11)：5636-5641.

[6] Ribic B, Palmer T A, Debroy T. Problems and issues in laser-arc hybrid welding. International Materials Reviews, 2009, 54(4)：223-244.

[7] Kah P, Salminen A, Martikainen J. The effect of the relative location of laser beam with arc in different hybrid welding processes. Mechanika, 2010, 83(3)：1207-1392.

[8] Matsunawa A, Mizutani M, Katayama S, et al. Porosity formation mechanism and its prevention in laser welding. Welding International, 2003, 17(6)：431-437.

[9] Wang Z, XueM H, Wei L, et al. Behavior of the plasma characteristic and droplet transfer in CO_2 laser-GMAW-P hybrid welding. The International Journal of Advanced Manufacturing Technology, 2014, 72(5-8)：935-942.

[10] Bibik O, Brodyaqin V, Rokladov Y. Special features of interaction of laser radiation with the electric welding arc in the combined laser-arc welding. Physics and Chemistry of Materials Treatment, 1990, 24(2)：176-178.

[11] 陈彦宾，李俐群，吴林. 电弧对激光吸收与散焦的定量测量. 焊接学报，2003，24(3)：56-58.

[12] Chen Y B, Lei Z L, Li L Q, et al. Experimental study on welding characteristics of CO_2 laser TIG hybrid welding process. Science and Technology of Welding and Joining, 2006, 11(4)：403-411.

[13] 王秋影. 高速列车铝合金激光-MIG复合焊接技术及接头服役行为研究. 成都：西南交通大学博士学位论文，2017.

[14] Olsen F O. Hybrid Laser-Arc Welding. Cambridge：Woodhead Publishing, 2009：40-44.

[15] Cho W I, Na S J, Cho M H, et al. Numerical study of alloying element distribution in CO_2 laser-GMA hybrid welding. Computational Materials Science, 2010, 49(4)：792-800.

[16] Ribic B, Rai R, DebRoy T. Numerical simulation of heat transfer and fluid flow in GTA/laser hybrid welding. Science and Technology of Welding and Joining, 2008, 13(8)：683-693.

第 2 章　高速列车激光-电弧复合焊接关键工艺技术

本章首先介绍高速列车焊接技术及其存在的主要问题，并介绍一些高速列车生产制造中的新焊接技术。然后重点介绍激光-电弧复合焊接技术在高速列车生产制造应用中遇到的瓶颈和需要解决的关键工艺技术，并从工艺角度提出相应的解决措施，以期推动并指导激光-电弧复合焊接在高速列车生产制造领域中的应用。

2.1　高速列车焊接工艺现状

焊接技术主要应用于高速列车车体和转向架构架的生产制造，车体和转向架构架的材料体系分别为铝合金和低合金钢，因此采用的焊接工艺方法也不同。铝合金车体的焊接主要采用自动和半自动 MIG 焊接，低合金高强钢转向架构架主要采用自动和半自动 MAG 焊接。随着列车设计速度的提高，对列车焊接结构的安全可靠性、效率和成本的要求进一步提高，一些优质高效的焊接工艺方法也逐步尝试应用于高速列车的生产制造中，如搅拌摩擦焊接、激光-电弧复合焊接、等离子-MIG/MAG 复合焊接等。

2.1.1　铝合金车体 MIG 焊接技术

高速列车车体主要由不同断面形状的铝合金型材和板材拼焊而成，图 2.1 为时速 300km 的高速列车铝合金车体组焊后无涂装的照片。车体侧墙、车顶、底架边梁、地板、端墙由板厚 3～5mm 的 6XXX 系列铝合金中空型材拼焊而成。由于接头多为长直焊缝，主要采用自动 MIG 焊接，焊接位置多为平焊(部件焊接)和横焊(总装)。由于焊缝数量多、长度长，焊接以后的部件总是存在一定的变形和残余应力。变形严重时将会影响整体车体的组装，为了保证车体尺寸，往往在焊后要进行火焰调修。调修过程会影响铝合金接头附近的组织和性能，应从工艺方法角度尽量避免调修。另外，过大的残余应力对车体铝合金焊接结构件承载也有不利的影响。例如，当过大的残余拉应力与工作应力叠加时，会降低结构的承载能力；当存在过大的残余压应力时，对于薄壁结构件容易造成波浪变形。

图 2.1 300km/h 的高速列车铝合金车体

铝合金车体底架结构是整个车体的关键承载结构，承受着车体自重、载运重量以及吊装设备的重量，传递车头纵向载荷，因此其采用的铝合金材料厚度及强度级别比侧墙、车顶等要高，同时对整个底架结构的动载性能、腐蚀及应力腐蚀性能要求更高，图 2.2 为 CRH6 铝合金车体底架结构。从底架的结构特点而言，底架的焊缝以短焊缝为主，焊接位置多样；而从铝合金材料应力腐蚀敏感性而言，底架上用的 7XXX 系高强铝合金材料具有一定的应力腐蚀倾向，因此对焊接残余应力的控制更严格。可见，铝合金车体底架结构对焊接技术的要求更高。

图 2.2 CRH6 铝合金车体底架结构

2.1.2 转向架构架 MAG 焊接技术

转向架是高速列车的走行部件，其性能的好坏直接影响到列车的运营安全，是高速列车关键部件之一。图 2.3 为某型号高速列车的转向架。轮对、电机、制动系统等部件安装在转向架构架上，构成了整个转向架。而转向架构架主要由金属管件、板件焊接而成，因此转向架构架的焊接质量直接影响整个转向架的性能。

图 2.3　某型号高速列车的转向架

转向架构架材料主要采用耐候钢(如 S355)，其焊接性较好，主要采用自动或半自动 MAG 焊接。但构架板材厚度较大，接头形式以板与板的角接、管与板接头为主，焊接填充量大，焊接效率较低，容易出现根部未焊透缺陷，焊接变形和残余应力大，部分车型转向架还要经过焊后处理来降低残余应力。因此，还需要进一步改进现有的焊接工艺方法，以提高焊接接头的质量。

2.1.3　其他焊接技术

作为一种固相连接技术，搅拌摩擦焊接具有接头强度系数高、缺陷率低、绿色环保等优点，在轨道交通铝合金车体制造领域有着很好的应用前景。铝合金是高速列车制造中常用的材料，但是采用传统熔化焊接时容易出现接头软化、热裂纹、焊接变形较大等问题。而搅拌摩擦焊接通过搅拌头与工件之间的高速摩擦，将处于热塑性状态下的金属压焊在一起，避免了金属熔化产生的各种缺陷，有效提高了铝合金等材料焊接接头的综合性能。另外，搅拌摩擦焊接前无需打磨试板以清除氧化膜，焊接时无飞溅、无烟尘，因此其比传统熔化焊接更节能环保。目前，搅拌摩擦焊接已在地铁列车、轻轨列车、高速列车等产品中得到应用[1]。

但搅拌摩擦焊接也存在一些不足，如对工件的刚性约束要求高、焊接速度低于熔化焊、搅拌头适应性差、焊接灵活性不够等,限制了其在某些复杂结构中的应用。

2.2 激光-电弧复合焊接关键工艺参数匹配

焊接过程中影响参数比较多,且各参数之间有较强的交互影响作用。激光-电弧复合焊接涉及较多与激光、电弧相关的参数,其中主要的可变参数包括焊接电流、焊接电压、焊接速度、激光功率、离焦量和光丝间距,各参数对接头的力学性能均有不同程度的影响。

在激光-电弧复合焊接的应用中,如何根据焊接要求来制定工艺参数以有效地控制焊缝成形就显得至关重要。根据两个热源的作用特点,可以将复合焊接的焊接熔池分为激光部分和电弧部分。针对不同的接头形式和结构要求,通过调整激光和电弧的能量配比,可以获得优良的接头形状,从而优化焊接质量。在激光-电弧复合焊接中,激光功率对焊缝熔深起着主导作用,随着激光功率的增大,焊缝熔深不断增加;电弧的电流和电压对焊缝熔宽有较显著的影响,随着焊接电流和电压的增加,焊缝熔宽增大,在电弧电流和电压选择合适的情况下,可以获得较好的焊缝成形。本节将在复合热源能量作用机理的基础上,研究激光-电弧复合焊接的能量配比与焊缝成形的作用关系。

2.2.1 激光-MAG 复合焊接激光与电弧参数的匹配

针对 SMA490BW 耐候钢,在焊接速度、光丝间距、离焦量及保护气体流量均保持固定的情况下,设定总能量为 8kW,保证总线能量一定,通过改变激光功率、焊接电流、焊接电压,考察不同能量配比下的激光-MAG 复合焊接效果,获得合适的能量配比关系,能量配比设计试验参数如表 2.1 所示。

表 2.1 不同能量配比时焊接参数

编号	总能量/kW	激光功率/kW	焊接电流/A	焊接电压/V
R1	8	0	279	28.7
R2	8	1	268	26.1
R3	8	2	245	24.5
R4	8	3	213	23.5
R5	8	4	182	22.0

用 R1、R2、R3、R4、R5 分别对应 5 组能量配比参数。图 2.4 为相同线能量、不同能量配比的激光-MAG 复合焊接堆焊焊缝截面图，R1 对应的是 MAG 焊接，R2～R5 对应的是激光-MAG 复合焊接。图 2.5 为不同能量配比对焊缝熔深和熔宽的影响。可以看出，虽然焊接总线能量相同，但焊缝的表面形貌与截面形貌存在较大差异。总能量一定，随着激光功率的增大，电弧能量减小，焊缝的熔深有所增加，因为激光功率增大，激光的匙孔效应不断增强，对焊缝熔深的增加有一定的影响；同时熔宽变化幅度较小，但 R2 对应的焊缝的熔宽比较大，其原因是 R2 的激光功率比较小，该焊缝的焊接模式为热导焊(焊缝熔深较小)，导致熔化的焊丝向焊缝两侧流动，从而使焊缝熔宽变大。

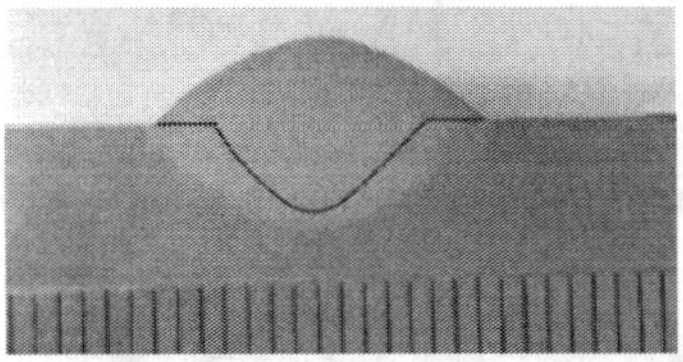

(a) 能量配比R1

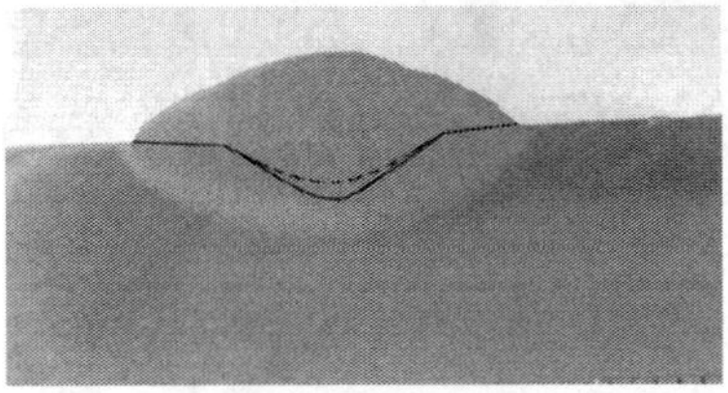

(b) 能量配比R2

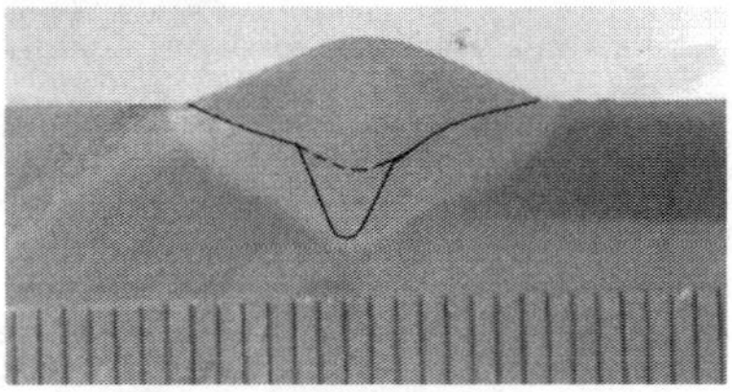

(c) 能量配比R3

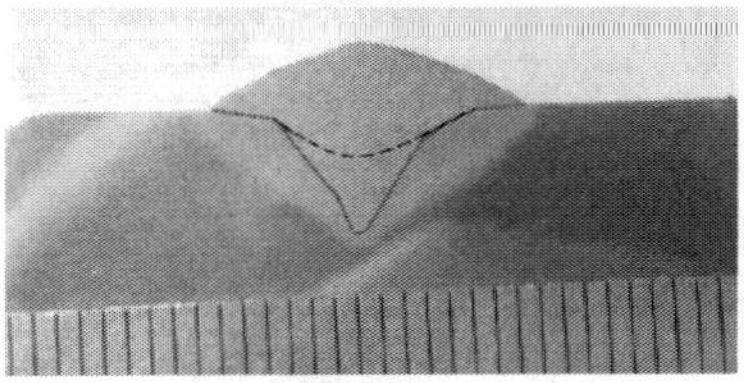

(d) 能量配比R4

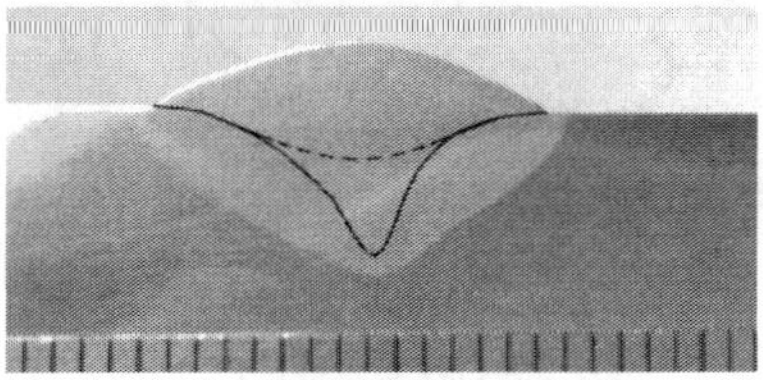

(e) 能量配比R5

图 2.4　相同线能量、不同能量配比的激光-MAG 复合焊接堆焊焊缝截面图

与 MAG 焊接相比，激光-MAG 复合焊接的突出特点是，焊缝形貌类似高脚杯形状；在相同的熔深条件下，激光-MAG 复合焊接的焊缝面积明显减小，且热影响区宽度明显变窄。这是因为较小的焊缝面积可减少所需的焊缝金属填充量，降低焊接热输入，从而减小热影响区宽度。这有助于改善接头和结构的性能，同时提高生产率、降低成本。

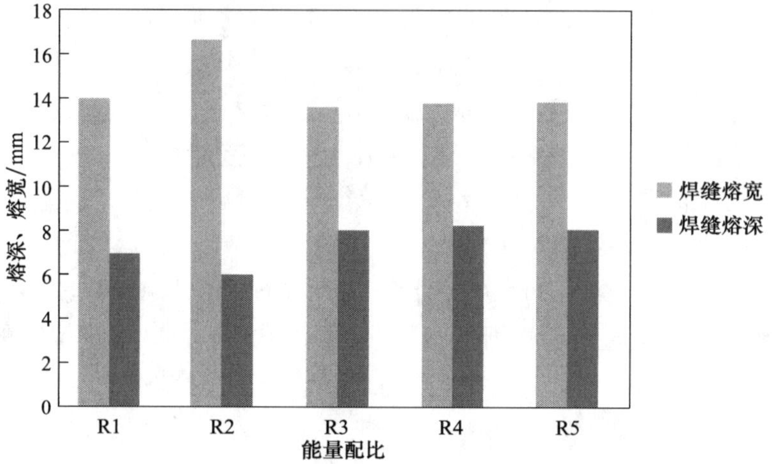

图 2.5 不同能量配比对焊缝熔深和熔宽的影响

为了分析激光与电弧的热量对熔深的作用效果，将焊缝的熔深分为电弧部分和激光部分。由图 2.6 可以看出，随着激光功率的增加，电弧部分的熔深不断减小，激光部分的熔深不断增大，激光功率从 1kW 增加到 2kW 时，熔深的增幅相对较大，这主要是由于激光功率超过某一阈值后，激光的作用机理发生了变化，从热导焊接转变为深熔焊接模式，激光的匙孔效应增强，熔深显著增加。

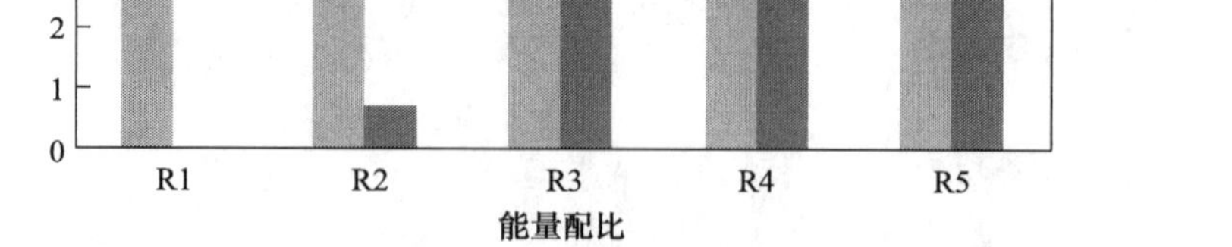

图 2.6 不同能量配比对激光部分和电弧部分熔深的影响

从图 2.5 可以得出，能量配比不同时，焊缝的熔深和熔宽存在较大的差别。因此，在多层多道焊接中，第一层焊接目的是焊透接头，激光在这层焊接过程中起主要作用，采用较大的激光功率，通过调节焊接速度和电弧焊接参数保证焊透；第二层焊接目的是使焊丝充分填满坡口，使金属熔合良好且表面成形良好，保证焊缝整体成形，在这一层中电弧热源发挥主要作用，激光在这层焊接中起稳定电弧的作用，功率不需太大。因此，在焊接厚板时应根据结构设计的接头类型合理选择所使用的能量配比，综合分析选取合适的焊接参数，获得优质的焊接接头。

2.2.2　工艺参数对铝合金焊缝成形的影响

在A7N01S-T5铝合金板上进行激光-MIG复合焊接工艺研究。如图2.7所示，在铝合金板上开槽，之后进行堆焊试验，焊缝长150mm。焊接时激光焦点位置位于凹槽底部、距试板上表面5mm，激光功率、焊接速度和送丝速度各4个参数变化水平。

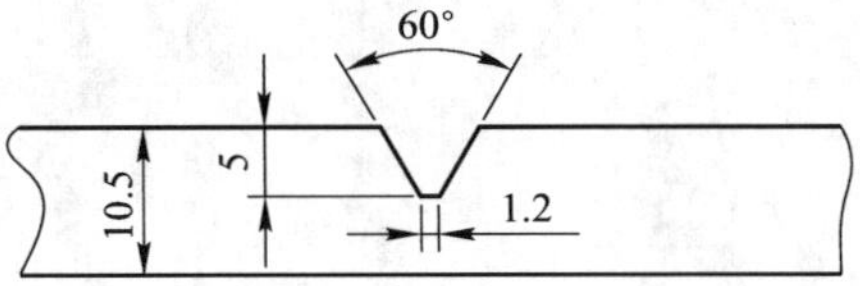

图2.7　表面开槽示意图(单位：mm)

在焊接速度为0.54m/min、送丝速度为14m/min时，不同激光功率下的焊缝成形如图2.8所示。可以看出，随激光功率的增大，焊缝熔深和熔宽均不断增大。P_{laser}=1.5kW时焊缝熔深比MIG焊接焊缝略有增大，P_{laser}=3kW时焊缝熔深比P_{laser}=1.5kW时显著增大，P_{laser}=4kW时得到全熔透焊缝。

不同焊接速度下激光功率对焊缝熔深和熔宽的影响如图2.9所示，送丝速度为14m/min。由图2.9(a)可以看出，随着激光功率的增大，焊缝熔宽不断增大；焊接速度越大，焊缝熔宽越小。由图2.9(b)可以看出，随着激光功率的增大，焊缝熔深不断增大，激光功率显著影响焊缝熔深；不同焊接速度下的焊缝熔深相差不大。

在激光功率为3kW、送丝速度为14m/min时，不同焊接速度下的焊缝成形如图2.10所示。随着焊接速度的增大，焊缝熔深不断减小，从v_{weld}=0.42m/min时的熔透焊缝变为v_{weld}=0.54～0.78m/min时的未熔透焊缝。熔深随焊接速度的变化并不显著，熔宽的变化更为明显。此外，随着焊接速度的增大，焊缝的余高不断减小。

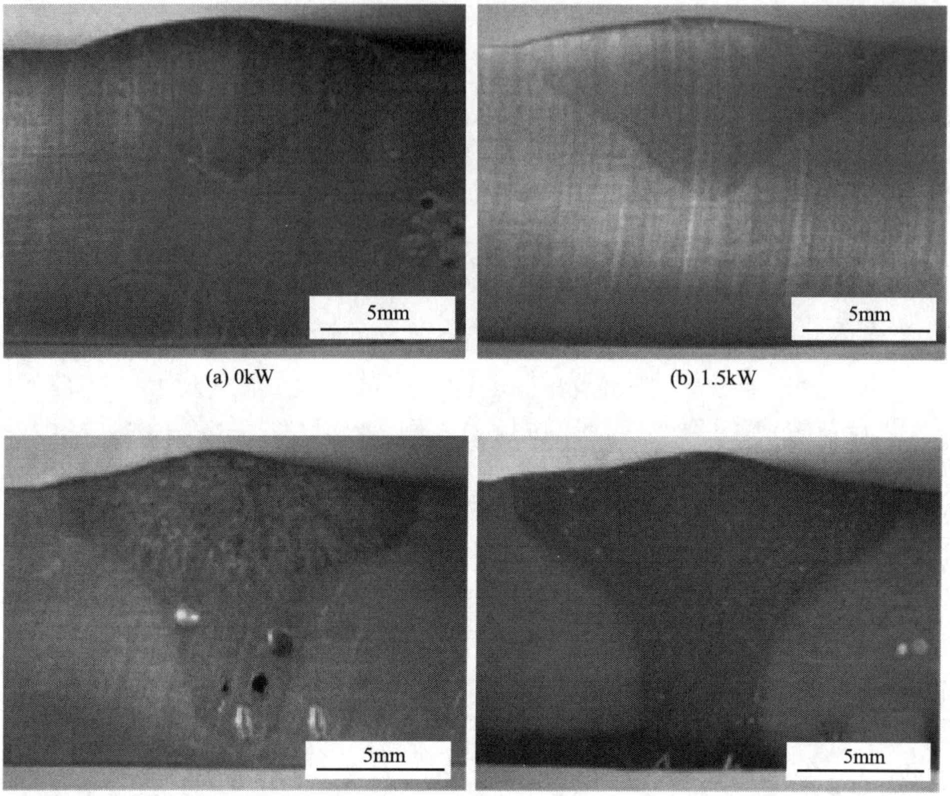

(a) 0kW　(b) 1.5kW

(c) 3kW　(d) 4kW

图 2.8　不同激光功率下的焊缝成形

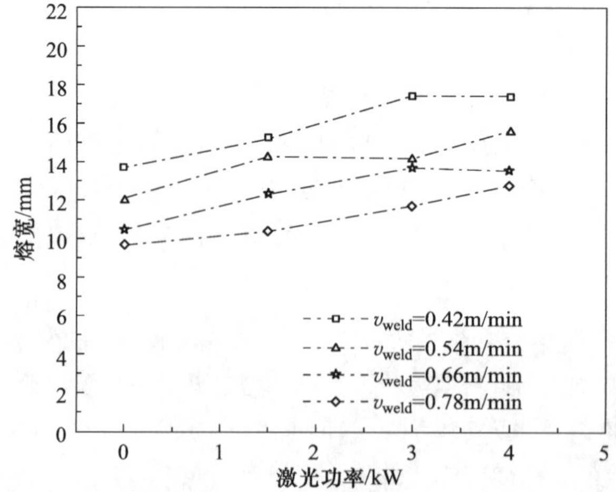

(a) 熔宽

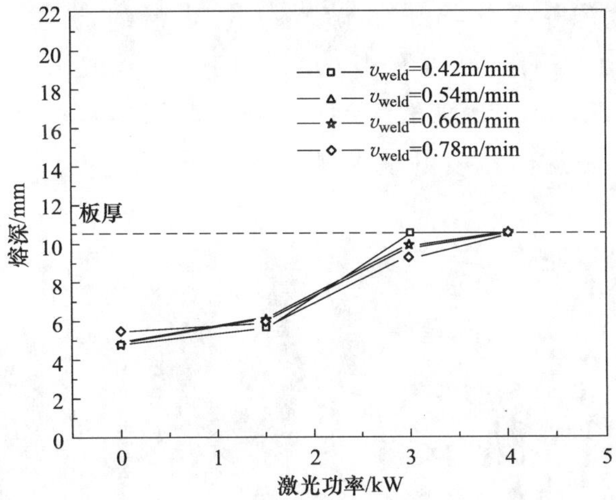

(b) 熔深

图 2.9　激光功率对焊缝熔深和熔宽的影响

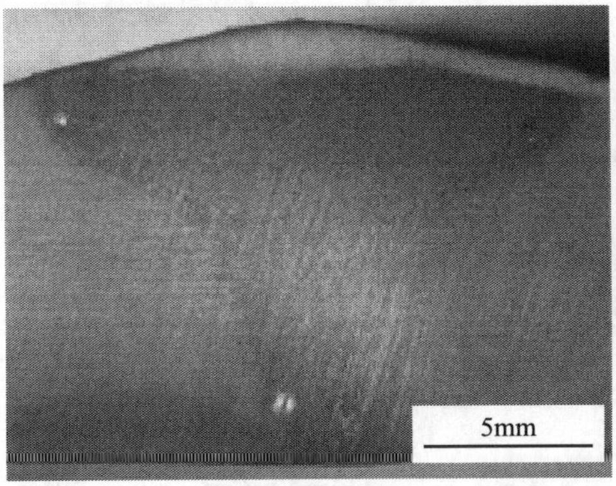

(a) 0.42m/min

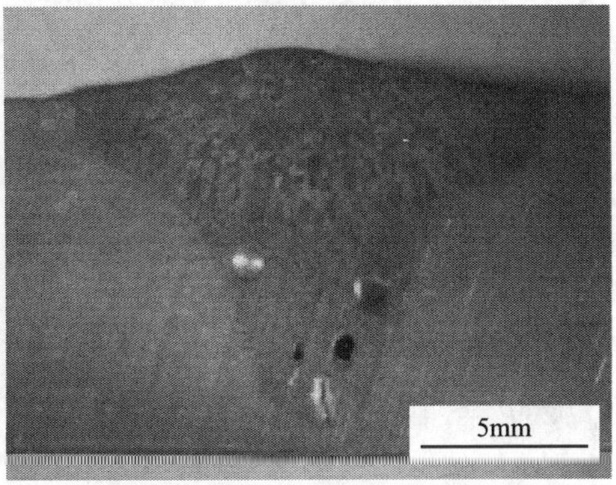

(b) 0.54m/min

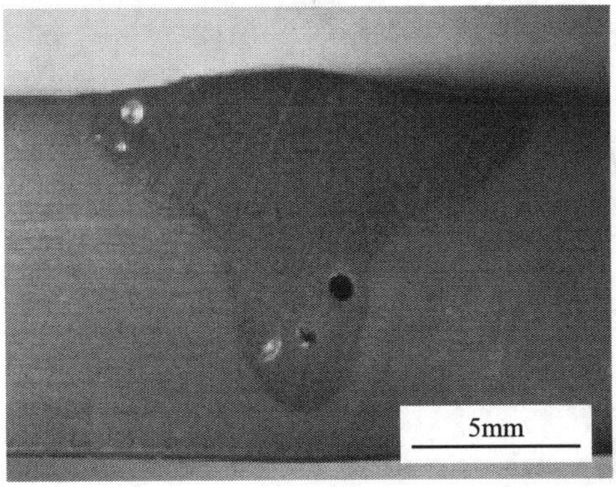

(c) 0.66m/min

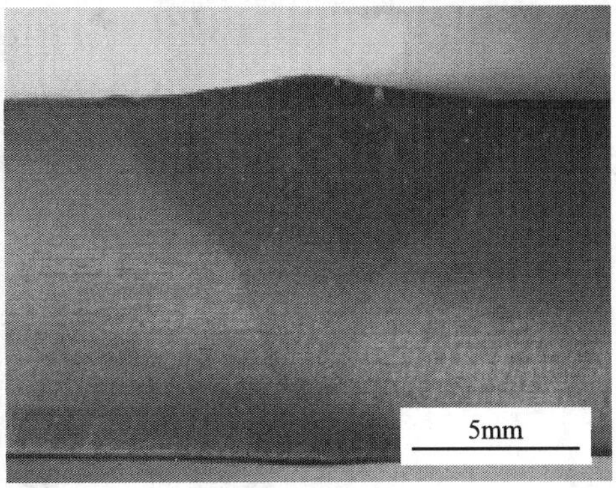

(d) 0.78m/min

图 2.10　不同焊接速度下的焊缝成形

在焊接速度为 0.54m/min、激光功率为 3kW 时，不同送丝速度下的焊缝成形如图 2.11 所示。可以看出，v_{wire} = 10～14m/min 时，焊缝熔深变化不大，但焊缝余高不断增大；v_{wire} = 16m/min 时可得到全熔透焊缝，焊缝上表面凹凸不平。随送丝速度的增大，焊缝熔宽不断增大。

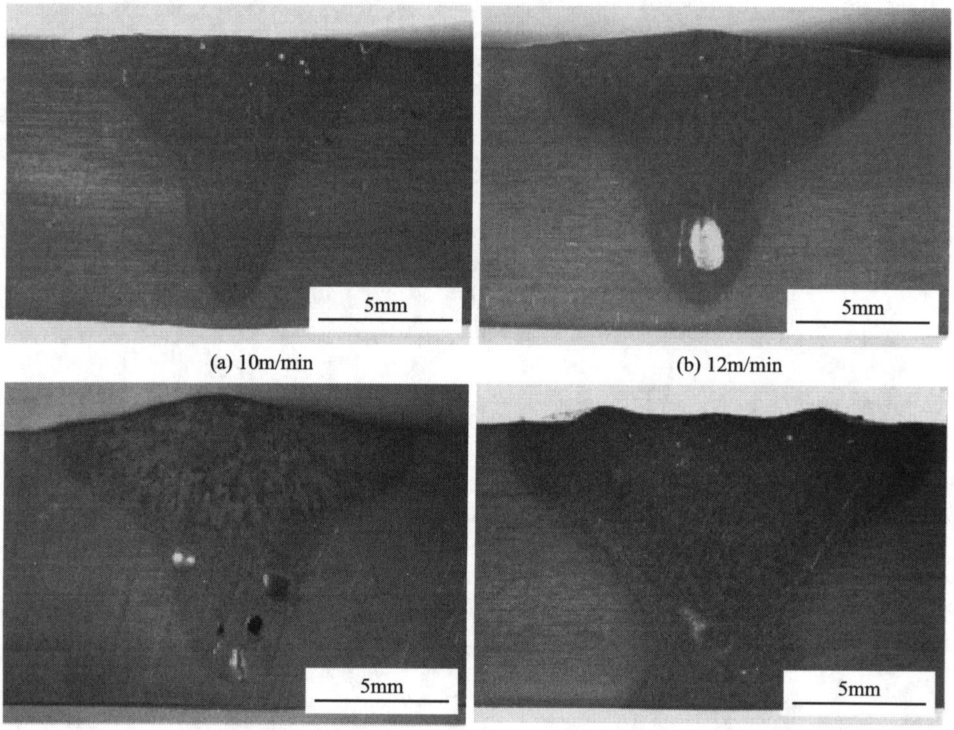

(a) 10m/min (b) 12m/min (c) 14m/min (d) 16m/min

图 2.11 不同送丝速度下的焊缝成形

不同焊接速度下送丝速度对焊缝熔深和熔宽的影响如图 2.12 所示，激光功率固定不变，为 3kW。可以看出，随送丝速度的增大，焊缝熔宽不断增大；随焊接速度的增大，焊缝熔宽减小。送丝速度和焊接速度对焊缝熔深的影响均不显著。

综上所述，在选用的工艺参数范围内，激光功率是影响焊缝熔深的关键工艺参数，焊接速度和送丝速度对焊缝熔深的影响并不显著；激光功率、焊接速度和送丝速度对焊缝熔宽均有影响。

2.2.3 激光-MIG 复合焊接激光与电弧空间位置关系

激光-MIG 复合焊接过程中激光与电弧两种不同的热源耦合形成一个热

源，其协同效应会受到多个过程参数的影响，如激光电弧引导模式、光丝间距、离焦量等空间位置参量，最终会影响复合焊接过程的稳定性及焊接质量。

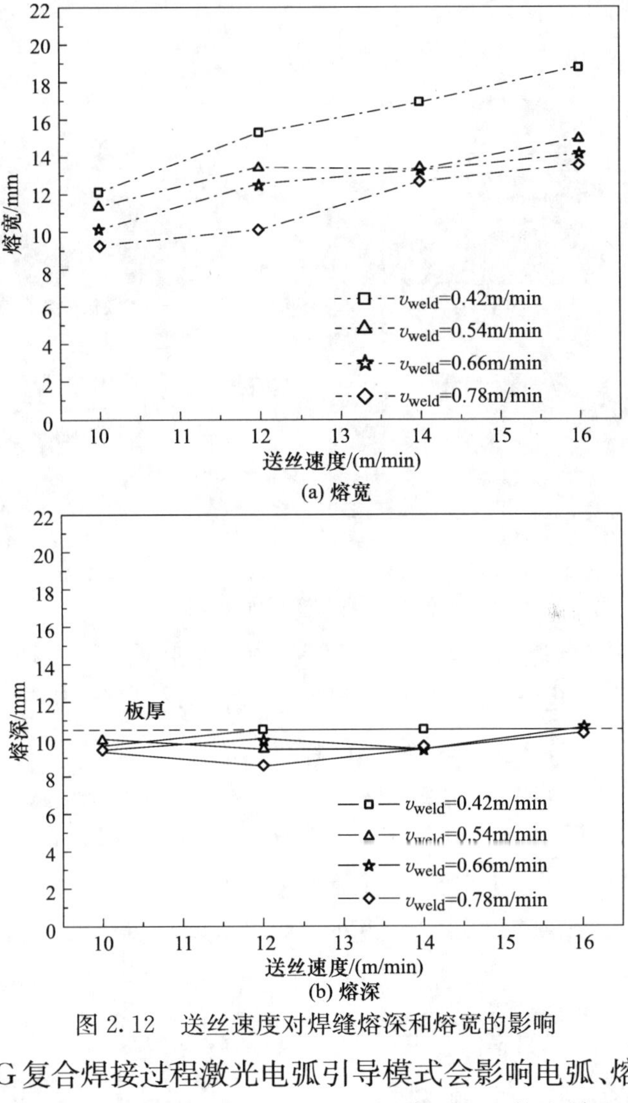

图 2.12　送丝速度对焊缝熔深和熔宽的影响

激光-MIG 复合焊接过程激光电弧引导模式会影响电弧、熔池的稳定性，针对铝合金研究两个热源之间位置的影响规律，对比激光前置（激光-MIG 复合焊接）与电弧前置（MIG-激光复合焊接）两种方式对焊接质量的影响。

图 2.13 和图 2.14 分别为不同引导方式下焊缝正面成形和内部探伤质量对比。可以看出，激光-MIG 复合焊接的焊缝成形良好，表面质量较优；MIG-激光复合焊接的焊缝狭窄且余高较大，焊缝正面成形和保护不佳；激光-MIG 复合焊接与 MIG-激光复合焊接的焊缝上下尺寸变化均匀，激光-

MIG 复合焊接的熔合线较平直。焊缝是接头薄弱区域，熔宽过大对接头承载不利；余高过大则容易造成应力集中程度加大；焊缝上下尺寸变化不均匀对焊缝的承载同样有不利影响。综合来看，激光-MIG 复合焊接的焊缝余高、熔宽较小，焊缝上下尺寸变化均匀，形状良好。

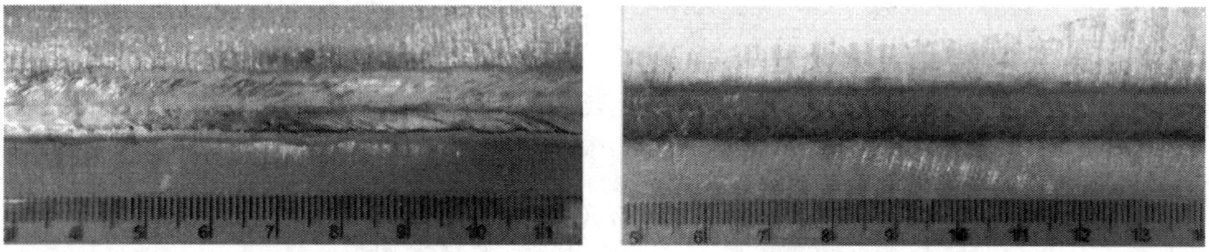

(a) 激光-MIG复合焊接　　(b) MIG-激光复合焊接

图 2.13　焊缝正面成形对比

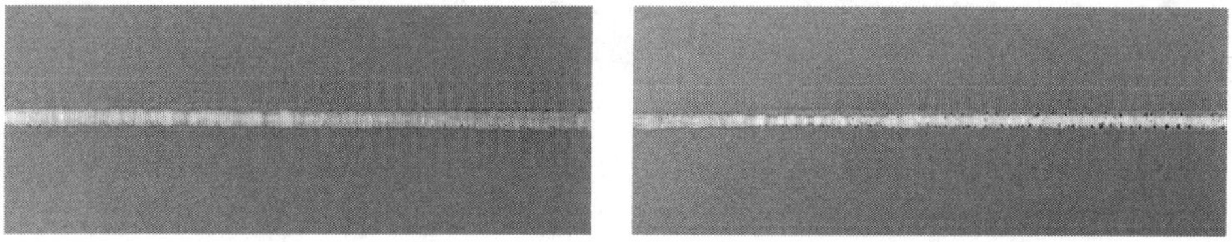

(a) 激光-MIG复合焊接　　(b) MIG-激光复合焊接

图 2.14　内部探伤质量对比

激光-MIG 复合焊接接头气孔数量少，集中于起弧处，气孔尺寸小；MIG-激光复合焊接接头气孔数量较多，气孔尺寸较大；激光焊接接头气孔密集，气孔尺寸较大。MIG-激光复合焊接的焊接保护情况差，易产生气孔，且激光位于焊接熔池后部，匙孔的动态行为显著，随后熔池立即凝固，易产生气泡；激光-MIG 复合焊接中激光匙孔区域受到电弧热源的加热，熔池存在时间增加，更有利于气孔的溢出。从图 2.15 焊接接头拉伸试样断口形貌可以看出，MIG-激光复合焊接的气孔多分布于焊缝上端，气孔将对接头静载及动载强度产生不利的影响。

(a) 激光-MIG复合焊接　　(b) MIG-激光复合焊接

图 2.15　焊接接头拉伸试样断口形貌

针对激光-MIG 复合焊接过程多参数的交互作用，以响应面分析为研究方法，分析工艺参数对接头力学性能的影响规律，并获得优化的工艺参数范围，在此基础上讨论热源空间位置参数对激光与电弧之间耦合作用的影响规律。激光-MIG 复合焊接过程影响接头质量的主要工艺参数有 MIG 焊接电流、MIG 焊接电压、激光功率、焊接速度以及光丝间距和离焦量，通过前期试验，确定各变量的最大值和最小值，如表 2.2 所示。表 2.3 为激光-MIG 复合焊接过程各因素水平编码表。

表 2.2　工艺参数窗口

工艺参数	MIG 焊接电流 I_M/A	MIG 焊接电压 U_M/V	激光功率 P_{laser}/kW	离焦量 d/mm	光丝间距 a/mm	焊接速度 v_{weld}/(m/min)
取值范围	130～165	20～23	2～3.5	-4～4	1～5	1～1.6

表 2.3　激光-MIG 复合焊接过程各因素水平编码表

星号臂长度	MIG 焊接电压 Z_1/V	MIG 焊接电流 Z_2/A	焊接速度 Z_3/(m/min)	激光功率 Z_4/kW	光丝间距 Z_5/mm	离焦量 Z_6/mm
+2.378	23.0	165.0	1.60	3.50	4.00	4.00
+1	22.1	154.8	1.17	3.06	3.13	1.68
0	21.5	147.5	1.30	2.75	2.50	0.00
−1	20.8	140.1	1.42	2.43	1.87	−1.68
−2.378	20.0	130.0	1.00	2.00	1.00	−4.00

注：Z_1～Z_6 为各因素编码。

根据试验设计、回归数据处理和回归精度统一原理，当变量数为 p 时，二次回归方程一般形式表示为

$$y = b_0 + \sum_{j=1}^{p} b_j x_j + \sum_{k=1}^{p-1}\sum_{j=k+1}^{p} b_{kj} x_k x_j + \sum_{j=1}^{p} b_{jj} x_j^2 \tag{2.1}$$

式中，y 为回归响应值；b_0 为接头抗拉强度；x_j 为试验参数；b_j、b_{kj}、b_{jj} 为回归方程系数。

激光-MIG 复合焊接工艺优化方案如表 2.4 所示，以抗拉强度平均值为响应值，用于回归方程计算。根据回归方程各系数的计算方法及设计参数，使用试验设计分析软件对拉伸结果进行统计学分析求解，得到激光-MIG 复合焊接接头抗拉强度关于各工艺参数的回归方程，对回归方程(2.1)的系数进行转化，得到如下工艺参数与实际值相关的最终回归模型：

$$\begin{aligned} y = & -1483.24 + 3.31 I_M + 132.82 v_{weld} + 116.46 P_{laser} + 25.77a - 0.47d \\ & - 0.95 I_M v_{weld} - 0.33 I_M + 0.05 I_M d - 1.08 P_{laser} d - 2.52 U_M^2 \\ & - 11.55 P_{laser}^2 - 1.99a^2 - 0.17d^2 \end{aligned} \tag{2.2}$$

表 2.4 激光-MIG 复合焊接工艺优化方案

序号	Z_1	Z_2	Z_3	Z_4	Z_5	Z_6	抗拉强度/MPa	序号	Z_1	Z_2	Z_3	Z_4	Z_5	Z_6	抗拉强度/MPa
1	−1	−1	−1	−1	−1	−1	208.7	27	−1	1	−1	1	1	1	222.0
2	1	−1	−1	−1	−1	1	208.0	28	1	1	−1	1	1	−1	223.7
3	−1	1	−1	−1	−1	1	228.0	29	−1	−1	1	1	1	1	204.3
4	1	1	−1	−1	−1	−1	230.0	30	1	−1	1	1	1	−1	225.7
5	−1	−1	1	−1	−1	1	205.0	31	−1	1	1	1	1	−1	224.7
6	1	−1	1	−1	−1	−1	221.0	32	1	1	1	1	1	1	209.3
7	−1	1	1	−1	−1	−1	220.3	33	−2.4	0	0	0	0	0	206.0
8	1	1	1	−1	−1	1	214.0	34	−2.4	0	0	0	0	0	215.0
9	−1	−1	−1	1	−1	1	208.0	35	0	−2.4	0	0	0	0	217.7
10	1	−1	−1	1	−1	−1	227.3	36	0	2.4	0	0	0	0	225.0
11	−1	1	−1	1	−1	−1	220.7	37	0	0	−2.4	0	0	0	230.0
12	1	1	−1	1	−1	1	223.0	38	0	0	2.4	0	0	0	213.7
13	−1	−1	1	1	−1	−1	230.0	39	0	0	0	−2.4	0	0	201.5
14	1	−1	1	1	−1	1	214.5	40	0	0	0	−2.4	0	0	215.3
15	−1	1	1	1	−1	1	213.0	41	0	0	0	0	−2.4	0	220.0
16	1	1	1	1	−1	−1	216.7	42	0	0	0	0	2.4	0	207.0
17	−1	−1	−1	−1	1	1	201.7	43	0	0	0	0	0	−2.4	226.0
18	1	−1	−1	−1	1	−1	209.5	44	0	0	0	0	0	2.4	211.7
19	−1	1	−1	−1	1	−1	226.0	45	0	0	0	0	0	0	224.0
20	1	1	−1	−1	1	1	219.0	46	0	0	0	0	0	0	226.0
21	−1	−1	1	−1	1	−1	200.0	47	0	0	0	0	0	0	225.0
22	1	−1	1	−1	1	1	207.3	48	0	0	0	0	0	0	222.3
23	−1	1	1	−1	1	1	219.0	49	0	0	0	0	0	0	224.7
24	1	1	1	−1	1	−1	229.7	50	0	0	0	0	0	0	223.3
25	−1	−1	−1	1	1	−1	203.0	51	0	0	0	0	0	0	233.0
26	1	−1	−1	1	1	1	200.0	52	0	0	0	0	0	0	226.3

图 2.16 为回归方程预测值与试验测量值线性拟合关系。可以看出，试验中所得测量值随机均匀分布于该线附近，说明铝合金激光-MIG 复合焊接过程中响应值抗拉强度与各因素之间的回归方程关系拟合良好。

图 2.17 为各单因素对接头抗拉强度的影响规律。可以看出，MIG 焊接电压对接头抗拉强度的影响呈抛物线趋势，当 MIG 焊接电压为 21.13V 时抗拉强度达到极大值；当 MIG 焊接电压较小时电弧对材料的热输入相对较小，随着 MIG 焊接电压的增加，焊接热输入增加，材料的熔透情况变好，所以抗拉强度不断增加；MIG 焊接电压在较大值范围变化时，电弧的长度增加，电弧的作用范围变大，焊缝的熔宽增大，电弧的作用力变小，使得熔池深度变浅，从而对焊透情况产生一定的影响，使得接头的抗拉强度不断减小。

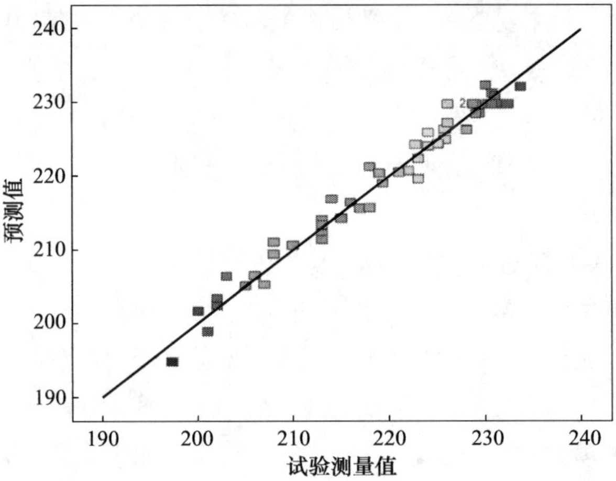

图 2.16　回归方程预测值与试验测量值线性拟合关系

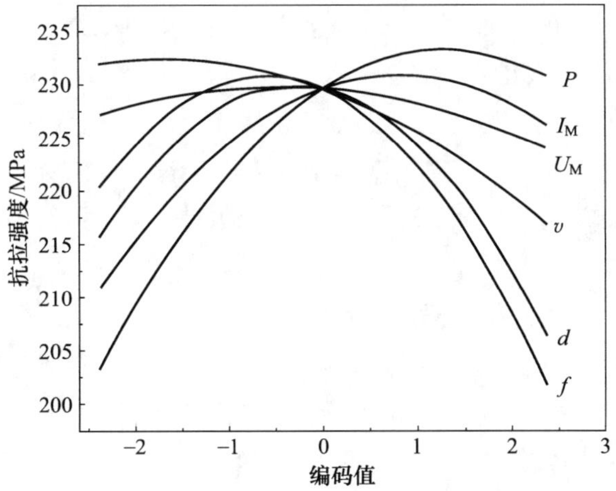

图 2.17　各单因素对接头抗拉强度的影响规律

抗拉强度随着 MIG 焊接电流的增加而不断增加。这是因为 MIG 焊接电流的变化对复合热源的热输入功率有很大的影响，随着 MIG 焊接电流的增大，电弧对工件的热输入增大，电弧作用力也增强，弧坑深度增加，试板的焊透能力显著增加，对试验结果的表征为抗拉强度增大；但是 MIG 焊接电流太大时，电弧对材料的热输入过大，会使接头处的组织粗大，并降低热影响区性，最终影响焊接接头的抗拉强度。

在焊接速度为 1.45m/min 时，抗拉强度达到最大值，随着焊接速度的增大，抗拉强度会急剧减小。在焊接过程中，焊接速度主要影响焊接线能量,对电弧的稳定性也有一定的影响。焊接速度较大时,单位时间内复合热源对试板的热输入减小,电弧的作用力降低,焊接熔深会降低,接头抗拉强度减小;焊接速度较小时,焊缝的热输入增大,这会延长熔池的冷却时间,并有利于焊缝内气泡的排出,从而降低气孔对接头抗拉强度的影响。

焊接接头的抗拉强度随着激光功率的增加先增大后减小,在激光功率为 2.48kW 时达到最大值。当激光功率较小时,激光产生的匙孔效应比较弱,激光主要通过热传导的形式向焊缝传热,随着激光功率的增加,热作用效果增强,焊缝熔深增加;当激光功率增大到一定的阈值后,激光的作用模式变为匙孔深熔焊,材料对激光的吸收率大大提高;当激光功率过大时,由于热输入比较大,会使焊缝形成塌陷,致使接头力学性能下降。

随着光丝间距的增大,抗拉强度先增大后减小,当光丝间距为 2.62mm 时,抗拉强度达到最大值。光丝间距在复合焊接中会影响复合等离子体的密度,当光丝间距较小时,电弧与光致等离子体作用于同一区域,激光功率更多地用于熔化焊丝,匙孔效应减弱,熔深也会减小;当光丝间距较大时,激光作用点与电弧熔池的距离较远,形成分离的熔池,两者之间的耦合作用减弱,熔深减小,抗拉强度降低。

离焦量为负值时的抗拉强度较大,而随着离焦量的增大,抗拉强度快速减小。由于离焦量的变化会影响激光辐射到工件上的能量密度,当离焦量为负时,激光焦点位于材料内部,使得材料内部的能量密度高于表面,激光能量更容易向材料深处传导,从而增加焊缝熔深。因此在实际焊接中,为了获得较大的熔深,常采用负离焦;而在焊接薄板时,为防止焊穿,多采用正离焦。

在实际生产中,某个自变量对影响因素的作用很可能依赖于其他因素的取值,即存在条件效应。在回归模型中,交互项就是两个或多个(一般不多于三个)自变量的乘积,参与构造交互项的各自变量对因变量的作用依赖于交互项中其他自变量的取值。激光-MIG 复合焊接影响因素较多,在回归方程中任意固定四个因素在某个水平上,就可得到另两个因素间的交互作用效应。使用软件可以得到交互作用的 3D 响应面图,即可以得到 6005A 铝合金激光-MIG 复合焊接接头抗拉强度对于各工艺参数的交互作用响应曲面,如图 2.18 所示。

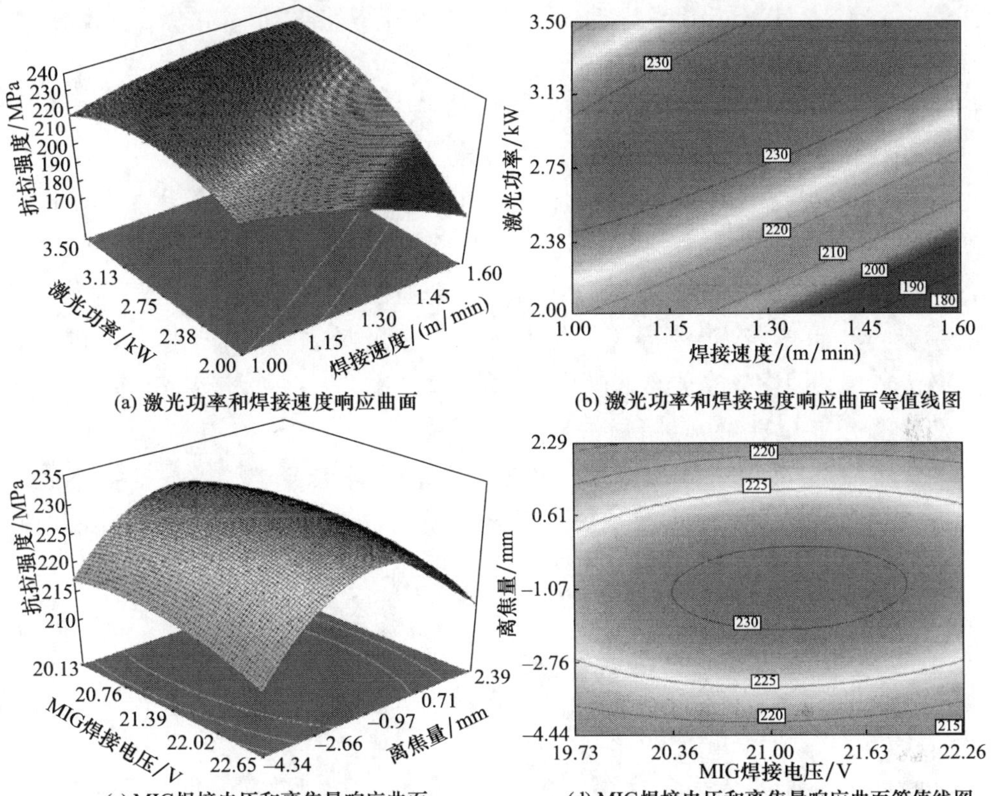

(a) 激光功率和焊接速度响应曲面　(b) 激光功率和焊接速度响应曲面等值线图

(c) MIG焊接电压和离焦量响应曲面　(d) MIG焊接电压和离焦量响应曲面等值线图

图 2.18　各工艺参数间的交互作用响应曲面(见文后彩图)

由图 2.18(a)、(b)可以看出,焊接速度与激光功率的交互作用最显著,当焊接速度不变时,随着激光功率的增大,接头的抗拉强度提高。在不同水平的激光功率下,焊接速度与激光功率呈抛物线关系;当激光功率不变时,接头的抗拉强度随着焊接速度的增大而显著增加。此外,由图 2.18(c)、(d)可以看出,MIG 焊接电压与离焦量的交互作用最不显著,当 MIG 焊接电压一定时,随着离焦量的增加,抗拉强度先增大后减小,但是其变化的幅度比较小;当离焦量一定时,随着 MIG 焊接电压的增大,抗拉强度变化不明显,故两者之间的交互作用不显著。由于复合热源中电弧与激光的耦合作用与焊接过程中热输入的大小有着密切关系,任意改变激光或电弧都会对焊接结果产生很大影响,激光与电弧的良好匹配才能同时发挥两者的优势,从而获得高质量的复合焊接接头。

在表 2.2 选取的各工艺参数范围内,经过软件回归分析计算,得到最优工艺参数:MIG 焊接电压 U_M=21.28V、MIG 焊接电流 I_M=127.50A、焊接速度v_{weld}=1.45m/min、激光功率P_{laser}=2.48kW、光丝间距a=2.62mm、离焦量d=−2.5mm，优化后的激光-MIG复合焊接接头抗拉强度为233MPa，强度系数达到了80.3%。与传统MIG焊接接头相比(198MPa)，接头抗拉强度提高了17.7%。

激光-电弧复合焊接过程中激光与电弧两个热源之间的位置主要由光丝间距决定，增大光丝间距，激光与电弧等离子体逐步分离，热源之间的耦合作用逐渐减弱；另外，电弧等离子体对熔池的保护作用和激光等离子体的稀释能力开始减弱，光致等离子体对激光能量的反射消耗作用增大，进而降低激光能量利用率；当光丝间距减小为零时，激光将直接作用于熔滴上，造成部分激光能量耗散，焊接熔深将显著减小。

综上所述，热源空间位置参数主要通过改变激光与电弧两种热源的叠加方式、能量分布状态、激光、电弧等离子体之间的相互作用，通过改变热源之间的耦合作用进而影响电弧、熔池的稳定性，最终决定焊缝成形及焊接质量。

2.3 铝合金激光-电弧复合焊接气孔控制技术

2.3.1 气孔形成机理

目前在高速列车铝合金车体焊接中，气孔是一种最常见的焊接缺陷，因此必须对气孔形成机理分布规律及其对强度的影响进行研究，进而寻求预防和改善措施以提高产品质量。

1) 激光-MIG复合焊接焊缝中气孔分布规律

选取7个激光-MIG复合焊接金相试样进行观察。对金相图中各截面气孔大小、数量和气孔率进行统计分析，结果如表2.5所示。

表2.5 激光-MIG复合焊接接头截面气孔统计结果

序号	焊缝截面积/mm^2	气孔个数	气孔直径范围/μm	平均直径/μm	气孔总面积/mm^2	气孔率/%
a	71.570	16	16.5～78.8	35.9	0.022	0.031
b	66.552	14	19.6～65.0	36.3	0.017	0.025
c	58.895	10	18.5～48.7	28.4	0.007	0.012
d	70.124	12	25.1～85.0	51.3	0.030	0.043
e	63.311	21	14.5～93.0	46.4	0.046	0.073
f	65.513	11	21.1～82.6	56.7	0.058	0.088
g	76.481	16	17.4～83.7	43.7	0.030	0.039
平均值	67.492	14	—	42.7	0.030	0.044
最大值	76.481	21	—	56.7	0.058	0.088

由表 2.5 可以看出，激光-MIG 复合焊接接头截面气孔直径在 14.5～93μm，气孔平均直径为 42.7μm。将各截面上气孔总面积除以焊缝截面积可得到各截面的气孔率。激光-MIG 复合焊接接头截面气孔率在 0.012%～0.088%，平均截面气孔率为 0.044%。

2）影响焊缝中气孔形成和分布的因素分析

影响焊缝中气孔形成和分布的因素主要有焊缝吸氢、气泡的移动和逸出、熔池冷却速度。

（1）焊缝吸氢。

对比打底层和两层两道焊接完成后 8mm A7N01S-T5 铝合金 MIG 焊接接头气孔在焊缝截面上的分布，如图 2.19 所示。由图 2.19(a)可以看出，打底层焊缝较少，气孔分布较为分散，这与激光-MIG 复合焊接接头气孔分布规律类似。由图 2.19(b)可以看出，两层两道 MIG 焊接接头的盖面层气孔远多于打底层，且气孔在盖面层底部和熔合线附近聚集。

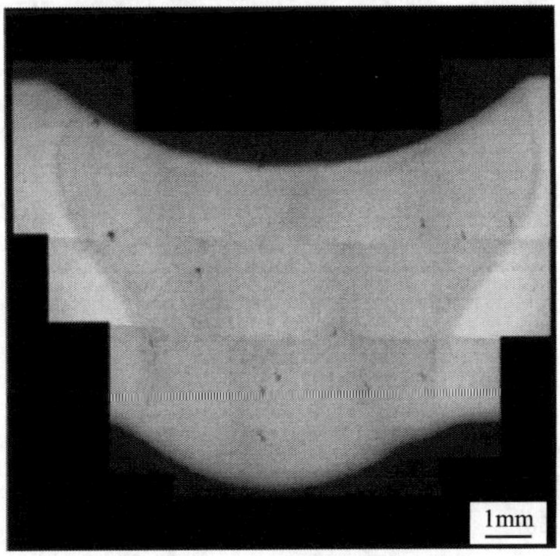

(a) 打底层

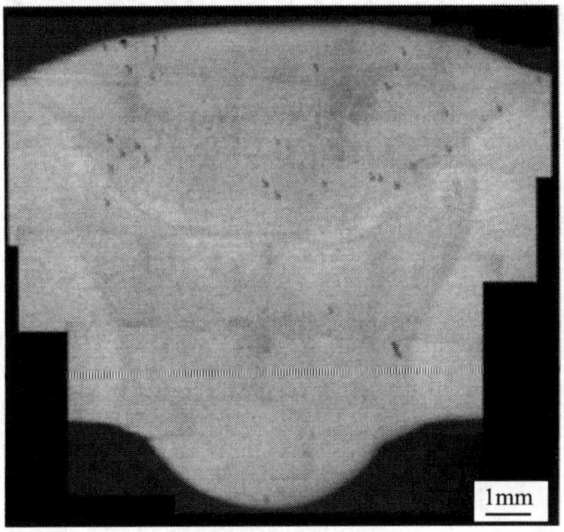

(b) 两层两道MIG焊接接头

图 2.19　MIG 焊接焊缝中气孔分布

出现上述现象的原因为打底焊完成后，焊缝表面有一层污染物和氧化膜，进行盖面层焊接前仅用钢丝刷对焊缝进行清理，使得氧化膜及表面污染物未能清除干净。氧化膜及表面污染物中的水分在高温下分解或与液态铝反应产生氢，氢进入熔池。由于氢在固态铝中的溶解度远低于其在液态铝中的溶解度，氢在熔池的冷却凝固过程中析出形成气泡。气泡在液态金属中的质点上形核比自发形核更容易，溶质元素、未熔化的金属表面及树枝晶等都可作为形核质点。气泡形成后吸收周围的氢逐渐长大或合并，之后气泡上浮或随熔池液态金属流动而运动到其他位置。气泡易于在熔合线附近的质点处形核，而随着熔池的冷却，熔合线附近最先凝固，这使得熔合线附近的气泡被首先留在焊缝中。也正因为熔合线最先凝固，这些气泡还未来得及聚集长大即被留在焊缝中，使得 MIG 焊接接头盖面层底部和熔合线附近存在较多的小气孔。

此外，熔滴过渡阶段是吸收氢的主要阶段。与 MIG 焊接相比，激光-MIG 复合焊接的电弧弧柱温度更高，有利于吸氢。但是，由表 2.6 可以看出，激光-MIG 复合焊接焊丝消耗量仅为 MIG 焊接的 47%，即激光-MIG 复合焊接过渡金属的总量远小于 MIG 焊接。分析统计两种焊接方法的熔滴过渡频率、半径及表面积(见表 2.7)，虽然激光-MIG 复合焊接熔滴较大，但是熔滴个数少，使激光-MIG 复合焊接过程过渡熔滴的总表面积小于 MIG 焊接打底层及盖面层，激光-MIG 复合焊接过程过渡熔滴的表面积总和仅为 MIG 焊接的 46%，因此其熔滴过渡阶段吸氢更少。

表 2.6 焊接线能量及焊丝消耗量

焊接方法	层道数	单道线能量 E/(kJ/cm)	总线能量 E_{total}/(kJ/cm)	每 300mm 消耗焊丝量 L/m	每 300mm 消耗焊丝总量 L_{total}/m
激光-MIG 复合焊接	1	8.40	8.40	7.78	7.78
MIG 焊接	1	5.46	10.15	8.57	16.43
	2	4.69		7.86	

表 2.7 熔滴过渡频率、半径及表面积

焊接方法	层道数	熔滴过渡频率/Hz	熔滴平均半径/mm	焊接每 300mm 焊缝过渡熔滴的个数	焊接每 300mm 焊缝过渡熔滴的表面积/mm^2	焊接每 300mm 焊缝过渡熔滴的表面积总和/mm^2
激光-MIG 复合焊接	1	248	0.631	8366	41841	41841
MIG 焊接	1	233	0.615	9522	45205	91737
	2	220	0.606	10077	46532	

另外，激光-MIG 复合焊接送丝速度更大，故其对应的焊接电流更大，而电磁收缩力与焊接电流的平方成正比。由此可见，激光-MIG 复合焊接熔滴所受电弧力更大，而更大的电弧力有助于促进熔滴过渡，使得熔滴落入熔池

所需的时间更短。熔滴在电弧弧柱区停留时间越短，熔滴过渡阶段吸氢越少。

综合来看，虽然激光-MIG 复合焊接温度高，有利于吸氢，但其熔滴总表面积更小且熔滴在电弧弧柱区停留时间更短，因而熔滴过渡阶段吸氢更少，带入熔池中的氢更少，熔池中析出的气泡更少，最终使激光-MIG 复合焊接焊缝中的气孔更少。

(2) 气泡的移动和逸出。

熔透焊缝和未熔透焊缝的熔池流动不同，气泡会随熔池液态金属的流动而运动。熔透焊缝熔池上部和下部均存在对流，气泡可随液态金属流向熔池上表面和下表面移动而逸出；未熔透焊缝仅在熔池上部存在对流，气泡只能从上表面逸出[2]。采用与 MIG 焊接打底层相同的参数进行堆焊，得到的未熔透焊缝截面气孔分布如图 2.20 所示。将图 2.20 与图 2.19 对比可以看出，在同样的焊接参数下，未熔透焊缝的气孔数增多。熔透焊缝气泡随熔池流动从上表面和下表面逸出，因此焊缝中气孔较少。激光-MIG 复合焊接焊缝为熔透焊缝，MIG 焊接打底层虽然也为熔透焊缝，但盖面层为未熔透焊缝，因此激光-MIG 复合焊接焊缝中气孔少，MIG 焊接焊缝中气孔多集中在盖面层。

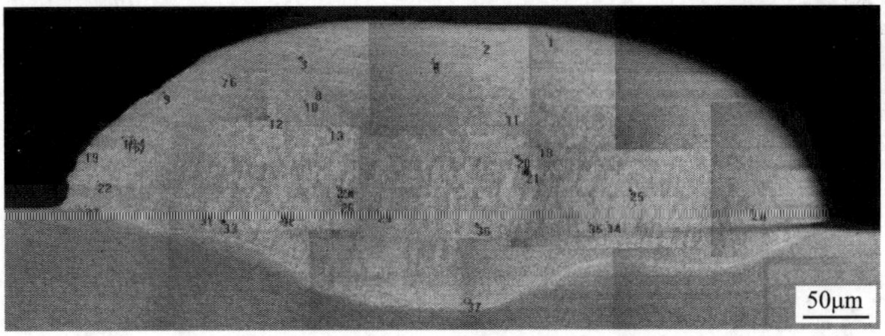

图 2.20　未熔透焊缝截面气孔分布

一般情况下，熔深越大越不利于气泡的逸出。本书中激光-MIG 复合焊接实现 8mm 铝合金的单道焊接，与 MIG 焊接相比，其熔深更大但气孔更少。这是因为，除熔深外，熔池表面形貌也影响气泡的逸出。Katayama 等[3]指出，熔池上表面的凹陷更易于气泡的逸出。采用高速摄像对 MIG 焊接盖面层和激光-MIG 复合焊接熔池上表面进行观察，如图 2.21 所示。MIG 焊接盖面层熔池上表面比较平坦，未发现明显的凹陷(见图 2.21(a))，而激光-MIG 复合焊接熔池中部出现明显凹陷(见图 2.21(b))。激光-MIG

复合焊接熔池表面凹陷与坡口和大电弧参数有关，而 MIG 焊接盖面层类似于表面堆焊，且没有坡口，故 MIG 焊接盖面层熔池未出现明显凹陷。因此，与 MIG 焊接盖面层相比，虽然激光-MIG 复合焊接熔深更大，但其液态熔池上表面存在明显凹陷，易于气泡的逸出，使得激光-MIG 复合焊接焊缝中气孔较少。

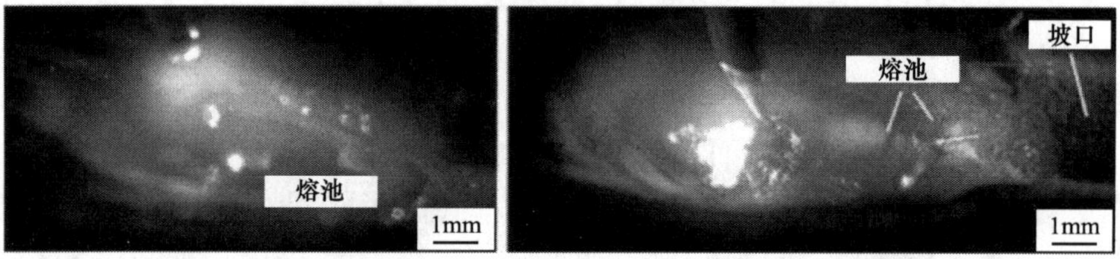

(a) MIG焊接盖面层熔池　　(b) 激光-MIG复合焊接熔池

图 2.21　MIG 焊接盖面层和激光-MIG 复合焊接熔池

气泡随液态金属向熔池表面移动的过程中不断聚集长大，随着熔池的冷却凝固，来不及逸出表面的气泡被留在焊缝中，因此焊缝中直径大于 200μm 和 500μm 的气孔多出现在焊缝的上表面附近。此外，大气孔也有可能是焊接时卷入熔池的气体形成的。采用激光-MIG 复合焊接焊接 8mm A7N01S-T5 铝合金时，焊缝下部为激光作用区，熔池较窄且冷却速度快，而且熔合线最先凝固，不利于气泡逸出，易于在背面熔合线附近形成气孔。

(3) 熔池冷却速度。

熔池冷却速度的计算公式为[4]

$$\left(\frac{\partial T}{\partial t}\right)_x = -2\pi k v_{\text{weld}} \frac{T-T_0}{Q} = -2\pi k \frac{T-T_0}{E} \tag{2.3}$$

式中，T 为温度；T_0 为焊前工件温度；t 为时间；k 为热导率；v_{weld} 为焊接速度；E 为焊接线能量，$E=Q/v_{\text{weld}}$。

虽然激光-MIG 复合焊接焊缝总热输入比 MIG 焊接打底焊和盖面焊的总和小，但是激光-MIG 复合焊接焊接线能量明显高于单一的 MIG 焊接打底焊或盖面焊。由式(2.3)可知，熔池冷却速度与焊接线能量成反比，因而激光-MIG 复合焊接熔池冷却速度更慢，更利于气泡的逸出，使激光-MIG 复合焊接焊缝中气孔更少。

3) 激光-MIG 复合焊接焊缝中气孔形成机制

图 2.22 为激光-MIG 复合焊接焊缝中气孔形成示意图，图(a)中截面

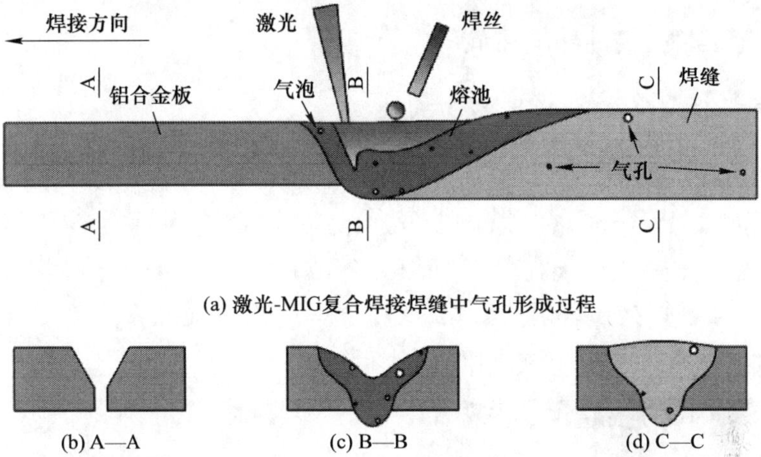

图 2.22　激光-MIG 复合焊接焊缝气孔形成示意图

A—A、B—B、C—C 分别对应焊接前、焊接中和焊接完成后的位置，三个位置的截面示意图如图(c)～(d)所示。图(b)为激光-MIG 复合焊接的坡口形式，焊前清理去除了坡口和试板表面的污染物和氧化膜，大大减少可能进入焊缝的氢，但仍会有空气和焊丝中的水分在高温下分解或与液态铝反应产生氢。与 MIG 焊接相比，激光-MIG 复合焊接熔滴总表面积更小、熔滴在电弧弧柱区停留时间更短，熔滴过渡阶段吸氢更少，带入熔池中的氢更少。随着液态熔池的冷却凝固，氢析出形成气泡。气泡在液态熔池中的分布，如图 2.22(a)中熔池区域和图(c)所示。随着温度的降低，熔池由熔合线开始向焊缝中心凝固，熔合线附近的小气泡被最先留在焊缝中形成气孔，其他气泡随熔池液态金属的流动而向熔池上表面和下表面移动，在移动和上浮过程中气泡不断聚集长大。虽然激光-MIG 复合焊接熔池较深，但是熔池上表面有明显的凹陷，易于气泡的逸出。而且，与 MIG 焊接打底层或盖面层相比，激光-MIG 复合焊接线能量更大，熔池冷却速度更慢，也更易于气泡的逸出。在熔池完全凝固前，大多数气泡逸出熔池表面，个别气泡来不及逸出而留在焊缝中形成气孔，如图 2.22(d)所示。

综上可知，与 MIG 焊接相比，激光-MIG 复合焊接熔透能力强，减少了焊接的层道数，减少了可能进入焊缝的氢；熔滴总表面积更小、熔滴在电弧弧柱区停留时间更短，熔滴过渡阶段吸氢更少，带入熔池中的氢更少；焊缝为熔透焊缝，气泡可从上表面和下表面逸出；虽然熔深大，但熔池表面凹陷，熔池冷却速度慢，易于气泡逸出。

2.3.2　气孔对接头性能的影响

1. 气孔对接头抗拉强度的影响

激光-MIG 复合焊接焊缝中气孔分布规律与 MIG 焊接不同。MIG 焊接焊缝截面气孔多分布在盖面层焊缝，且在熔合线附近有气孔聚集；而激光-MIG 复合焊接接头气孔分布则较为分散。激光-MIG 复合焊接试样气孔数远少于 MIG 焊接试样，激光-MIG 复合焊接接头气孔率更低。图 2.23 为两种焊接方法获得的接头截面气孔分布。

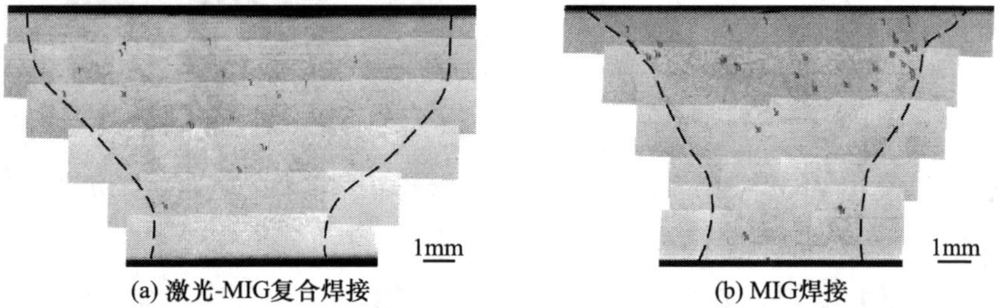

图 2.23　A7N01S-T5 铝合金的不同焊接接头截面气孔分布

图 2.24 为 8mm A7N01S-T5 铝合金激光-MIG 复合焊接接头和 MIG 焊接接头的拉伸应力-应变曲线。可以看出，激光-MIG 复合焊接接头的拉伸应力-应变曲线略高于 MIG 焊接接头，但是两者差距不大；应力达到抗拉强度后试样即发生断裂，两种接头均没有明显的颈缩阶段。

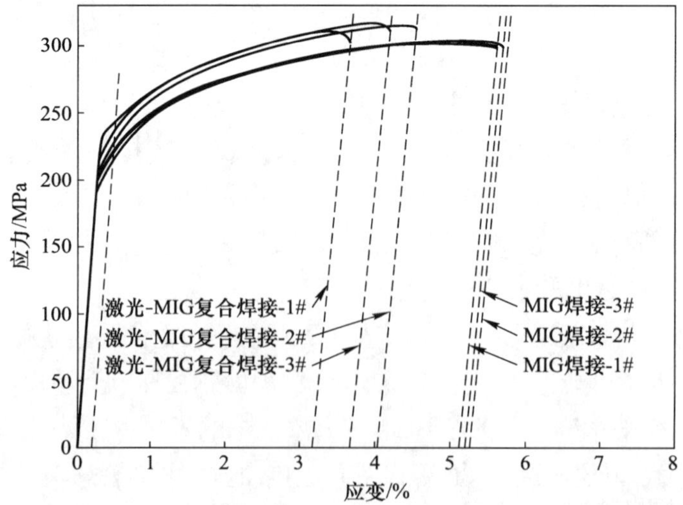

图 2.24　激光-MIG 复合焊接接头和 MIG 焊接接头拉伸应力-应变曲线

激光-MIG 复合焊接接头的屈服强度和抗拉强度分别为 237MPa、314MPa，均略高于 MIG 焊接接头。已知母材抗拉强度为 400MPa，则激光-MIG 复合焊接和 MIG 焊接接头的接头系数分别为 79%、76%，两种接头相差不大。激光-MIG 复合焊接接头的延伸率仅为 3.7%，低于 MIG 焊接接头(5.2%)，两种接头的延伸率均比母材(大于 10%)有显著降低。拉伸试验断裂位置与硬度最低的位置一致，均在焊缝处，因此焊缝是接头最薄弱的区域。

激光-MIG 复合焊接接头、MIG 焊接接头和母材的拉伸断口形貌如图 2.25 所示，拉伸断口均为韧窝形貌。可以看出，激光-MIG 复合焊接接头

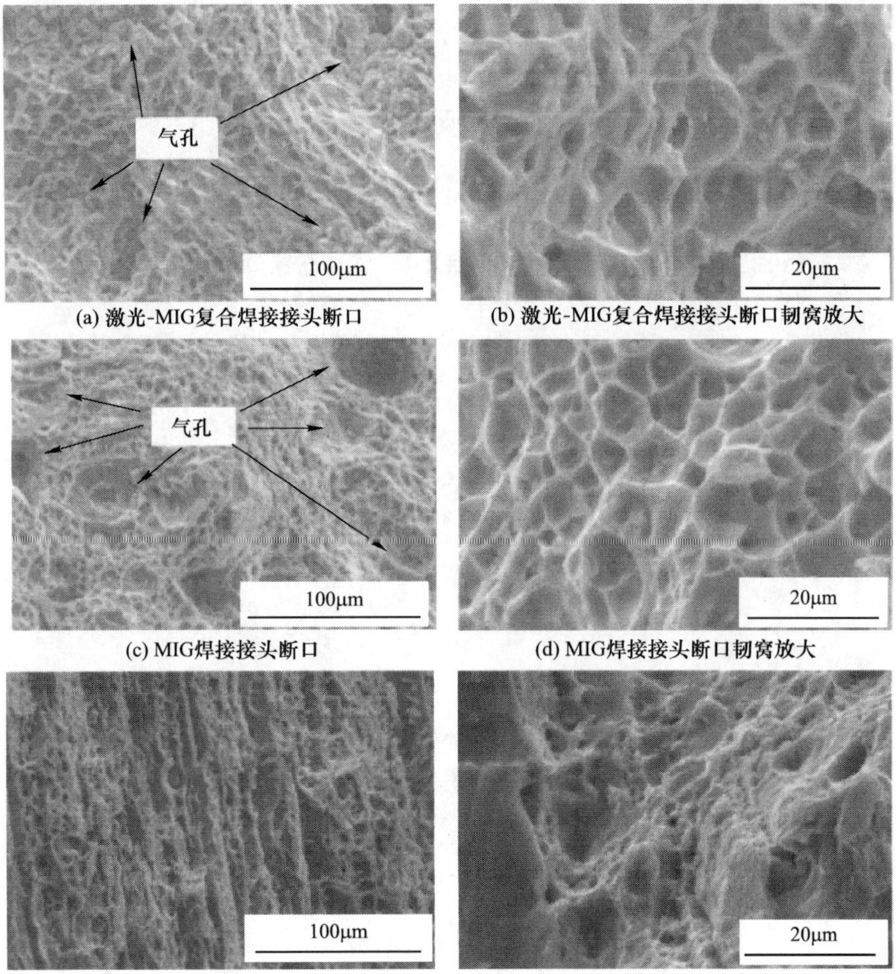

(a) 激光-MIG复合焊接接头断口　(b) 激光-MIG复合焊接接头断口韧窝放大

(c) MIG焊接接头断口　(d) MIG焊接接头断口韧窝放大

(e) 母材断口　(f) 母材断口韧窝放大

图 2.25　拉伸断口形貌

拉伸断口韧窝形貌与 MIG 焊接接头相差不大，均比母材拉伸断口韧窝尺寸小、深度浅。断口形貌与延伸率结果一致，说明激光-MIG 复合焊接接头和 MIG 焊接接头的韧性与母材相比均有明显下降。由图还可以看出，激光-MIG 复合焊接接头和 MIG 焊接接头拉伸断口上均分布有气孔，气孔直径为 25～90μm。

2. 气孔对接头疲劳强度的影响

8mm A7N01S-T5 铝合金激光-MIG 复合焊接和 MIG 焊接平滑接头的均值疲劳应力-循环次数（S-N）曲线如图 2.26 所示。8mm A7N01S-T5 铝合金激光-MIG 复合焊接接头的均值疲劳 S-N 曲线明显高于 MIG 焊接接头，各个应力水平下的疲劳寿命均优于 MIG 焊接接头。MIG 焊接接头疲劳强度（循环加载次数 $N=10^7$）平均值为 104MPa，激光-MIG 复合焊接接头的疲劳强度平均值为 136MPa，比 MIG 焊接接头提高了 30%以上。

MIG 焊接疲劳试样共 14 个，试样的失效位置均位于焊缝处。对 MIG 焊接疲劳试样进行断口观察发现，气孔是 MIG 焊接接头的主要疲劳源。

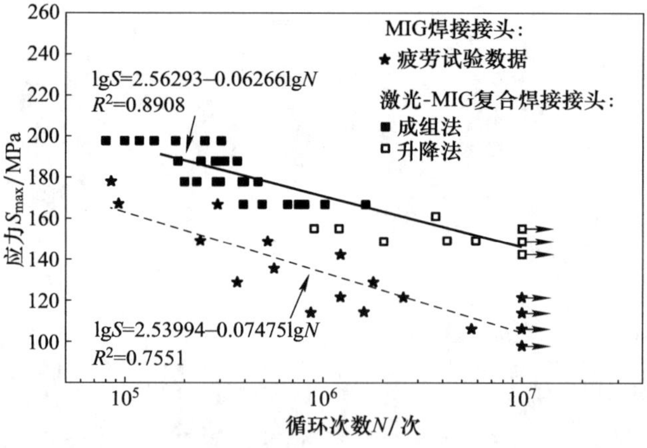

图 2.26 A7N01S-T5 铝合金焊接接头疲劳 S-N 曲线

3. 气孔分布对疲劳裂纹萌生的影响

如表 2.8 所示，根据裂纹位置可分为四类：第 1 类为裂纹位于背面（B）焊缝中，第 2 类为裂纹位于背面熔合线附近，第 3 类为裂纹位于正面（T）焊缝中，第 4 类为裂纹位于正面熔合线附近。

表 2.8　焊接接头疲劳试样裂纹位置

分类	示意图		描述
	激光-MIG 复合焊接	MIG 焊接	
第 1 类	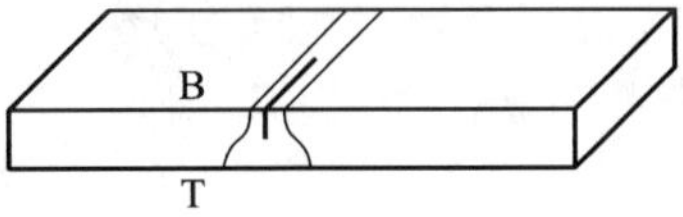	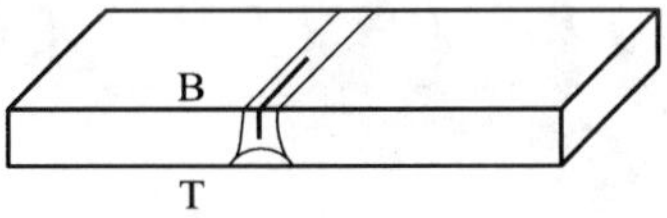	裂纹位于背面焊缝中
第 2 类	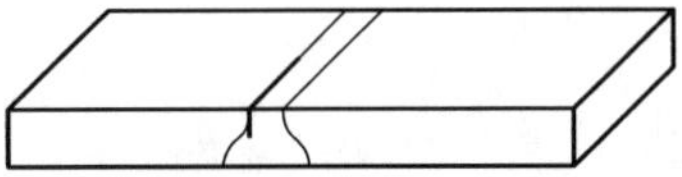	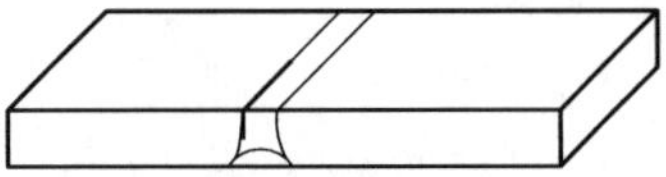	裂纹位于背面熔合线附近
第 3 类	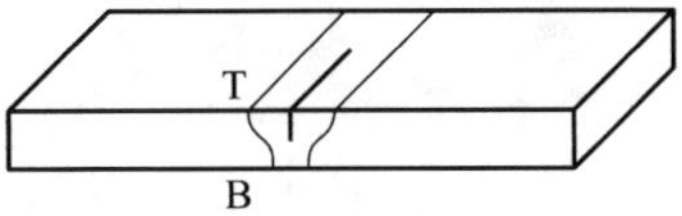	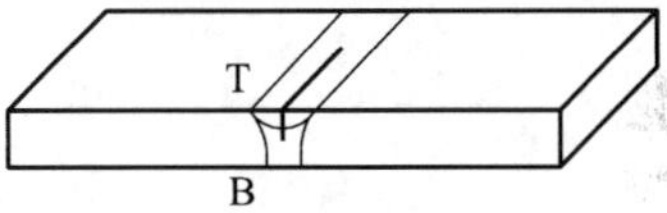	裂纹位于正面焊缝中
第 4 类	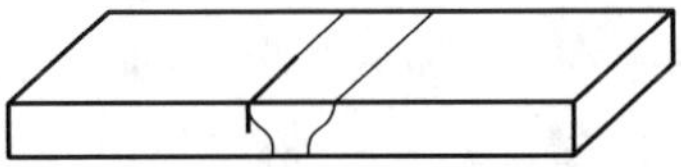	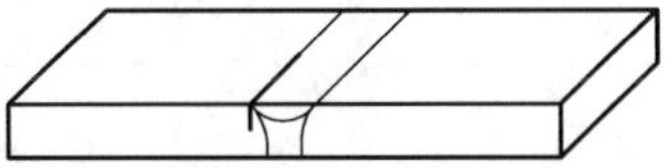	裂纹位于正面熔合线附近

对疲劳源为气孔的 22 个激光-MIG 复合焊接试样进行分类统计，如表 2.9 所示，有 12 个试样属于第 2 类、5 个试样属于第 4 类，占疲劳源为气孔的试样数的 77.2%。

表 2.9　疲劳源为气孔的激光-MIG 复合焊接疲劳试样裂纹位置统计

应力级/MPa	疲劳源为气孔的试样数	不同裂纹位置的疲劳试样数			
		第 1 类	第 2 类	第 3 类	第 4 类
135	2	0	1	0	1
150	5	0	2	2	1
160	4	0	4	0	0
170	6	1	3	0	2
180	5	1	2	1	1
合计	22	2(9.1%)	12(54.5%)	3(13.6%)	5(22.7%)

图 2.26 中断裂的 MIG 焊接试样有 14 个，其中裂纹位于正面的试样共 10 个，占 71.4%(50%的试样属于第 4 类、21.4%的试样属于第 3 类)；裂纹位于背面的试样共 4 个，占 28.6%(均属于第 2 类)；裂纹位于熔合线附近的试样(第 2 类和第 4 类)占总观察试样数的 78.6%。可见，MIG 焊接疲劳试样裂纹多位于盖面层，且多集中在熔合线附近。在断口观察的 7 个疲劳源

为气孔的试样的统计和分类结果如表 2.10 所示，其中有 5 个疲劳源位于正面，多于裂纹位于背面的试样数。

表 2.10　疲劳源为气孔的 MIG 焊接疲劳试样裂纹位置统计

应力级/MPa	疲劳源为气孔的试样数	不同裂纹位置的疲劳试样数			
		第 1 类	第 2 类	第 3 类	第 4 类
115	1	0	0	0	1
120	2	0	0	1	1
125	1	0	0	0	1
130	1	0	0	1	0
135	0	0	0	0	0
150	1	0	1	0	0
160	1	0	1	0	0
合计	7	0	2	2	3

可见，激光-MIG 复合焊接疲劳裂纹从背面熔合线处附近起裂的试样远多于从背面焊缝中起裂的试样，疲劳裂纹在正面熔合线附近和焊缝中起裂的试样数差别不如背面显著。结合截面气孔分布可知，激光-MIG 复合焊接接头气孔在背面熔合线附近出现的概率远高于背面焊缝中，气孔在焊缝正面分布较为分散。

与激光-MIG 复合焊接试样相比，MIG 焊接试样疲劳裂纹分布位置更为聚集，有 71.4%的疲劳裂纹位于试样正面，其中有 50%在正面熔合线附近；而激光-MIG 复合焊接疲劳试样裂纹位置正面和背面各占 63.6%和 36.3%。结合截面气孔分布可知，MIG 焊接接头截面气孔分布更有规律，多数气孔分布在盖面层焊缝，且在熔合线附近有气孔聚集；而激光-MIG 复合焊接接头气孔分布较为分散。

综上可知，气孔分布影响疲劳裂纹萌生位置，气孔出现概率越高的位置越易萌生疲劳裂纹。激光-MIG 复合焊接疲劳试样疲劳裂纹多位于气孔较多的背面熔合线附近和正面熔合线附近；MIG 焊接试样疲劳裂纹多位于气孔集中分布的盖面层和熔合线附近。

4. 气孔对疲劳裂纹扩展速率的影响

Y-X 试样和 Y-Z 试样疲劳裂纹扩展速率试验结果如图 2.27 所示。由图 2.27(a)可以看出，应力强度因子 $\Delta K<10\text{MPa}\cdot\text{m}^{1/2}$时为近门槛区，$\Delta K=10\sim$

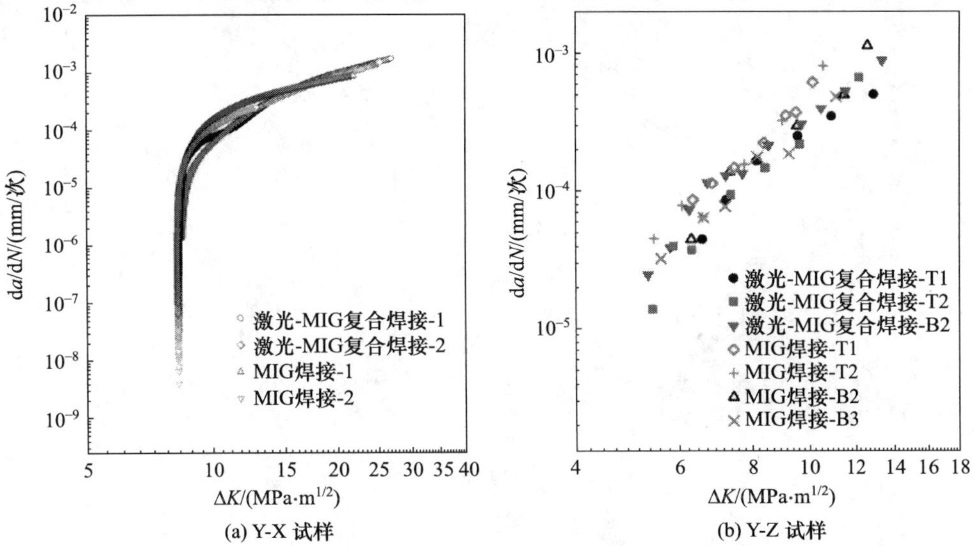

图 2.27　疲劳裂纹扩展速率试验结果(见文后彩图)

为了更好地表征性能,本图适当放大了局部横坐标比例尺

$25\text{MPa}\cdot\text{m}^{1/2}$时处于稳态裂纹扩展区。Y-Z 试样获得的数据点有限,如图 2.27(b)所示,数据均在稳态裂纹扩展区。虽然图 2.27(b)中的 ΔK 明显小于图 2.27(a),但两图中的规律一致,无论是 Y-X 试样还是 Y-Z 试样,激光-MIG 复合焊接焊缝疲劳裂纹扩展速率试验结果均与 MIG 焊接焊缝结果重叠在一起,相差不大。

图 2.28 为直线拟合后激光-MIG 复合焊接焊缝和 MIG 焊接焊缝的疲劳裂纹扩展速率拟合结果,拟合不确定度均大于 0.9。可以看出,在稳态裂纹扩展区,$\Delta K<15\text{MPa}\cdot\text{m}^{1/2}$时,MIG 焊接试样焊缝裂纹扩展速率均略大于激光-MIG 复合焊接焊缝。

对图 2.27(b)中激光-MIG 复合焊接-T2 试样和 MIG 焊接-B2 试样断口进行观察,如图 2.29 所示,裂纹扩展方向为由左至右。断口为典型的疲劳辉纹形貌,疲劳辉纹间距随裂纹长度的增大而增大。激光-MIG 复合焊接试样裂纹长度a=1.23mm 处的疲劳辉纹间距为 180～200nm(见图 2.29(a1)),a=2.08mm 时增大到 250～390nm(见图 2.29(a3));MIG 焊接试样 a=1.16mm 处的疲劳辉纹间距为 200～250nm(见图 2.29(b1)),a=1.98mm 处辉纹间距增大到 420～550nm(见图 2.29(b3))。可见,在相近的 a 和 ΔK 下,MIG 焊接试样的辉纹间距均大于激光-MIG 复合焊接试样,即疲劳裂纹扩展速率略大于激光-MIG 复合焊接试样,但两接头相差不大,这与图 2.28 疲劳裂纹扩展速率结果一致。

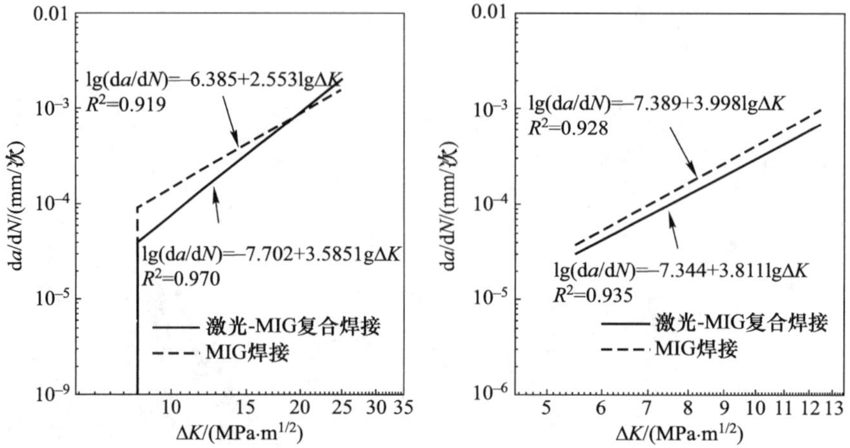

(a) Y-X试样　　(b) Y-Z试样

图 2.28　疲劳裂纹扩展速率拟合结果

为了更好地表征性能，此图适当放大了局部横坐标比例尺

(a1) a=1.23mm, ΔK=7.40MPa·m$^{1/2}$

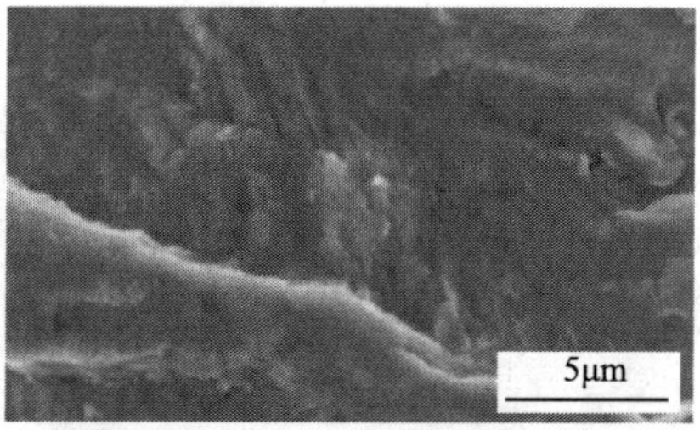

(b1) a=1.16mm, ΔK=7.16MPa·m$^{1/2}$

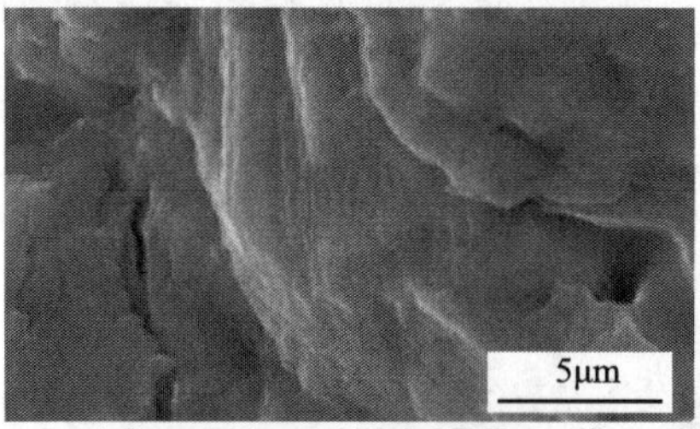

(a2) a=1.81mm, ΔK=9.54MPa·m$^{1/2}$

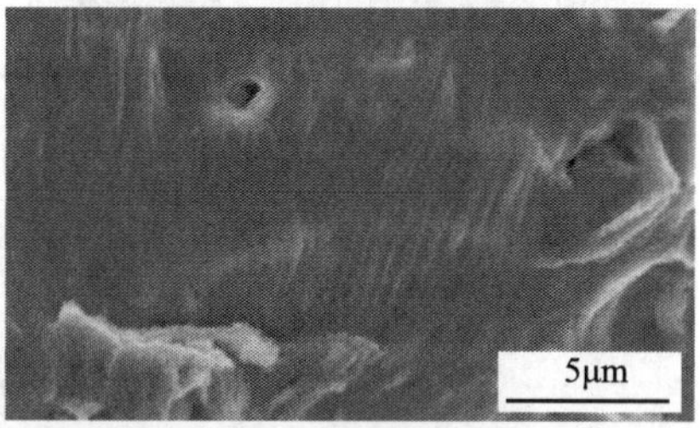

(b2) a=1.70mm, ΔK=9.19MPa·m$^{1/2}$

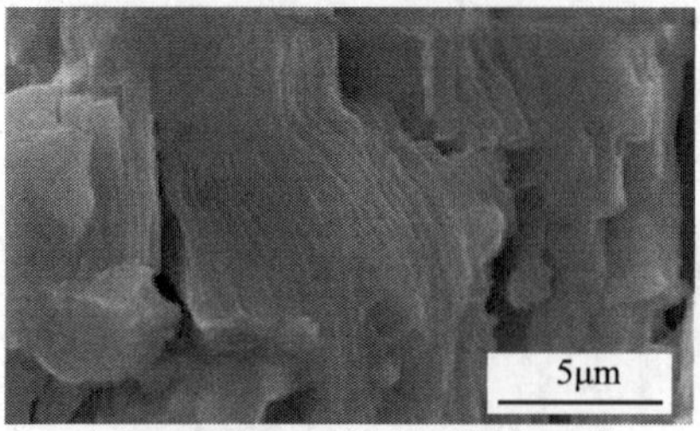

(a3) a=2.08mm, ΔK=10.53MPa·m$^{1/2}$

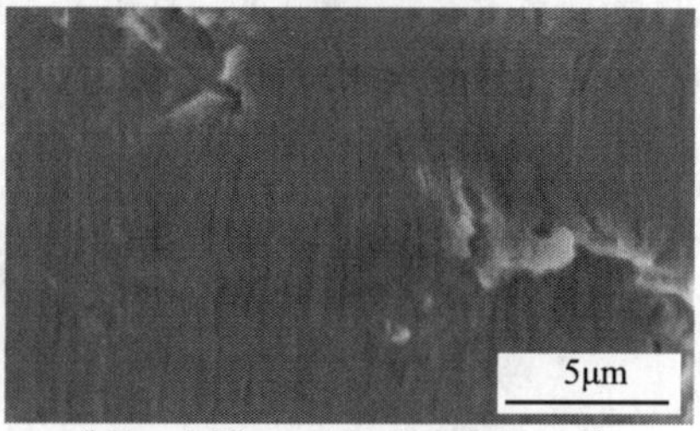

(b3) a=1.98mm, ΔK=10.25MPa·m$^{1/2}$

(a) 激光-MIG复合焊接接头-T2　　(b) MIG焊接接头-B2

图 2.29　Y-Z 试样断口形貌

通过上述分析可知，激光-MIG 复合焊接和 MIG 焊接焊缝疲劳裂纹扩展速率相差不大，MIG 焊接焊缝疲劳裂纹扩展速率略大于激光-MIG 复合焊接焊缝。虽然激光-MIG 复合焊接焊缝和 MIG 焊接焊缝中气孔大小和分布不同，但是对疲劳裂纹在焊缝中的扩展速率几乎没有影响，这与 Tsay 等[5]的研究结果一致。

综上可知，气孔是影响焊接接头疲劳性能的主要原因。MIG 焊接焊缝中气孔集中分布在盖面层，且在熔合线附近聚集分布。与 MIG 焊接相比，激光-MIG 复合焊接焊缝中气孔更少、气孔率更低，且气孔分布较为分散。两焊缝整体疲劳裂纹扩展速率的影响并不显著，气孔分布主要影响疲劳裂纹萌生寿命和短裂纹扩展。疲劳裂纹从试样表面或近表面的大气孔处萌生。气孔分布影响疲劳裂纹萌生，气孔出现概率越高的位置越易萌生疲劳裂纹。MIG 焊接试样疲劳多从盖面层和熔合线附近的气孔处起裂，而激光-MIG 复合焊接疲劳试样疲劳裂纹位置相对分散。可见，集中分布的气孔会降低接头的疲劳裂纹萌生寿命，气孔率低、气孔分散的接头疲劳寿命更高。此外，集中分布的气孔还会提高局部疲劳裂纹扩展速率，缩短疲劳裂纹扩展寿命。

2.3.3　气孔的抑制措施

对于未熔透焊缝，激光-MIG 复合焊接焊缝中由于匙孔不稳定而造成的工艺气孔通常位于未熔透焊缝的下部，如图 2.30(a)所示。对于熔透焊缝，可获得无工艺气孔的焊缝，如图 2.30(b)所示。熔透焊缝和未熔透焊缝熔池流动不同，熔透焊缝熔池上部和下部均存在对流，气泡可随液态金属流向熔池上表面和下表面移动，进而从熔池逸出，未熔透焊缝仅在熔池上部存在对流，气泡只能由上表面逸出[2]。

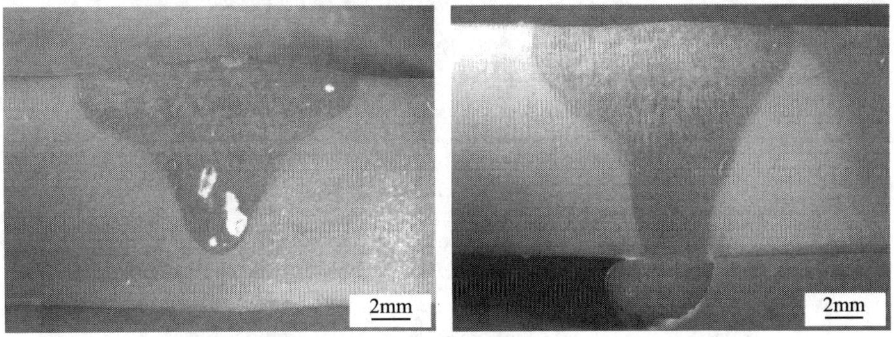

(a) 未熔透焊缝　(b) 熔透焊缝

图 2.30　激光-MIG 复合焊接接头焊缝截面气孔分布

焊缝气孔率随激光功率的变化曲线如图 2.31 所示，除虚线圈中数据外，焊缝气孔率随激光功率的增大而增大。图中虚线圈中三个数据对应的焊缝前半段均焊透，气孔率突然降低，其他数据点对应的均为未熔透焊缝。

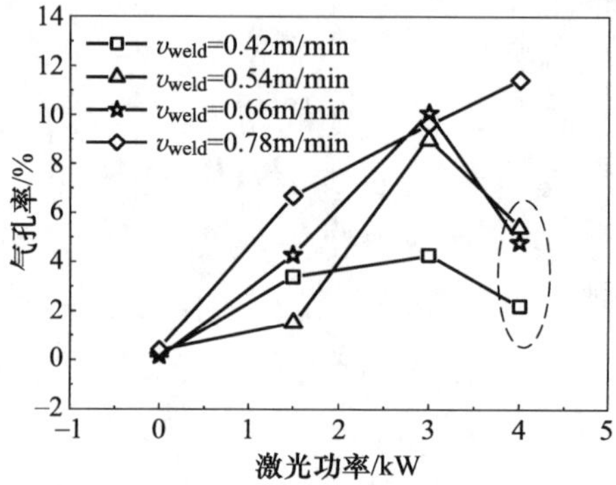

图 2.31　焊缝气孔率随激光功率的变化曲线（v_{wire}＝14m/min）

焊接速度 v_{weld}＝0.54m/min、送丝速度 v_{wire}＝14m/min 时，激光功率 P_{laser}由 0kW 增大到 3kW 时均为未熔透焊缝，未熔透焊缝中激光功率对宏观气孔缺陷的影响如表 2.11 所示，随着激光功率由 0kW 增大到 3kW，焊缝中气孔缺陷不断增多。可见，对于未熔透焊缝，保持焊接速度和送丝速度不变时，激光功率不仅对焊缝熔深影响显著，还显著影响焊缝气孔缺陷，因为熔深越大越不利于气孔的溢出。

表 2.11　激光功率对宏观气孔缺陷的影响

序号	焊接参数	熔深/mm	射线探伤结果	气孔率/%
1	v_{weld}＝0.54m/min，P_{laser}＝0kW，v_{wire}＝14m/min	5.00		0.38
2	v_{weld}＝0.54m/min，P_{laser}＝1.5kW，v_{wire}＝14m/min	5.87		1.51
3	v_{weld}＝0.54m/min，P_{laser}＝3kW，v_{wire}＝14m/min	9.71	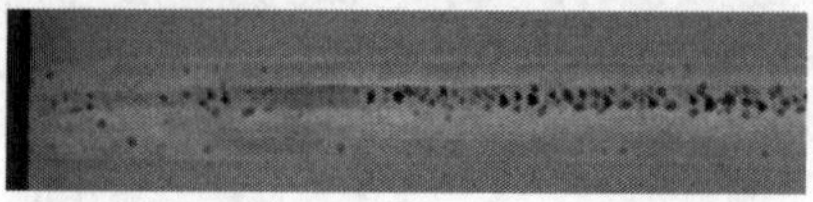	9.00

为获得熔深符合要求且气孔缺陷少的未熔透焊缝，对不同参数下得到的熔深在 9.48～9.67mm 的焊缝内部气孔缺陷进行对比分析，如表 2.12 所示。焊缝熔深相近时，焊接速度 0.78m/min、送丝速度 14m/min、激光功率 3kW 下得到的焊缝中的气孔缺陷最多、气孔率最高；保持 3kW 激光功率不变，减慢焊接速度、同时降低送丝速度可降低焊缝气孔率，焊接速度 0.42m/min、送丝速度 10m/min 下的焊缝气孔率降低到 3.00%。

表 2.12　焊接速度和送丝速度对宏观气孔缺陷的影响

序号	焊接参数	熔深/mm	射线探伤结果	气孔率/%
1	v_{weld}=0.42m/min，P_{laser}=3kW，v_{wire}=10m/min	9.67		3.00
2	v_{weld}=0.54m/min，P_{laser}=3kW，v_{wire}=12m/min	9.48	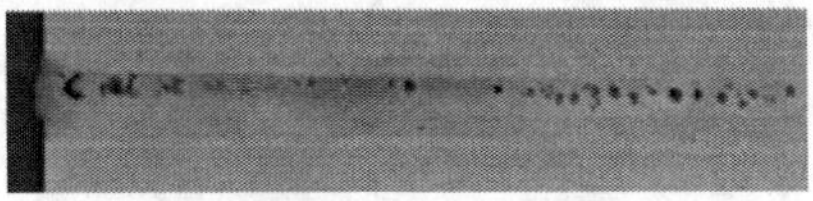	4.37
3	v_{weld}=0.78m/min，P_{laser}=3kW，v_{wire}=14m/min	9.56		7.30

保持激光功率不变(以获得相近熔深)，可通过调节送丝速度和焊接速度降低焊缝气孔率，得到熔深相近且气孔率低的未熔透焊缝，如表 2.13 所示。表 2.13 中均为熔透焊缝，由 1 号和 2 号焊缝探伤结果可知，对于熔透焊缝，同样的焊接速度和激光功率下，送丝速度越大，焊缝中气孔缺陷越少。由表 2.13 中 2 号、3 号和 4 号焊缝探伤结果可知，对于熔透焊缝，送丝速度和激光功率不变时，焊接速度越快，焊缝中气孔缺陷越多。可见，保持激光功率不变，适当增大送丝速度或降低焊接速度可降低熔透焊缝气孔率。

综上可知，对于未熔透焊缝，激光功率对焊缝熔深和气孔率的影响均比较显著，但可以通过调节送丝速度、焊接速度获得熔深符合要求且气孔率较低的焊缝。对于熔透焊缝，保持激光功率不变，降低焊接速度或增大送丝速度可降低焊缝气孔率。

表 2.13 焊接速度和送丝速度对宏观气孔缺陷的影响(熔透焊缝)

序号	焊接参数	熔透状态	射线探伤结果	气孔率/%
1	v_{weld}=0.42m/min，P_{laser}=3kW，v_{wire}=14m/min	熔透		0.95
2	v_{weld}=0.42m/min，P_{laser}=3kW，v_{wire}=16m/min	熔透		0.39
3	v_{weld}=0.54m/min，P_{laser}=3kW，v_{wire}=16m/min	熔透		1.04
4	v_{weld}=0.66m/min，P_{laser}=3kW，v_{wire}=16m/min	熔透		2.55

2.4 铝合金激光-电弧复合焊接热裂纹

根据裂纹产生的温度区分，焊接裂纹种类可分为热裂纹和冷裂纹。焊接热裂纹多产生于接近固相线的高温下，有沿晶界分布的特征，有时也能在低于固相线的温度下沿着多边化边界形成。焊接热裂纹常产生于焊缝金属内，也可能产生于焊接熔合线邻近的热影响区组织内(母材金属)。按裂纹产生的机理、形态和温度区间不同，焊接热裂纹可分为凝固裂纹、液化裂纹、多边化裂纹和失塑裂纹四种。其中，铝合金焊接热裂纹多为凝固裂纹和液化裂纹。

2.4.1 裂纹产生原因

凝固裂纹又称结晶裂纹，产生在焊缝金属凝固过程后期的脆性温度区间。此时焊缝金属结晶接近完成，但晶粒间尚存在很薄的液相层，塑性很低。当由冷却不均匀收缩而产生的拉伸应变速率超过临界应变速率时，即沿晶界液相层开裂。这种裂纹大多起源于树枝状晶的最终汇合处，沿晶间扩展，严重时裂纹一直扩展到焊缝表面，因而凝固裂纹断口上可发现明显的氧化色。其必要条件是在脆性温度区间焊缝或热影响区金属承受拉伸应变[6]。

铝合金高速列车实际应用中，要根据不同种类的铝合金材料的焊接接头性能，同时结合高速列车不同部位、不同结构的受力情况和安全可靠性要求，来选择合适的铝材(表 2.14)。目前，适用于高速列车的铝合金主要有 Al-Mg(5XXX 系列)、Al-Mg-Si(6XXX 系列)和 Al-Mg-Zn(7XXX 系列)三大系列。

表 2.14 我国高速列车焊接结构常用铝合金的性能

合金系	牌号及热处理状态	母材基本力学性能			用于车辆结构的部位
		抗拉强度 σ_b /MPa	屈服强度 σ_s /MPa	伸长率 δ /%	
Al-Mg	A5053-H1	110～150	≥35	≥3	端墙外板、司机室外板
	A5053-O	≥180	≥35	≥21	
	A5083-H1	≥280	≥35	≥12	
	A5083-O	280～360	≥35	≥16	
Al-Mg-Si	A6061-T6	≥300	≥250	≥10	底架侧梁、地板、端墙及司机室梁柱、侧墙及车顶
	A6065-R6	≥250	≥210	≥8	
	A6063-O	≥150	≥110	≥8	
Al-Mg-Zn	A7005-R6	≥330	≥250	≥10	底架、枕横梁、端墙梁柱

一般采用鱼骨状裂纹试验法测试铝合金激光 MIG 复合焊接的热裂纹敏感性。鱼骨状裂纹试验试件形状与尺寸如图 2.32 所示。试件每 10mm 加工不同深度的槽，造成该试件长度方向拘束度不同。试验采用激光-MIG 复合焊接，电流为 120～130A，电压为 20V，焊接速度为 0.82～0.85m/min，在带有铜垫板的专用夹具上施焊，焊接方向由 A 向 B。裂纹产生后，随着拘束度的降低，裂纹停止扩展。测量焊缝或热影响区的裂纹长度(以 5 个试件的裂纹长度平均值确定)，即可评定裂纹的敏感性大小。

硅、镁元素的含量对铝合金的焊接热裂纹敏感性影响较大，是影响铝合金焊接热裂纹的关键因素[7]。也有学者认为，激光-MIG 复合焊接焊缝产生焊接热裂纹的根本原因是更改焊接坡口后，激光-MIG 复合焊接焊缝的化学成分发生了较大变化，形成了具有较高热裂纹倾向的焊缝金属组织[8]。

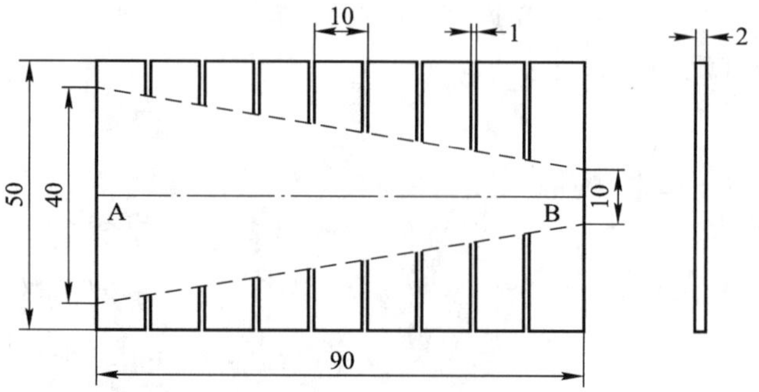

图 2.32 鱼骨状裂纹试验试件形状与尺寸(单位:mm)

2.4.2 裂纹控制措施

1. 优化焊接材料化学成分

焊接材料严格控制碳、磷和硫元素的含量,还可通过添加锰、稀土之类的合金元素来消除硫的有害作用。因为在焊接熔池中锰可与硫结合成MnS,这种化合物会在焊缝金属结晶过程中便可先凝固结晶,进入熔渣中,所以锰有脱硫和改善硫在晶界分布的作用,可减少热裂纹的产生。

焊丝成分设计尽量避免采用易形成低熔点共晶的合金元素,适当加入钼、钨、钒等可细化焊缝金属晶粒的合金元素,从而提高焊缝的抗裂能力。

2. 优化焊接工艺

优化焊接工艺参数也可以有效防止热裂纹的产生,如降低焊接电流,使焊缝成形系数增加,加大焊缝宽深比。正确地控制焊前预热温度及多层焊接时的层间温度,可以降低焊缝金属应变速率,从而降低热裂纹倾向。但是,过高预热和层间温度会延长熔池在高温下的停留时间,降低液态金属结晶速度,从而加重晶间偏析,增大产生热裂纹的倾向。

焊接坡口形状和几何尺寸的优化设计,可以减小熔合比,降低母材在焊缝金属中所占的比例,有效控制焊缝金属成分,防止热裂纹的产生。

激光-MIG复合焊接能加快焊接速度,提高焊缝金属结晶速度,降低晶间偏析程度,这能够在一定程度上抑制热裂纹,但是也要注意焊接速度过大而加重区域偏析的危害。

2.5 激光-电弧复合焊接接头应力与变形

焊接会产生变形与应力，在焊后冷却时，由于焊接过程中积累的压缩性变形，进而产生应力，构件内自相平衡的内应力称为焊接残余应力。焊接时热源温度分布不均匀导致材料受热不均匀，焊缝区熔化，靠近熔池部位的高温区材料热膨胀受周围温度较低材料的限制，产生不均匀的压缩塑性变形；随着焊接热源的远离，焊缝区金属凝固收缩受到周围金属的制约，产生拉应力；近焊缝区发生塑性变形的部分冷却收缩时受周围材料的限制，亦形成一定的拉应力。

影响焊接残余应力的因素有很多，如化学成分和材料性能、显微组织、焊接温度场、焊后热处理、拘束条件、构件形状、焊接方法、焊接参数、预热温度、焊接缺陷等。

焊接残余应力严重影响焊接结构的安全可靠性，可能导致结构的脆性断裂，降低构件的疲劳强度和抗腐蚀能力，引起焊件产生变形和开裂等缺陷。因此，研究焊接残余应力的形成机理，分析焊接残余应力的影响因素，有助于提出有效减小或消除焊接残余应力的措施。

2.5.1 焊接残余应力的测试

试验法测试焊接残余应力概括起来可以分为破坏性和非破坏性两大类。破坏性测试方法的灵敏度和精度较高，但被测构件必须受到不同程度的破坏，如盲孔法、梳条法等；多年来，人们在对非破坏性测试方法的探索研究中，先后出现了 X 射线衍射法、中子衍射法、磁声发射法和超声波法等无损检测手段，这些方法对被测构件没有损坏，且重复性较好，因此得到了广泛应用。

以高速列车用 A7N01P-T4 铝合金激光-MIG 复合焊接对接接头为例，对比 X 射线衍射法、超声波法和盲孔法的测试结果，如图 2.33 所示。三种测试方法在接头残余应力的分布趋势上大致相同，但由于测试原理、被测深度、计算方式等不同，三种测试方法的测试数据是不相同的。其中超声波法测得的整体应力水平最高，其次为 X 射线衍射法，盲孔法测得的应力水平最低。

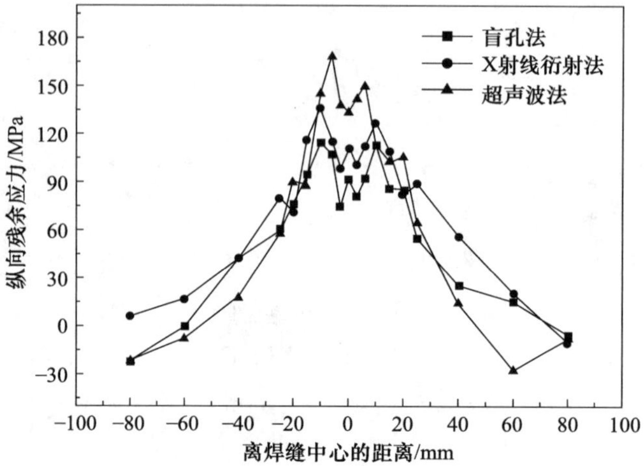

(a) 纵向残余应力

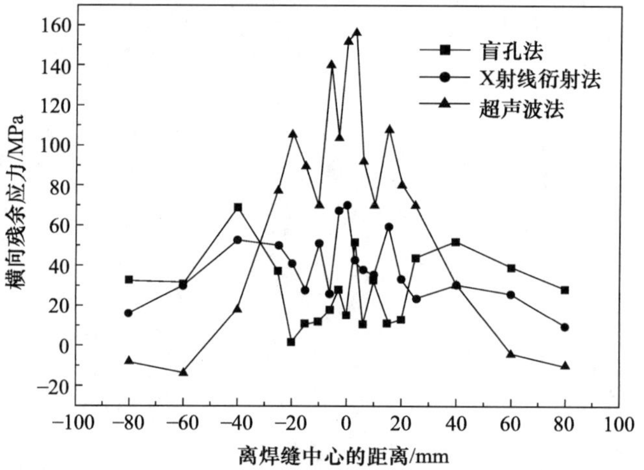

(b) 横向残余应力

图 2.33　激光-MIG 复合焊接接头不同残余应力测试方法对比

2.5.2　应力与变形分布规律

图 2.34 为三种方法测得的铝合金 MIG 焊接接头与激光-MIG 复合焊接接头纵向残余应力分布。由图可见，激光-MIG 复合焊接接头在残余应力水平以及分布规律上与 MIG 焊接均有一定差异，这与激光-MIG 复合焊接中激光的加入所导致的焊接工艺参数变化有关，其中激光-MIG 复合焊接在焊接热输入、焊接速度上与传统的 MIG 焊接有较大的差别。此外，激光-MIG 复合焊接引入了一种物理性质完全不同的热源，因而激光与电弧之间

的能量配比($R_{QAL}=Q_{arc}/Q_{laser}$)也成为激光-MIG 复合焊接中一个重要的工艺参数[9,10]。总体来说,激光-MIG 复合焊接接头残余应力分布存在以下规律:

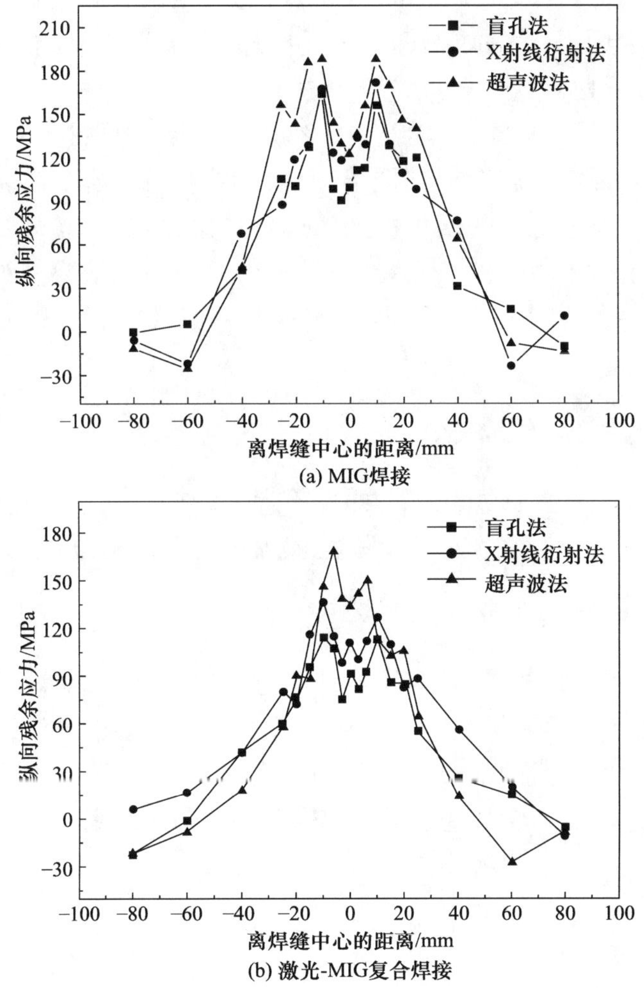

图 2.34　MIG 焊接与激光-MIG 复合焊接接头纵向残余应力对比

(1) 焊接线能量的增加对接头残余应力的影响分为两种情况:一种是电弧能量增加引起的线能量增加,这种情况下接头残余应力水平及高应力值的分布范围都有所增大;而由激光功率增大引起的线能量增加,接头残余应力水平亦有一定程度的增加,但高值拉应力的分布范围有一定程度的缩小。

(2) 电弧能量增加时，加热区变宽，残余应力峰值向外移动；激光功率增大时，焊缝熔宽有一定程度的减小，残余应力峰值向内移动。

(3) 焊接速度增大时，温度梯度增大，残余应力水平有一定程度的升高；焊接速度降低时，残余应力水平降低，且分布趋势也更加平缓。

(4) 随着能量配比的减小，接头残余应力水平有明显的下降，在低速焊接和高速焊接下均有这一现象。

(5) 铝合金焊接时，由于焊缝为焊丝金属和熔化母材的混合金属，根据其熔合比大小，焊缝金属会得到低于母材的不同屈服极限，在接头受收缩应力作用拉伸时，焊缝金属先于母材金属达到屈服极限，一旦焊缝金属发生屈服，其应力水平就不再增加，未达到屈服极限的周边金属应力继续增加而高出焊缝，因此铝合金焊后接头纵向残余应力会出现以焊缝中心位置为对称的双峰分布。

2.5.3 应力与变形调控措施

针对焊接制造过程的三阶段，即焊前焊接结构与坡口优化设计、焊接工艺参数的优化和焊后残余应力处理，实现焊件的全制造过程残余应力控制。

1. 焊前焊接结构与坡口优化设计

为减小残余应力与变形，在焊接结构与坡口设计上，应该尽量避免线膨胀系数相差过大的异种材料接头。在焊道密集或者多道焊缝形成闭合的部位，在不影响构件功能的前提下适当设计用于应力释放的工艺孔。坡口设计方面，在满足接头力学性能和施焊条件的情况下，采用小坡口以减小焊接热输入，可有效减小焊接残余应力。

2. 焊接工艺参数的优化

适当的焊前预热，多焊层和多焊道时，控制层间焊接温度是有效控制残余应力的方法。在保证焊缝质量和生产效率的前提下，采用低焊速、小能量配比的激光-电弧复合焊接工艺更有利于降低残余应力。

3. 焊后残余应力处理

焊后残余应力处理一般是在焊缝施加外加荷载，以达到使焊件的残余应力重新分布、降低残余应力峰值的目的，也可以通过结构件整体退火处理，达到一定程度的消除残余应力的效果（但是一些材料不能退火处理，如 5XXX 系铝合金）。常见的焊后残余应力消除方法有超声冲击、锤击、喷砂、喷丸等。

参考文献

[1] 栾国红，孟立春. 搅拌摩擦焊接技术在列车制造中的发展和应用. 金属加工（热加工），2010，(16)：15-17.

[2] Chang B, Allen C, Blackburn J, et al. Thermal and fluid flow characteristics and their relationships with porosity in laser welding of AA5083. Physics Procedia, 2013, 41: 478-487.

[3] Katayama S, Uchiumi S, Mizutani M, et al. Penetration and porosity prevention mechanism in YAG laser-MIG hybrid welding. Welding International, 2007, 21(1): 25-31.

[4] Kou S. Welding Metallurgy. New York: John Wiley & Sons, 2003.

[5] Tsay L W, Shan Y P, Chao Y H, et al. The influence of porosity on the fatigue crack growth behavior of Ti-6Al-4V laser welds. Journal of Materials Science, 2006, 41(22): 7498-7505.

[6] 吴圣川，唐涛，李正. 高强铝合金焊接的研究进展. 现代焊接，2011(2)：5-8.

[7] 吴爱民，张健，郭亮，等. 激光焊接铝合金热裂纹预测数学模型研究. 应用激光，2013，33(2)：177-180.

[8] 张健，雷振，王旭友. 高速列车 6005A 铝合金型材焊接热裂纹分析. 焊接学报，2012，33(8)：60-64.

[9] Uchiumi S, Wang J B, Katayama S, et al. Penetration and welding phenomena in YAG laser-MIG hybrid welding of aluminum alloy//Proceedings of the 23rd ICALEO, San Francisco, 2004.

[10] Myhr O R, Grong Ø, Fjær H G, et al. Modelling of the microstructure and strength evolution in Al-Mg-Si alloys during multistage thermal processing. Acta Materialia, 2004, 52(17): 4997-5008.

第 3 章　激光-电弧复合焊接数值模拟

焊接是一个涉及物理、化学、冶金、力学和材料等多学科的复杂的物理-化学过程。其中焊接过程中的电、磁、热以及金属的熔化、凝固、相变等现象对焊接结构或产品的质量有极大影响，因此，仅通过试验的方法来控制焊接过程及质量，需要花费大量的成本和人力。而随着计算机技术和数值分析技术的发展，焊接过程的数值模拟已由定性走向定量，数值模拟技术也成为研究焊接机理及优化工艺的有效手段。

本章将介绍焊接数值模拟技术的理论基础，并给出激光-电弧复合焊接的热源模型。在此基础上列举高速列车制造中的激光-电弧复合焊接过程数值模拟技术的应用。通过建模实现关键结构的焊接温度场计算，体现焊接工艺控制对焊接结构残余应力分布的影响。

3.1　焊接数值模拟技术

焊接热过程是影响焊接接头质量的主要因素之一，焊接热过程的准确计算和测量是焊接接头组织、应力、变形等分析的前提。

熔化焊接时，焊接热源对焊接接头进行加热，使被焊材料局部熔化，与熔化的焊丝形成熔池，熔池中的液态金属凝固后形成焊缝。对于工件，激光焊接时，热量主要源于激光能量；而电弧焊接时，热源主要源于电弧热和熔滴热。此外，相变潜热对焊接热循环和温度场也有一定影响。

3.1.1　焊接热过程的数值模拟

按照传热理论，焊接热过程作用区域包括两个：一是熔池外部区域，此部分区域热量以热传导方式进行传播；二是熔池内部区域，此区域同时存在对流和热传导两种方式，以对流为主，这两部分的传热过程相互联系和影响[1]。

早期对焊接热过程主要采用解析法进行求解，Rosenthal[2,3]和 Rykalin 等[4,5]提出了 Rosenthal-Rykalin 公式，这些解析公式主要是基于以下理想假设得出的：

(1) 瞬时热源集中作用于一点、一线、一面。

(2) 焊件尺寸无限大。

(3) 材料的热物理性能不随温度变化。

然而这些假设条件与焊接传热的实际情况有较大的差异，致使离热源较近部位的温度计算发生了极大的偏差，影响准确预测熔化区的尺寸及形状。而从焊接数值模拟的角度来看，熔化区尺寸及形状的准确性会显著影响计算结果的可靠性。

对于焊接的热传导求解需要借助热传导方程，并考虑模型的具体初始条件和边界条件进行计算。

1. 导热微分方程

随着焊接热源的移动，整个焊接工件的温度随时间和空间剧烈变化，材料的热物理性能也随着温度的改变而剧烈变化，熔池外部的固体金属传热以热传导为主。在固定的直角坐标系(x,y,z)中，瞬时热传导方程为

$$\rho c\frac{\partial T}{\partial t}=\frac{\partial}{\partial x}\left(k\frac{\partial T}{\partial x}\right)+\frac{\partial}{\partial y}\left(k\frac{\partial T}{\partial y}\right)+\frac{\partial}{\partial z}\left(k\frac{\partial T}{\partial z}\right)+Q \tag{3.1}$$

式中，ρ 为材料的密度；c 为材料的比热容；k 为材料的热导率；Q 为内热源强度；T 为温度；t 为时间。

一般情况下，ρ、c 和 k 都是 x、y、z、T 的函数。若 ρ、c 和 k 都是常数，则式(3.1)可以简化为

$$\frac{\partial T}{\partial t}=\frac{k}{\rho c}\left(\frac{\partial^2 T}{\partial x^2}+\frac{\partial^2 T}{\partial y^2}+\frac{\partial^2 T}{\partial z^2}\right)+\frac{Q}{\rho c}=\alpha\nabla^2 T+\frac{Q}{\rho c} \tag{3.2}$$

式中，$\alpha=\dfrac{k}{\rho c}$为热扩散率，表示物体在加热或冷却时，各部分温度趋于一致的能力。

式(3.2)的假设是材料的热扩散率是各向同性的，且与温度相关。式(3.1)是导热微分方程的普遍形式，该式描述的瞬态温度场 $T(x,y,z,t)$是三维坐标和时间的函数。

2. 初始条件和边界条件

求解导热问题，实质上归结为对导热微分方程的求解。而导热微分方程只有连同初始条件和边界条件才能够完整地描述一个具体的导热问题。

对于瞬态导热问题，定解条件包括初始时刻温度分布的初始条件和物体边界上的温度或换热情况的边界条件；对于稳态导热，定解条件没有初始条件，仅有边界条件。

导热问题的常见边界条件可归纳为以下三类[1]：

(1) 第一类边界条件：给定了边界上的温度值。

$$T_s = T_s(x,y,z,t) \tag{3.3}$$

特殊情况是等温边界条件，以及物体边界上的温度相等。

(2) 第二类边界条件：给定了边界上的热流密度值。

$$k\frac{\partial T}{\partial N} = q_s(x,y,z,t) \tag{3.4}$$

式中，N 为边界表面外法线方向，特殊情况是绝热边界条件，即 $q_s = \left.\frac{\partial T}{\partial N}\right|_s = 0$。

(3) 第三类边界条件：给定了边界上物体与周围介质间的表面对流换热系数 α_h 及周围介质的温度 T_f。

$$-\lambda\left.\frac{\partial T}{\partial N}\right|_s = \alpha_h(T_s - T_f) \tag{3.5}$$

焊接过程中，焊接热源传热给焊件，焊件温度迅速上升，局部熔化形成熔池，熔池内的液态金属受多种力的作用，发生剧烈流动，因此熔池内的传热以对流为主，热传导方程已不适用于熔池内部热过程的模拟计算。由于焊接熔池形态是影响焊接过程和质量的主要因素之一，为了准确计算和分析焊接热过程，必须深入研究熔池液态金属的流体动力学状态。

如图 3.1 所示，影响 GMAW 熔池内液态金属的作用力主要包括表

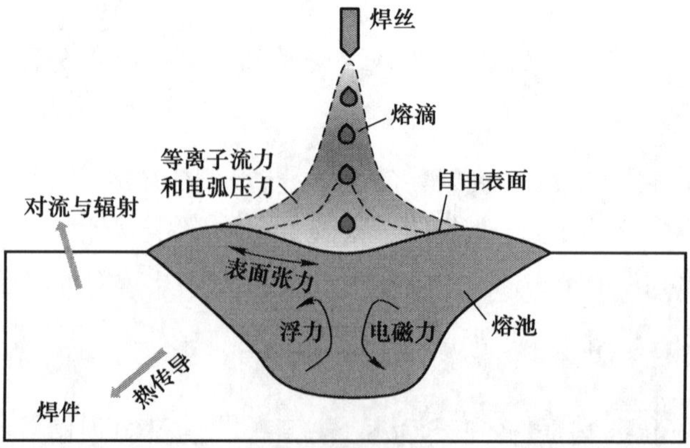

图 3.1 GMAW 传热与熔池流体流动的机制

面张力、电磁力、浮力、电弧压力、熔滴冲击力、等离子流力、重力等,其中电磁力、浮力、表面张力是驱动熔池流体流动的主要动力[1]。

(1) 表面张力。表面张力是温度的函数。由于熔池表面的温度分布不均匀,引起表面张力的不均匀分布,从而导致在熔池表面上存在表面张力梯度。表面张力梯度是熔池中流体流动的主要驱动力之一,它使流体从表面张力低的部位流向表面张力高的部位。

一般情况下,表面张力随着温度的升高而减小,且表面张力温度系数 $\frac{\partial\gamma}{\partial T}$ 为负值。因此,表面张力梯度使液态金属沿着径向从中心向边缘流动,在熔池中心处自下而上流动,如图 3.2(a)所示。

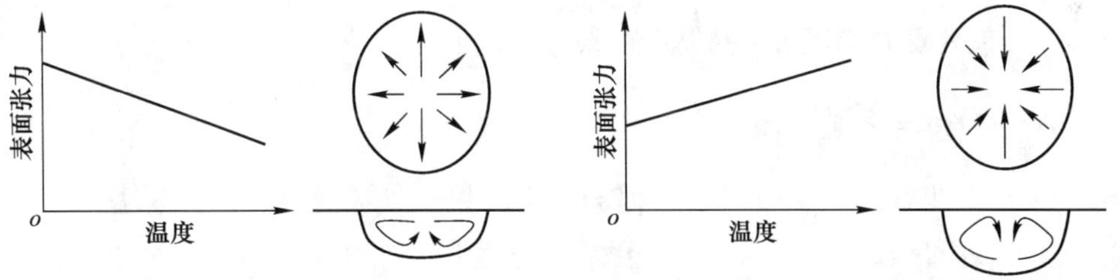

(a) 表面张力温度系数为负值　　(b) 表面张力温度系数为正值

图 3.2　表面张力温度系数对熔池流体的影响

如果向熔池中引入某些表面活性元素(如 S、O、Se 等),会使液态金属的表面张力温度系数 $\frac{\partial\gamma}{\partial T}$ 从负值变为正值,使熔池中的液态金属沿着径向从边缘向中心流动,在熔池中心处由上向下流动,如图 3.2(b)所示。在这种流动条件下,较多的热量被传输到熔池底部,形成较大的熔深。因此,表面张力温度系数的大小和正负可以改变熔池内部的液体流动方向,进而影响熔池内的温度分布及熔合区形状。

(2) 电磁力。电弧焊接时,熔池内部发散的电流与其自身的磁场互相作用就产生了电磁力(洛伦兹力)。电磁力驱使熔池内液态金属从熔池中心处向下流动,沿熔合线返回熔池表面,然后在熔池表面沿径向由边缘向中心流动。

(3) 浮力。浮力是由于熔池中存在温度梯度或成分梯度使液态金属的密度发生变化而产生的。温度高的地方液态金属密度小,温度低的地方液态金属密度大。在浮力的作用下,熔池中过热的液态金属将上升至表面,较冷的液态金属将被推至底部。与表面张力梯度和电磁力对流体流动的作用相比,浮力所起的作用较小。

(4) 等离子流力。等离子流力是电弧等离子流冲向熔池表面时产生的力,在等离子流对熔池表面施加冲击力和剪切力的同时,还伴随着高速运动的熔滴进入熔池,熔滴也会对熔池内流体流动和热流分布产生影响,继而影响焊缝成形和焊接质量。

综合考虑上述各力的作用之后,焊接熔池流体动力学状态和传热过程的数学描述涉及热能方程、动量方程和连续性方程等,问题的处理和求解过程更为复杂。相较于固体热传导过程,熔池内传热和流体流动的数值计算非常复杂。

3.1.2 焊接应力与变形的数值模拟

1. 热弹塑性有限元分析

热弹塑性有限元分析是一种经典的焊接应力和变形计算方法,该理论的物理意义明确,可以清晰地描述焊接应变和变形的产生过程及分布特征。热弹塑性有限元分析时有如下假设:材料的屈服服从 von Mises 屈服准则;塑性区内的行为服从流变法则并显示出应变硬化;弹性应变、塑性应变与温度应变是可分的;与温度有关的力学性能、应力和应变在微小的时间增量内线性变化[6]。

1) 应力-应变关系

当材料处于弹性区时,全应变增量 $\mathrm{d}\boldsymbol{\varepsilon}$ 由弹性应变增量 $\mathrm{d}\boldsymbol{\varepsilon}_{\mathrm{e}}$ 和温度应变增量 $\mathrm{d}\boldsymbol{\varepsilon}_{\mathrm{T}}$ 两部分组成,即

$$\mathrm{d}\boldsymbol{\varepsilon}=\mathrm{d}\boldsymbol{\varepsilon}_{\mathrm{e}}+\mathrm{d}\boldsymbol{\varepsilon}_{\mathrm{T}} \tag{3.6}$$

式中,$\mathrm{d}\boldsymbol{\varepsilon}$ 为由相关常量分量构成的矩阵。

$$\mathrm{d}\boldsymbol{\varepsilon}_{\mathrm{e}}=\mathrm{d}(\boldsymbol{D}_{\mathrm{e}}^{-1}\boldsymbol{\sigma})=\boldsymbol{D}_{\mathrm{e}}^{-1}\mathrm{d}\boldsymbol{\sigma}+\frac{\partial\boldsymbol{D}_{\mathrm{e}}^{-1}}{\partial T}\boldsymbol{\sigma}\mathrm{d}T \tag{3.7}$$

$$\mathrm{d}\boldsymbol{\varepsilon}_{\mathrm{T}}=\boldsymbol{\alpha}\mathrm{d}T \tag{3.8}$$

式中,$\boldsymbol{D}_{\mathrm{e}}$ 为弹性矩阵;$\boldsymbol{\sigma}$ 和 $\mathrm{d}\boldsymbol{\sigma}$ 分别为应力和应力增量矩阵;T 为温度;$\boldsymbol{\alpha}$ 为线膨胀系数矩阵,$\boldsymbol{\alpha}=\alpha_0+\frac{\partial\boldsymbol{\alpha}}{\partial T}\boldsymbol{\sigma}$,$\alpha_0$ 为初始线膨胀系数。

弹性区的应力-应变关系为

$$|\mathrm{d}\boldsymbol{\sigma}|=\boldsymbol{D}_{\mathrm{e}}\mathrm{d}\boldsymbol{\varepsilon}-\boldsymbol{C}_{\mathrm{e}}\mathrm{d}T \tag{3.9}$$

式中，$\boldsymbol{C}_{\mathrm{e}}$ 为弹性温度矩阵，$\boldsymbol{C}_{\mathrm{e}}=\boldsymbol{D}_{\mathrm{e}}\left(\boldsymbol{\alpha}+\frac{\partial \boldsymbol{D}_{\mathrm{e}}^{-1}}{\partial T}\boldsymbol{\sigma}\right)$。

当材料处于塑性区域时，材料全应变增量表示为

$$\mathrm{d}\boldsymbol{\varepsilon}=\mathrm{d}\boldsymbol{\varepsilon}_{\mathrm{e}}+\mathrm{d}\boldsymbol{\varepsilon}_{\mathrm{p}}+\mathrm{d}\boldsymbol{\varepsilon}_{\mathrm{T}} \tag{3.10}$$

式中，$\mathrm{d}\boldsymbol{\varepsilon}_{\mathrm{p}}$ 为塑性应变增量矩阵。

设材料屈服条件为

$$f(\boldsymbol{\sigma})=f_0(\boldsymbol{\varepsilon}_{\mathrm{p}},T) \tag{3.11}$$

式中，f 为屈服函数；f_0 为与温度 T 和塑性应变 $\boldsymbol{\varepsilon}_{\mathrm{p}}$ 有关的屈服应力的函数。

根据塑性流动法则，塑性应变增量 $\mathrm{d}\boldsymbol{\varepsilon}_{\mathrm{p}}$ 可表示为

$$|\mathrm{d}\boldsymbol{\varepsilon}_{\mathrm{p}}|=\lambda\frac{\partial f}{\partial \boldsymbol{\sigma}} \tag{3.12}$$

式中，λ 为同材料硬化法则相关的参数。

塑性区的应力-应变关系为

$$\mathrm{d}\boldsymbol{\sigma}=\boldsymbol{D}_{\mathrm{ep}}\mathrm{d}\boldsymbol{\varepsilon}-\boldsymbol{C}_{\mathrm{ep}}\mathrm{d}T \tag{3.13}$$

式中，$\boldsymbol{D}_{\mathrm{ep}}$为弹塑性矩阵；$\boldsymbol{C}_{\mathrm{ep}}$为弹塑性温度向量。

$$\boldsymbol{D}_{\mathrm{ep}}=\boldsymbol{D}_{\mathrm{e}}-\boldsymbol{D}_{\mathrm{e}}\frac{\partial f}{\partial \boldsymbol{\sigma}}\left(\frac{\partial f}{\partial \boldsymbol{\sigma}}\right)^{\mathrm{T}}\frac{\boldsymbol{D}_{\mathrm{e}}}{S} \tag{3.14}$$

$$\boldsymbol{C}_{\mathrm{ep}}=\boldsymbol{D}_{\mathrm{ep}}\left(\boldsymbol{\alpha}+\boldsymbol{\alpha}\frac{\partial \boldsymbol{D}_{\mathrm{e}}^{-1}}{\partial T}\right)-\frac{\boldsymbol{D}_{\mathrm{e}}}{S}\frac{\partial f}{\partial \boldsymbol{\sigma}}\frac{\partial f_0}{\partial \boldsymbol{\sigma}} \tag{3.15}$$

因此，

$$S=\left(\frac{\partial f}{\partial \boldsymbol{\sigma}}\right)^{\mathrm{T}}\boldsymbol{D}_{\mathrm{e}}\frac{\partial f}{\partial \boldsymbol{\sigma}}+\left(\frac{\partial f_0}{\partial \boldsymbol{\varepsilon}_{\mathrm{p}}}\right)^{\mathrm{T}}\frac{\partial f}{\partial \boldsymbol{\sigma}} \tag{3.16}$$

塑性区的材料加载和卸载过程由 λ 值决定。当 $\lambda<0$ 时，为塑性加载过程，采用式(3.13)描述该过程的材料应力-应变关系；当 $\lambda=0$ 时，为中性变载过程(对于理想弹塑性材料，继续塑性加载；对于硬化塑性材料，保持当前状态不变，即不产生新的材料塑性流动)；当 $\lambda>0$ 时，为弹性卸载过程，采用式(3.9)描述该过程的材料应力-应变关系。

2) 平衡方程

考虑结构的某一单元，有如下平衡方程：

$$\mathrm{d}\boldsymbol{p}^{\mathrm{e}}+\mathrm{d}\boldsymbol{p}_{\mathrm{T}}^{\mathrm{e}}=\boldsymbol{K}^{\mathrm{e}}\mathrm{d}\boldsymbol{\delta}^{\mathrm{e}} \tag{3.17}$$

式中，$\mathrm{d}\boldsymbol{p}^{\mathrm{e}}$ 为单元节点上力的增量；$\mathrm{d}\boldsymbol{p}_{\mathrm{T}}^{\mathrm{e}}$ 为温度引起的单元初应变等效节点力增量；$\mathrm{d}\boldsymbol{\delta}^{\mathrm{e}}$ 为节点位移增量；$\boldsymbol{K}^{\mathrm{e}}$ 为单元刚度矩阵。

$$\boldsymbol{K}^{\mathrm{e}}=\int \boldsymbol{B}^{\mathrm{T}}\boldsymbol{D}\boldsymbol{B}\,\mathrm{d}V \tag{3.18}$$

$$\mathrm{d}\boldsymbol{p}_{\mathrm{T}}^{\mathrm{e}} = \int \boldsymbol{B}^{\mathrm{T}} \boldsymbol{C} \mathrm{d}T \mathrm{d}V \tag{3.19}$$

式中，$\boldsymbol{B}$ 为联系单元中应变向量与节点位移向量的矩阵。根据单元处于弹性区或塑性区，分别用 $\boldsymbol{D}_{\mathrm{e}}$、$\boldsymbol{C}_{\mathrm{e}}$ 或 $\boldsymbol{D}_{\mathrm{ep}}$、$\boldsymbol{C}_{\mathrm{ep}}$ 代替式(3.18)和式(3.19)中的 $\boldsymbol{D}$、$\boldsymbol{C}$ 形成单元刚度矩阵和等效节点载荷，然后集成总刚度矩阵 $\boldsymbol{K}$ 和总载荷向量 $\mathrm{d}\boldsymbol{p}$，求得整个构件的平衡方程组为

$$\boldsymbol{K}\mathrm{d}\boldsymbol{\delta} = \mathrm{d}\boldsymbol{p} \tag{3.20}$$

式中，$\boldsymbol{K} = \sum \boldsymbol{K}^{\mathrm{e}}$；$\mathrm{d}\boldsymbol{p} = \sum (\mathrm{d}\boldsymbol{p}^{\mathrm{e}} + \mathrm{d}\boldsymbol{p}_{\mathrm{T}}^{\mathrm{e}})$。

考虑到焊接过程一般无外力作用，环绕每个节点的单元相应节点的力是自相平衡的力系，即可取 $\sum \mathrm{d}\boldsymbol{p}^{\mathrm{e}} = 0$，故有 $\mathrm{d}\boldsymbol{p} = \sum \mathrm{d}\boldsymbol{p}_{\mathrm{T}}^{\mathrm{e}}$，即在忽略宏观净外力作用和相变的前提下，焊接应力场的载荷项实际上由温度变化 ΔT 所决定。

2. 固有应变有限元分析

热弹塑性有限元法虽然能够较好地描述焊接应力和变形的产生过程，但由于焊接过程的高度非线性，其计算量非常大，对计算机性能要求较高，难以应用于大型复杂结构件。而固有应变有限元法是一种既能解决大型复杂结构又能比较经济地预测焊接变形的方法。

固有应变是指从应力状态切离后处于自由状态时与基准状态相比发生的改变。固有应变存在于焊缝及其附近区域，并且固有应变的大小和分布决定了最终的残余应力和变形分布与数值。因此，如果获得了固有应变的大小和分布，把它作为初始应变置于焊缝及其附近，就可以通过一次弹性有限元分析求得整个焊接接头及其附近区域的焊接应力和变形。与热弹塑性有限元法相比，固有应变有限元法大幅减少了计算量，使大型结构焊接应力和变形预测成为可能。正确地理解焊接应力和变形的产生根源，合理地提取和加载固有应变，决定了计算的精度。目前固有应变有限元法多用于大型结构件焊接变形的预测。

1) 固有应变计算

设单位长度上纵向残余塑性应变 ε_x^* 和横向残余塑性应变 ε_y^* 的总和分别为 W_x 和 W_y，而 W_x 和 W_y 与焊接热输入 Q 有关，则

$$W_x = KQ \tag{3.21}$$

$$W_y = \xi Q \tag{3.22}$$

通过简化的解析方法可以得到从厚板到薄板系数 K 和 ξ 的范围为

$$K=(0.225-0.335)\frac{\beta_T}{c\rho} \tag{3.23}$$

$$\xi=(0.225-1.0)\frac{\beta_T}{c\rho} \tag{3.24}$$

式中，β_T 为线膨胀系数；c 为比热容；ρ 为密度。

求得焊缝的 W_x 和 W_y 后，焊缝的纵向残余塑性应变 ε_x^* 以及横向残余塑性应变 ε_y^* 可以由下式求得：

$$\varepsilon_x^*=\frac{W_x}{F_i} \tag{3.25}$$

$$\varepsilon_y^*=\frac{W_y}{F_i} \tag{3.26}$$

式中，F_i 为施加残余塑性应变单元的截面积，等于单元垂直焊缝方向的宽度乘以板厚。

焊接热输入可以用下式计算：

$$Q=\eta\frac{IU}{v_{weld}} \quad 或 \quad Q=\theta F_h \tag{3.27}$$

式中，η 为焊接热效率；U 为焊接电弧电压；I 为焊接电流；v_{weld} 为焊接速度；θ 为加热系数，对于 CO_2 气体保护焊接，可取 $\theta=37800J/cm$；F_h 为熔化焊缝的截面积。

2）固有应变施加区域

当利用固有应变法预测残余应力时，需要确定详细的固有应变分布特征，这一点较难实现。然而，若仅仅预测变形，则只需确定固有应变总和及其分布位置即可保证足够的精度。计算中，通常把材料达到零强温度的高温区域作为固有应变区域，该区域可以通过试验或热场计算获得。对于平板焊接，最简单的方法是把固有应变平均施加于焊缝及其附近的一个矩形区域内，该区域尺寸与单位焊缝长度的热输入有关，可由经验公式算出；当然也可以将固有应变区域假定为其他形状（如堆焊时，可假定为椭圆形）或不预设形状，根据试验或计算确定。

3.1.3　焊接熔池流动行为的数值模拟

焊接熔池流体的动力学状态和传热过程的数值模拟，涉及热能方程、动量方程和连续性方程等，这些方程构成一个偏微分方程组。

为了简化计算，在三维瞬态模型的建立过程中做出以下假设：

(1) 熔池中的液态金属为黏性不可压缩流体，其流动为层流。

(2) 只在动量方程的重力项中考虑密度变化，遵循 Boussinesq 假设[7]。

(3) 除了材料的比热容、热导率、黏度以及表面张力系数与温度有关外，其他的热物性参数(如密度、导热系数等)均与温度无关。

尽管熔池内流体的流动具有紊流特性[8]，但为了计算方便，在不引起大的误差的情况下，仍可以采用层流的假设[9]。

按照熔池的形状和演变大致将熔池分别为两部分：①熔池前部，输入的热量大于散失的热量；②熔池后部，散失的热量大于输入的热量。因此，随着焊接热源的移动，熔池前部继续不断熔化，而熔池后部金属逐渐凝固。

描述熔池中液态金属的传热和流体流动的控制方程包括能量守恒方程、动量守恒方程和质量守恒方程。

当焊接热源以恒定速度 u_0 沿着 x 轴移动时，能量守恒方程为

$$\rho\left(\frac{\partial T}{\partial t}-u_0\frac{\partial T}{\partial x}+u\frac{\partial T}{\partial x}+v\frac{\partial T}{\partial y}+w\frac{\partial T}{\partial z}\right)=\frac{\partial}{\partial x}\left(k\frac{\partial T}{\partial x}\right)+\frac{\partial}{\partial x}\left(k\frac{\partial T}{\partial y}\right)+\frac{\partial}{\partial x}\left(k\frac{\partial T}{\partial z}\right)+Q \tag{3.28}$$

式中，ρ 为密度；k 为热导率；T 为温度；t 为时间；u、v、w 分别为 x、y、z 方向的速度分量；Q 为内热源强度。

对于电弧焊接，Q 用于描述进入熔池的熔滴热焓和电弧体积热源的分布。

动量守恒方程为

$$\begin{cases}\rho c\left[(u-u_0)\dfrac{\partial u}{\partial x}+v\dfrac{\partial u}{\partial y}+w\dfrac{\partial u}{\partial z}\right]=F_x-\dfrac{\partial p}{\partial x}+\mu\left(\dfrac{\partial^2 u}{\partial x^2}+\dfrac{\partial^2 u}{\partial y^2}+\dfrac{\partial^2 u}{\partial z^2}\right)\\ \rho c\left[(u-u_0)\dfrac{\partial v}{\partial x}+v\dfrac{\partial v}{\partial y}+w\dfrac{\partial v}{\partial z}\right]=F_y-\dfrac{\partial p}{\partial y}+\mu\left(\dfrac{\partial^2 v}{\partial x^2}+\dfrac{\partial^2 v}{\partial y^2}+\dfrac{\partial^2 v}{\partial z^2}\right)\\ \rho c\left[(u-u_0)\dfrac{\partial w}{\partial x}+v\dfrac{\partial w}{\partial y}+w\dfrac{\partial w}{\partial z}\right]=F_z-\dfrac{\partial p}{\partial z}+\mu\left(\dfrac{\partial^2 w}{\partial x^2}+\dfrac{\partial^2 w}{\partial y^2}+\dfrac{\partial^2 w}{\partial z^2}\right)\end{cases} \tag{3.29}$$

式中，F_x、F_y、F_z 分别为流体体积力在 x、y、z 方向上的分量；μ 为动力黏度系数；p 为液体内压强。等式左边代表惯性力，右边第一项表示体积力，第二项表示微元体上的表面压力，第三项表示黏性力。

质量守恒方程为

$$\frac{\partial u}{\partial x}+\frac{\partial v}{\partial y}+\frac{\partial w}{\partial z}=0$$

在上述控制方程中，动量守恒方程和质量守恒方程的求解区域为液态熔池区。由于固相区流体速度为 0，能量守恒方程在固相区将退化为热传导方程。因此，能量守恒方程的求解域将包含熔池及熔池以外的区域。

3.2　激光-电弧复合焊接热源模型

1. 电弧热源模型

电弧热源采用双椭球热源，如图 3.3 所示，其热源公式为

$$\begin{cases} q_f(x,y,z)=\dfrac{6\sqrt{3}f_f Q}{ab_f c\pi\sqrt{\pi}}\exp\left(-\dfrac{3x^2}{a^2}\right)\exp\left(-\dfrac{3y^2}{b_f^2}\right)\exp\left(-\dfrac{3z^2}{c^2}\right) \\ q_r(x,y,z)=\dfrac{6\sqrt{3}f_r Q}{ab_r c\pi\sqrt{\pi}}\exp\left(-\dfrac{3x^2}{a^2}\right)\exp\left(-\dfrac{3y^2}{b_r^2}\right)\exp\left(-\dfrac{3z^2}{c^2}\right) \end{cases} \tag{3.30}$$

式中，f_f、f_r 为热能在熔池前后部分的分布系数，$f_f+f_r=2$；a、b_f、b_r、c 为热源模型的形状常数。

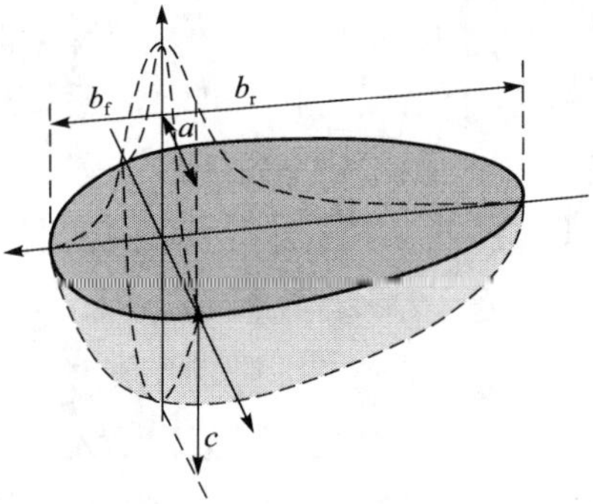

图 3.3　电弧热源模型示意图

2. 激光热源模型

激光热源的数学模型为

$$\begin{cases} q_{laser}(x,y,z)=Q_0\exp\left(-\dfrac{x^2+y^2}{R_0^2(z)}\right) \\ R_0(z)=R_e+\dfrac{R_i-R_e}{z_i-z_e}(z-z_e) \end{cases} \tag{3.31}$$

式中，Q_0 为激光热源中心峰值热流密度；x、y、z 分别为空间坐标值；R_i 和 R_e 分别为上、下表面热源的有效加热半径；z_i 和 z_e 分别为上、下表面对应的 z 方向的坐标值。

激光热源模型如图 3.4 所示。

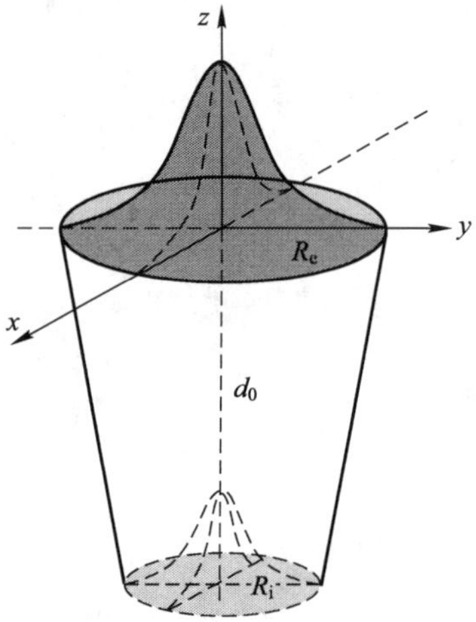

图 3.4 激光热源模型示意图

3. 复合焊接热源模型

激光-电弧复合焊接时，采用以上两个体积热源进行组合和叠加：

(1) 双椭球分布的电弧热源：作用于被焊工件表面。

(2) 激光体积分布热源：作用于熔池表面到工件深处。

热源之间的耦合：通过适当减小双椭球热源参数及适当增加激光热源上下表面半径来反映激光对电弧的收缩和电弧对激光的散焦；依据试验结果适当调节激光热效率(相当于单激光焊接)来反映电弧预热对激光吸收率的影响以及电弧散射激光后造成的热损失；通过调节激光热源上下表面热流峰值比例系数来反映匙孔对激光的侧壁聚焦反应和电弧热流对匙孔壁热流分布的影响。

3.3 电弧熔池的耦合数值分析

3.3.1 基本假设

由于电弧本身复杂的物理过程，加上电弧熔化母材形成熔池过程的复杂冶金反应，使得计算难度加大。本书为了简化计算并得到合理的数学物理模型，现做如下假设：

(1) 电弧处于标准大气压下的导电的纯氩气环境，且不可压缩。

(2) 电弧等离子体处于连续状态和局部热平衡状态。

(3) 电弧是光学薄性质的，即电弧对热量辐射的重新吸收相对于电弧的热量损失可以忽略不计。

(4) 熔池中的自然对流(浮力流)采用 Boussinesq 假设来近似处理；同时将母材视为多孔介质，采用焓-多孔介质方法对母材的熔化加以描述。

(5) 将熔池表面简化为平面，忽略熔池表面变形和高温下金属蒸气对电弧的作用。

3.3.2　控制方程

根据有限体积法的原理，将电弧磁流体运动的各个守恒控制方程简化为式(3.32)的形式加以表示。

$$\frac{\partial(\rho\varphi)}{\partial t}+\nabla\cdot(\rho\boldsymbol{v}\varphi)=\nabla\cdot(\Gamma\nabla\varphi)+\boldsymbol{S} \tag{3.32}$$

式中，t 为时间；$\boldsymbol{S}$ 为能量源项；ρ 为密度；φ 为通用的变量；Γ 为广义扩散系数。

当这些通用变量取不同的计算参数时就得到不同的守恒方程，由此有：

(1) 质量连续性方程：

$$\frac{\partial\rho}{\partial t}+\nabla\cdot(\rho\boldsymbol{v})=0 \tag{3.33}$$

(2) 动量方程：

$$\frac{\partial(\rho\boldsymbol{v})}{\partial t}+\nabla\cdot(\rho\boldsymbol{v}\boldsymbol{v})=\nabla P+\nabla\cdot\boldsymbol{\tau}+\boldsymbol{j}\times\boldsymbol{B}+\rho g+\boldsymbol{S}_{\mathrm{u}} \tag{3.34}$$

(3) 能量方程：

$$\frac{\partial(\rho cT)}{\partial t}+\nabla\cdot(\rho c\boldsymbol{v}T)=\nabla\cdot(k\nabla T)+\boldsymbol{S} \tag{3.35}$$

(4) 电流连续方程：

$$\nabla\cdot\boldsymbol{j}=\nabla\cdot(-\sigma_{\mathrm{e}}\nabla\boldsymbol{\Phi})=0 \tag{3.36}$$

(5) 欧姆定律：

$$\boldsymbol{j}=-\sigma_{\mathrm{e}}\nabla\boldsymbol{\Phi} \tag{3.37}$$

(6) 泊松方程：

$$\nabla^2 \boldsymbol{A} = -\mu_0 \boldsymbol{j} \tag{3.38}$$

$$\boldsymbol{B} = \nabla \times \boldsymbol{A} \tag{3.39}$$

式中，$\boldsymbol{S}$ 为能量源项；T 为温度；ρ 为密度；c 为比热容；μ_0 为真空磁导率；t 为时间；k 为热导率；σ_e 为电导率；$\boldsymbol{S}_u$ 为相变动量源项；$\boldsymbol{A}$ 为磁矢势；$\boldsymbol{\tau}$ 为黏性应力张量；$\boldsymbol{j}$ 为电流密度；$\boldsymbol{B}$ 为磁场通量密度。

$\boldsymbol{\tau}$ 在三维笛卡儿坐标系中可以表示为

$$\tau_{ij} = \begin{cases} \mu\left(2\dfrac{\partial v_i}{\partial x_i} - \dfrac{2}{3}\nabla \cdot \boldsymbol{v}\right), & i = j \\ \mu\left(\dfrac{\partial v_i}{\partial x_j} + \dfrac{\partial v_j}{\partial x_i}\right), & i \neq j \end{cases} \tag{3.40}$$

式中，v_i 为 x_i 方向上的速度；μ 为动力黏度系数。

考虑母材熔化形成熔池的相变过程，会释放较多热量进入熔池，因此必须考虑此部分熔池潜热，推导得到熔池形成过程中的相变动量源项 $\boldsymbol{S}_u$，即

$$\boldsymbol{S}_u = -C\frac{(1-\beta)^2}{\beta^3 + B}\boldsymbol{v} \tag{3.41}$$

式中，B 为一个较小的常数，为了防止分母为零，取 0.0001；C 为一个较大的常数；β 为液相体积分率，表示为

$$\beta = \begin{cases} 0, & T \leqslant T_s \\ \dfrac{T - T_s}{T_l - T_s}, & T_s < T \leqslant T_l \\ 1, & T > T_l \end{cases} \tag{3.42}$$

式中，T_s、T_l 分别为母材固相线和液相线温度。

对于电弧计算域中，电弧能量源项 $\boldsymbol{S}_a$ 计算式为

$$\boldsymbol{S}_a = \frac{\boldsymbol{j}^2}{\sigma_e} + \frac{5k_B}{2e}\boldsymbol{j} \cdot \nabla T - \boldsymbol{S}_r \tag{3.43}$$

式中，σ_e 为等离子体电导率；$\boldsymbol{j}$ 为电流密度；$\boldsymbol{S}_r$ 为辐射损失；k_B 为玻尔兹曼常量；e 为元电荷带电量。

对于熔池形成过程，由于镍基合金良好的电导率，本书计算过程中忽略了母材中的焦耳热。但母材熔化形成熔池时的熔化潜热必须加以考虑，即

$$S_p = \frac{\partial(\rho\beta L)}{\partial t} + \nabla \cdot (\rho \boldsymbol{v} \beta L) \tag{3.44}$$

式中，L 为母材熔化潜热。

熔池流动中的湍流模型为

$$\frac{\partial(\rho K)}{\partial t}+\nabla\cdot(\rho \boldsymbol{v}K)=\nabla\cdot\left[\left(\mu+\frac{\mu_t}{\sigma_K}\right)\nabla K\right]+\rho G_K-\rho\varepsilon \tag{3.45}$$

$$\frac{\partial(\rho\varepsilon)}{\partial t}+\nabla\cdot(\rho \boldsymbol{v}\varepsilon)=\nabla\cdot\left[\left(\mu+\frac{\mu_t}{\sigma_\varepsilon}\right)\nabla \varepsilon\right]+\frac{\varepsilon}{K}(c_1\rho G_K-c_2\rho\varepsilon) \tag{3.46}$$

湍流黏度系数 μ_t 为

$$\mu_t=c_\mu\rho\frac{K^2}{\varepsilon} \tag{3.47}$$

湍流中的热导率 k_t 为

$$Pr_t=\frac{c\mu_t}{k_t}=0.9 \tag{3.48}$$

上述式中，Pr_t 为湍流普朗特数；$c_\mu=0.09$；$c_1=1.44$；$c_2=1.92$；$\sigma_K=1.0$；$\sigma_\varepsilon=1.3$。

3.3.3　计算域模型与求解

上述电弧熔池双向耦合模型的计算域示意图如3.5所示，模型中的钨极尺寸为直径3.2mm，尖端60°，凸台直径1mm；计算弧长3mm，母材厚度5mm，整个柱体求解域半径12mm。

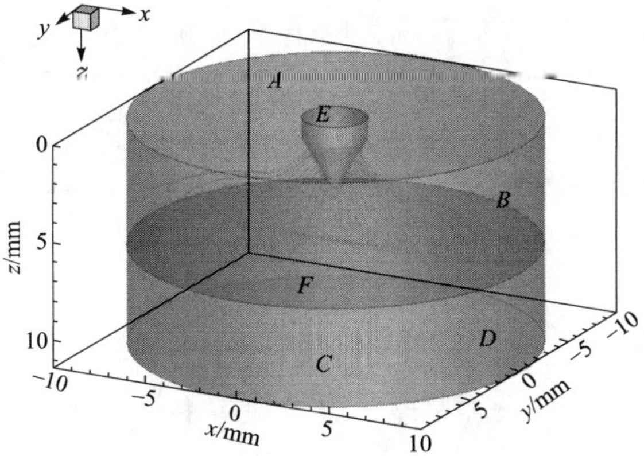

图3.5　电弧熔池双向耦合模型计算域示意图

图3.5中，A 面为氩气入口，给定气体流量10L/min；E 面为钨极截面，设定温度和电流密度；F 面为阳极表面，是钨极和电弧区域界面；B 面为气

体出口；C 面和 D 面为阳极表面，设置为和外界的换热条件，由式(3.49)给出，详细模型边界条件列于表 3.1 中。

$$-k\frac{\partial T}{\partial \boldsymbol{n}}=q_{\mathrm{conv}}+q_{\mathrm{rad}}=-h_{\mathrm{c}}(T-T_{\infty})-\varepsilon_{\mathrm{r}}k_{\mathrm{B}}(T-T_{\infty}^{4}) \tag{3.49}$$

式中，$\boldsymbol{n}$ 为边界的法向量；k 为热导率；h_{c} 为母材的对流换热系数；k_{B} 为玻尔兹曼常量。

表 3.1 电弧熔池耦合计算模型边界条件

区域	v/(m/s)	T/K	$\boldsymbol{\Phi}$/V	$\boldsymbol{A}$/(Wb/m)
A	$v_z=v(x,y)$	$T=T(x,y)$	$\frac{\partial \boldsymbol{\Phi}}{\partial \boldsymbol{n}}=0$	$\frac{\partial \boldsymbol{A}}{\partial \boldsymbol{n}}=0$
B	$\frac{\partial(\rho v)}{\partial \boldsymbol{n}}=0$	$\frac{\partial T}{\partial \boldsymbol{n}}=0$	$\frac{\partial \boldsymbol{\Phi}}{\partial \boldsymbol{n}}=0$	$\frac{\partial \boldsymbol{A}}{\partial \boldsymbol{n}}=0$
C	—	式(3.50)	$\frac{\partial \boldsymbol{\Phi}}{\partial \boldsymbol{n}}=0$	$\frac{\partial \boldsymbol{A}}{\partial \boldsymbol{n}}=0$
D	—	式(3.50)	0	$\frac{\partial \boldsymbol{A}}{\partial \boldsymbol{n}}=0$
E	—	1800	$-\sigma\frac{\partial \boldsymbol{\Phi}}{\partial \boldsymbol{n}}=\frac{I}{\pi r^2}$	$\frac{\partial \boldsymbol{A}}{\partial \boldsymbol{n}}=0$
F	—	式(3.51)和式(3.52)	$\frac{\partial \boldsymbol{\Phi}}{\partial \boldsymbol{n}}=0$	$\frac{\partial \boldsymbol{A}}{\partial \boldsymbol{n}}=0$

事实上，电弧熔池耦合计算的热场和流场的计算结果主要取决于采用的算法和网格划分。

在阳极表面 C 面即电弧和阳极的界面上，存在复杂的传热机制。电弧对阳极母材的加热作用主要表现为电子流所携带的热流，等离子体的辐射加热和对流加热，而阳极母材蒸发导致的热量损失相比很小，因此可以忽略该部分热量损失。电弧对于阳极的加热作用主要由热传导、电子输运焓和表面能量辐射损失构成，即

$$q_{\mathrm{a}}=-k\frac{\partial T}{\partial z}+|\boldsymbol{j}_z|\frac{\Phi_{\mathrm{a}}}{e}-\varepsilon_{\mathrm{r}}\sigma T^{4} \tag{3.50}$$

熔池动量边界条件：

x 方向上：
$$\boldsymbol{\tau}_x=\boldsymbol{\tau}_{\mathrm{p}x}+\boldsymbol{\tau}_{\mathrm{m}x}=-\mu_{\mathrm{p}}\frac{\partial \boldsymbol{v}_x}{\partial z}+\frac{\partial \boldsymbol{\gamma}}{\partial T}\frac{\partial T}{\partial x} \tag{3.51}$$

y 方向上：
$$\boldsymbol{\tau}_y=\boldsymbol{\tau}_{\mathrm{p}y}+\boldsymbol{\tau}_{\mathrm{m}y}=-\mu_{\mathrm{p}}\frac{\partial \boldsymbol{v}_y}{\partial z}+\frac{\partial \boldsymbol{\gamma}}{\partial T}\frac{\partial T}{\partial y} \tag{3.52}$$

式中，$\boldsymbol{\tau}_{\mathrm{p}}$ 为等离子流的剪切力；$\boldsymbol{\tau}_{\mathrm{m}}$ 为表面张力梯度作用的 Marangoni 力；$\boldsymbol{\gamma}$ 为表面张力；μ_{p} 为等离子体黏度系数。

3.3.4　电弧熔池耦合温度场

图 3.6 为电弧焊接 3s 时 xoz 平面上的温度场分布情况。可以看出，焊接过程中稳定燃烧的 3mm 电弧呈现出典型的钟罩形状分布，在靠近钨极尖端(阴极)区域 0.5mm 左右的位置，电弧温度达到最大值 17595.4K。出现这种现象的原因在于，电流有垂直于钨极尖端和工件表面的流动倾向，而这实际上是由电弧等离子体在电磁场中的受力和运动决定的。电流产生磁场，磁场和电场耦合产生电磁力，沿着钨极尖端的圆锥面驱动离子体，向下的动量引起高温离子体冲向工件表面，并沿工件表面向外延伸，如此产生了钟罩形之间的电弧。由于阳极和阴极的电导率差异很大，在阴极和阳极之间出现了较大的温度梯度，电弧温度在阴极区域最高，并且由阴极至阳极沿着径向逐渐发散开来，呈现逐渐减小的趋势。

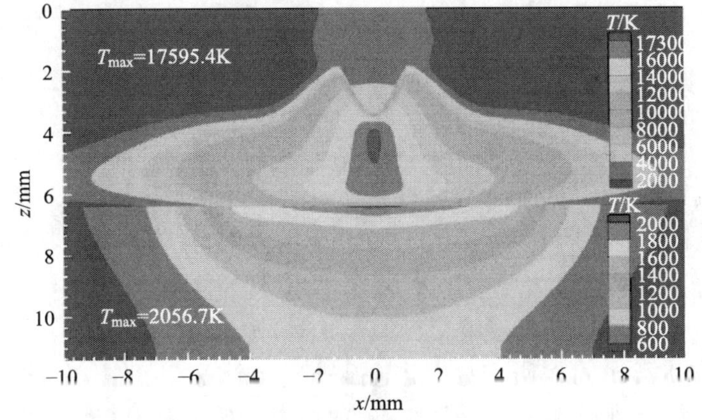

图 3.6　电弧焊接温度场分布(见文后彩图)

由于焊接母材的热导率较小，加之等离子体运动过程中向周围环境辐射能量造成的能量损失，使得熔池温度场的温度梯度较小，故熔池等温线较为平缓，熔池的最高温度出现在阳极表面位置，为 2056.7K。可以看出电弧焊接熔池为典型的熔深小、熔宽大形貌。

3.3.5　电弧熔池耦合流场

图 3.7 为电弧焊接 3s 时 xoz 平面上的速度场分布情况。由于在阴极和阳极出现了较大的温度梯度，阴极和阳极具有很大的热流密度对流。熔池中的流动模式为由内向外，并且最大流动速度达到了 0.12m/s。熔池受

力状态是产生此种流动模式的原因，如图 3.7 所示，电弧等离子体作用于熔池表面产生等离子流拉力，主要造成熔池表面下凹，而 Marangoni 力主要作用在切向，由熔池中心指向四周，引起熔池中的熔化金属自中心向四周的流动。在这种流动模式下，熔池中心大部分的热量被对流传递到熔池的边缘位置，造成熔池进一步向外扩展，而通过热传导由熔池表面直接向下传递的热量只有很小一部分，如此形成了浅而宽的焊接熔池形貌。

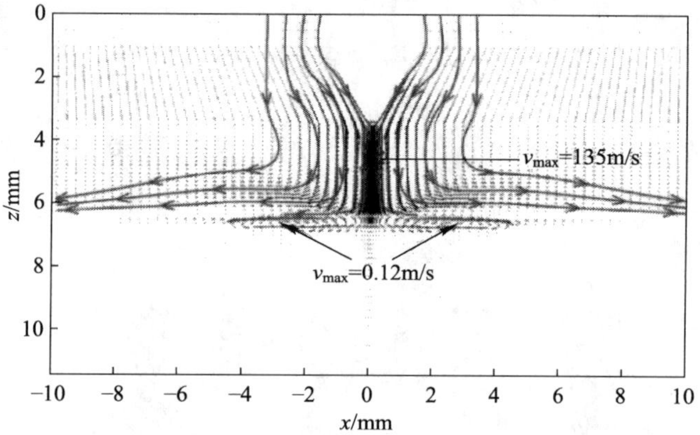

图 3.7　电弧焊接速度场分布

在电磁力、焦耳热热流、Marangoni 力、等离子流拉力和 Boussinesq 浮力的共同作用下，形成图 3.8 所示的熔池受力和热流分布情况。可以看出，电弧等离子体在电场和磁场的共同作用下，由阴极附近向阳极表面高速运动。由于阳极表面的阻碍作用，当电弧等离子体运动到阳极表面附近时，速度迅速减小并向外围运动，造成等离子体在阳极表面附近的流动速度很小，此种速度梯度产生了作用在熔池（阳极）表面的等离子流拉力。

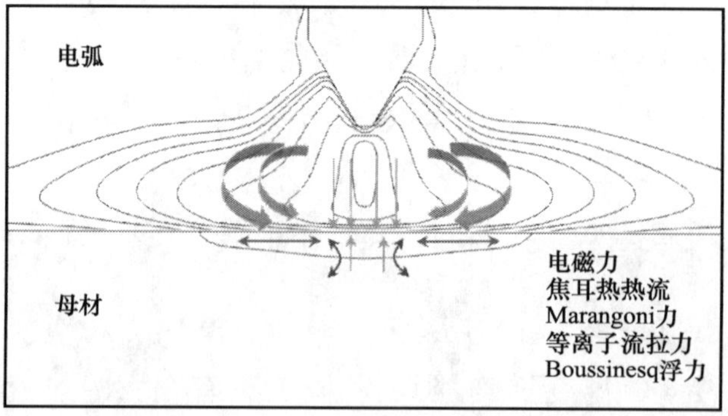

图 3.8　电弧焊接熔池受力及焦耳热热流方向（见文后彩图）

3.4　激光-电弧复合焊接的温度场模拟

3.4.1　激光-电弧复合焊接热源模型

激光-电弧复合焊接过程中电流/电压输出近似为随时间变化的方波。在焊接电流/电压输出峰值时，焊丝被加热熔化并向熔池过渡；在焊接电流/电压输出基值时，电弧维持稳定。合理控制脉冲频率和送丝速度，可以得到一脉一滴的稳定熔池过渡，实现较好的焊缝成形。

因此，根据激光-电弧复合焊接的能量输出特点，采用以下复合热源。

1）焊接电弧带入热量

脉冲焊接时，以脉冲基值输出维持电弧稳定燃烧，脉冲峰值输出熔化焊丝并过渡至熔池，因此电弧输入功率由总的热输入减去焊丝熔化功率来获得，即

$$Q_a = \eta(UI - Q_m) \tag{3.53}$$

式中，Q_a、Q_m 分别为电弧和熔滴的热输入；U、I 为脉冲焊接平均电压和平均电流。

本书采用双椭球热源表征电弧的热流分布，该电弧热源同时作用于母材和熔池，即

$$q_a(x,y,z,t) = \begin{cases} \dfrac{6\sqrt{3}f_f Q_a}{ab_f c\pi\sqrt{\pi}}\exp\left(-\dfrac{3x^2}{a^2}\right)\exp\left[-\dfrac{3(y-v_{weld}t)^2}{b_f^2}\right]\exp\left(-\dfrac{3z^2}{c^2}\right), & y \geqslant v_{weld}t \\ \dfrac{6\sqrt{3}f_r Q_a}{ab_r c\pi\sqrt{\pi}}\exp\left(-\dfrac{3x^2}{a^2}\right)\exp\left[-\dfrac{3(y-v_{weld}t)^2}{b_r^2}\right]\exp\left(-\dfrac{3z^2}{c^2}\right), & y < v_{weld}t \end{cases} \tag{3.54}$$

式中，a、b_f、b_r、c、f_f、f_r 为热源参数，分别为双椭球热源的宽度、前后长度及深度方向的半轴尺寸；v_{weld} 为焊接速度；x、y、z 为空间坐标值。

2）熔滴带入热量

熔滴热输入为

$$Q_m = \rho_w \pi r_w^2 v_{wire} H_d \tag{3.55}$$

式中，ρ_w 为焊丝密度；r_w 为焊丝半径；v_{wire} 为送丝速度；H_d 为焊丝熔化热焓，焊丝从常温加热至 2000℃时 H_d=2638J/g。

当熔滴过渡至具有快速搅拌效应的熔池时，热量快速均匀化，即熔滴带入热量分布于熔池范围。同样假设熔滴热输入在沿焊接方向上的分布类似

于双椭球热源，表现为前端压缩、后端拉长的高斯分布，该熔滴热源仅作用于焊缝，即

$$q_{\rm m}(y,t)=\begin{cases}\dfrac{f_{\rm f}Q_{\rm m}}{\sqrt{2\pi}A_{\rm m}b_{\rm f}}\exp\left[-\dfrac{(y-v_{\rm weld}t)^2}{2b_{\rm f}^2}\right], & y\geqslant v_{\rm weld}t\\ \dfrac{f_{\rm r}Q_{\rm m}}{\sqrt{2\pi}A_{\rm m}b_{\rm r}}\exp\left[-\dfrac{(y-v_{\rm weld}t)^2}{2b_{\rm r}^2}\right], & y< v_{\rm weld}t\end{cases} \tag{3.56}$$

式中，$A_{\rm m}$ 为熔池截面积。

3) 激光带入热量

采用式(3.31)所示的激光体积热源用来表征激光热源带入的热量。

3.4.2 计算模型及边界条件

激光-电弧复合焊接温度场的计算采用三维网格模型，焊缝划分如图 3.9 所示。

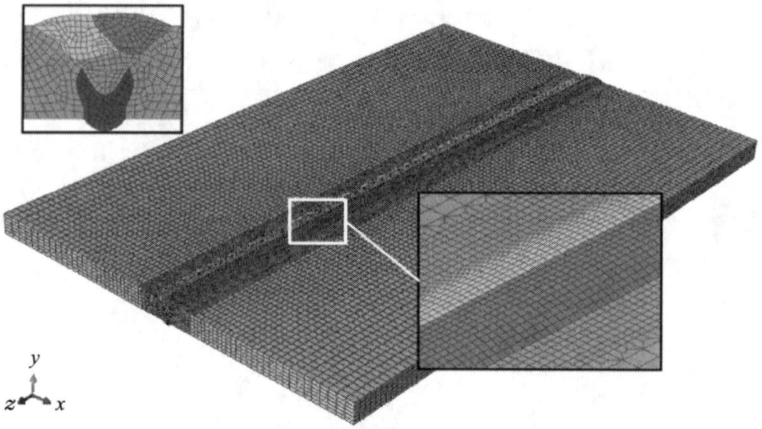

图 3.9　网格模型

焊接时选用 Al-Mg-Zn 铝合金和 ER5356 焊丝。其中，母材 Al-Mg-Zn 铝合金的液相温度 $T_{\rm l}=661$℃，固相温度 $T_{\rm s}=617$℃，相变潜热为 387J/g；焊丝 ER5356 的液相温度 $T_{\rm l}=661$℃，固相温度 $T_{\rm s}=617$℃，相变潜热为 387J/g。

焊接温度场计算时，环境温度设置为 20℃。每道次焊接时的分析步，坡口及试板外表面都设置为对流辐射换热边界，其中对流辐射换热系数为

$$h = h_0 + \varepsilon k_B (T - T_0)(T^2 + T_0^2) \tag{3.57}$$

式中，ε 为辐射系数，为 0.8；k_B 为玻尔兹曼常量，为 5.67^{-8} W/(m^2·K^4)；T_0 为室温；h_0 为室温下的对流换热系数，本书设试板底面 h_0=400J/(m^2·s·K)(考虑和工作台之间的接触换热)，其他换热表面 h_0=30J/(m^2·s·K)。

3.4.3　激光-电弧复合焊接的温度场分布

按照表 3.2 所示焊接工艺参数进行激光-电弧复合焊接有限元温度场计算，得到的熔池温度场分布如图 3.10 所示。由于考虑了焊件与工装之间的换热效应，工作台和夹具之间的传热比空气换热更明显。对比计算得到的熔池轮廓形状和试验的焊缝形状可知，该复合体热源得到的温度场分布和试验吻合较好。通过该复合热源的应用，综合考虑了不同坡口及焊道下熔池的形状效应，降低了由熔池的流体分布造成的焊接热源参数校准难度，并提高了焊缝温度计算的准确性。

表 3.2　焊接工艺参数

焊接道次	焊接电流 I/A	焊接电压 U/V	激光功率 /P/kW	焊接速度 v_{weld}/(m/min)	送丝速度 v_{wire}/(m/min)	摆动宽度 d/mm	焊丝直径 Φ/mm
1(打底)	257	25.2	3.0	0.48	10	0	1.6
2(填充)	252	26.1	1.5	0.48	10	0	1.6
3(盖面)	238	25.7	1.5	0.42	9.5	4	1.6
4(盖面)	237	25.8	1.5	0.42	9.5	4	1.6

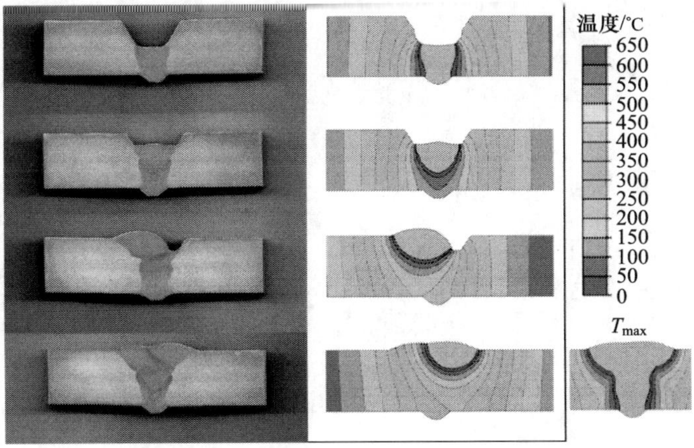

图 3.10　焊缝截面与计算得到的熔池温度场对比(见文后彩图)
(每道温度场分布及最高温度分布)

3.5　大型结构激光-电弧复合焊接的有限元分析

3.5.1　试验条件及数值模型

针对大型结构激光-电弧复合焊接的有限元模拟，本节将以一种枕梁车体结构为例，介绍局部接头焊接模拟，并和固有应变方法相结合的处理方法。

(1) 首先针对不锈钢枕梁存在的激光-电弧复合焊接接头建立有限元模型，如图 3.11 所示。

(2) 采用复合热源模拟激光-电弧复合焊接温度场分布，复合热源采用激光旋转体热源和双椭球热源组合。其中激光热源的数学模型见式(3.31)，电弧热源采用双椭球热源，其热源公式见式(3.30)。双椭球热源的热流分布如图 3.3 和图 3.4 所示。

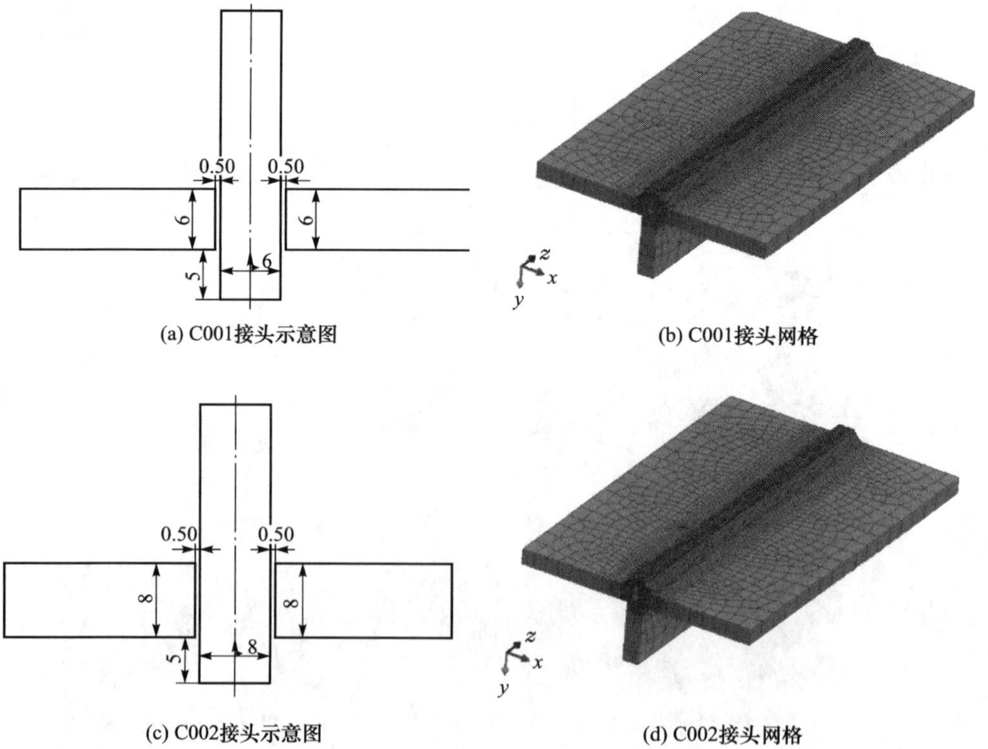

(a) C001接头示意图　(b) C001接头网格

(c) C002接头示意图　(d) C002接头网格

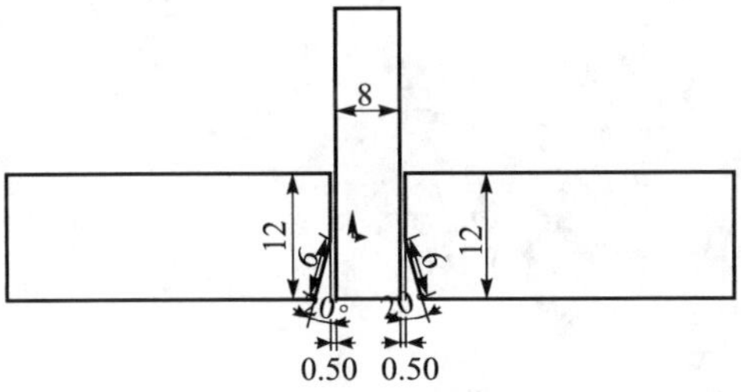

(e) C003接头示意图

(f) C003接头网格

图 3.11　局部接头有限元模型(单位:mm)

(3) 边界条件:焊件表面采用辐射对流换热,环境温度为 25℃,且初始温度为 25℃。

(4) 局部接头的焊接过程计算:采用热弹塑性有限元模拟激光-电弧复合焊接局部接头的应力及变形过程。

(5) 车体结构焊接的固有应变法计算:对激光-电弧复合焊接接头的计算结果提取接头固有应变,根据实际的焊接工序和焊接工装约束,加载至枕梁结构的焊缝处,实现结构的整体变形及应力分布。

3.5.2　激光-电弧复合焊接接头的温度场分布及固有应变提取

图 3.12 为三种典型局部接头的激光-电弧复合焊接热源温度场模拟结果。

由图 3.12 可以看出,复合热源在行走过程中保证了焊缝熔池的宽度。熔池最高温度约为 3000℃,与实际热源的中心温度接近。为了进一步研究复合热源模型的合理性和有效性,除了上述观察复合热源在典型接头焊接过程中的移动形貌外,还分别提取了 C001、C002、C003 三种接头热源移动过程中的截面图,并与实际焊缝截面形貌进行比较,如图 3.13 所示。

由图 3.13 可以看出,三种典型接头的实际熔池形貌和复合热源焊缝熔池形貌拟合度较高,虽然焊缝截面局部存在差异,但是焊缝宽度和熔深的误差很小。经过综合分析可以证明,高斯旋转体热源和双椭球热源的复合效果可以有效地拟合激光-电弧复合焊接,同时也验证了焊接变形有限元模拟的可行性及准确性。

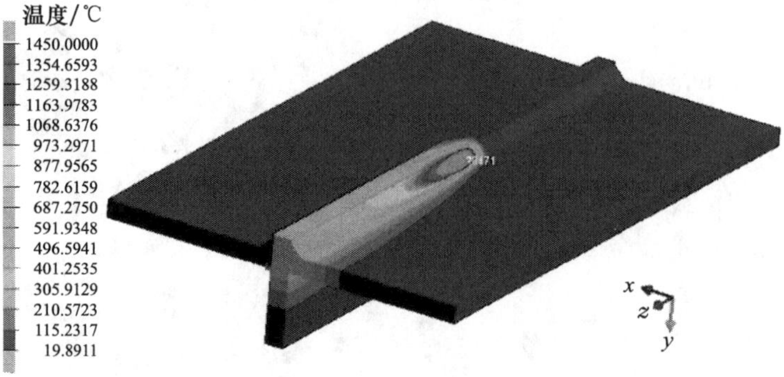

(a) C001接头

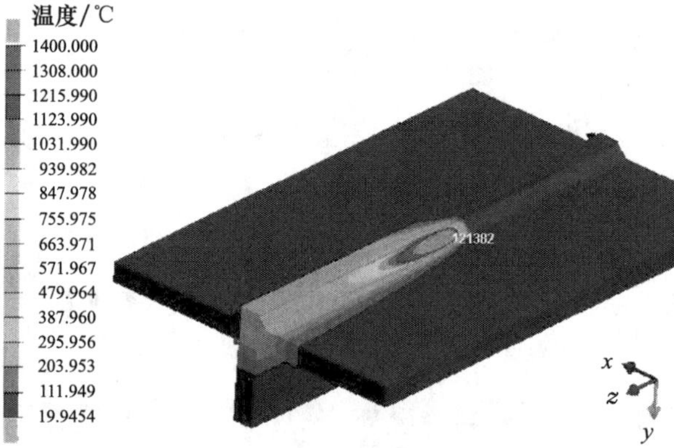

(b) C002接头

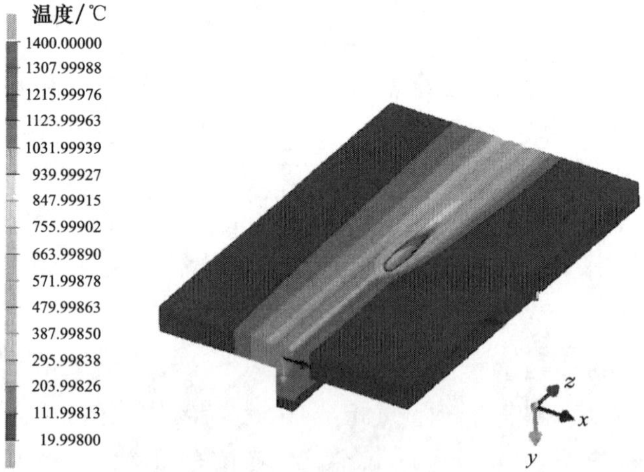

(c) C003接头

图 3.12 激光-电弧复合焊接热源温度场(见文后彩图)

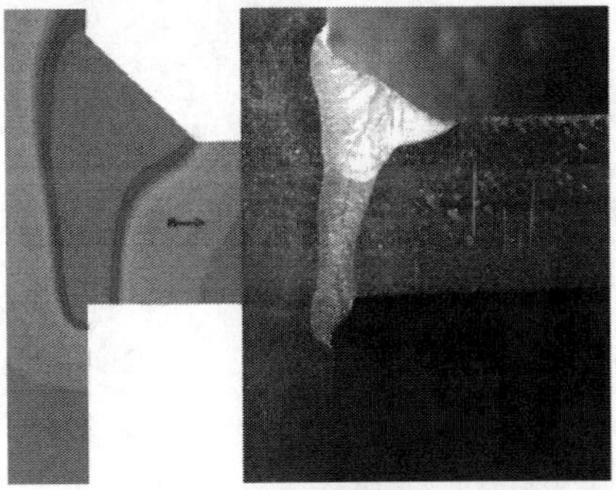

(a) C001接头

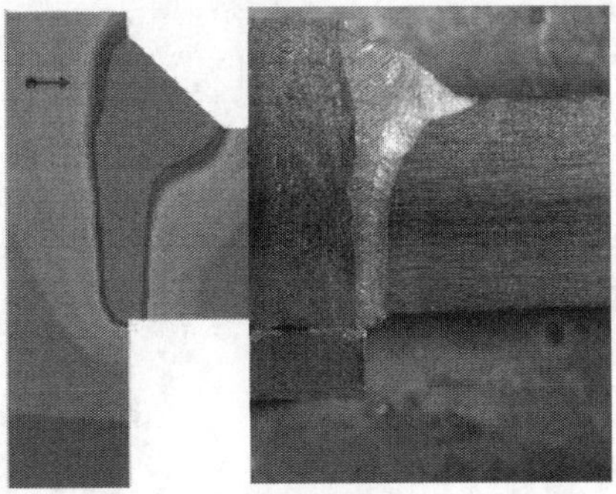

(b) C002接头

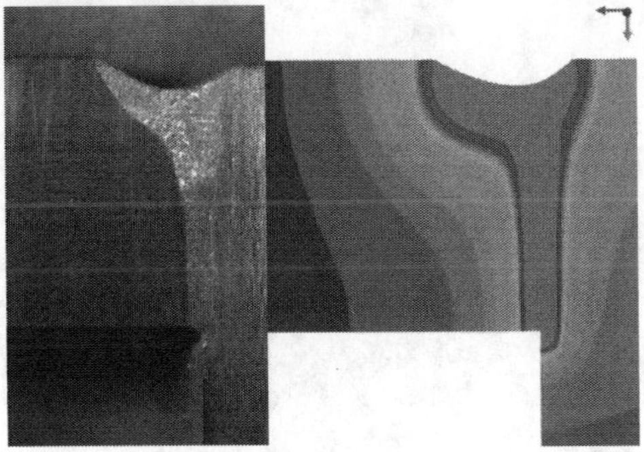

(c) C003接头

图 3.13　焊缝截面形貌(见文后彩图)

由于固有应变主要分布在焊缝及其附近区域,采用如图 3.14 所示的小区域进行固有应变值的提取,该区域内所有节点等效应变的平均值作为焊接过程的固有应变值。对于三种典型插接焊缝,为了便于后续的计算和提高仿真变形的精度,固有应变值取每种典型接头两道焊缝的平均值。最后计算得到枕梁结构主要焊缝的固有应变值,如表 3.3 所示。

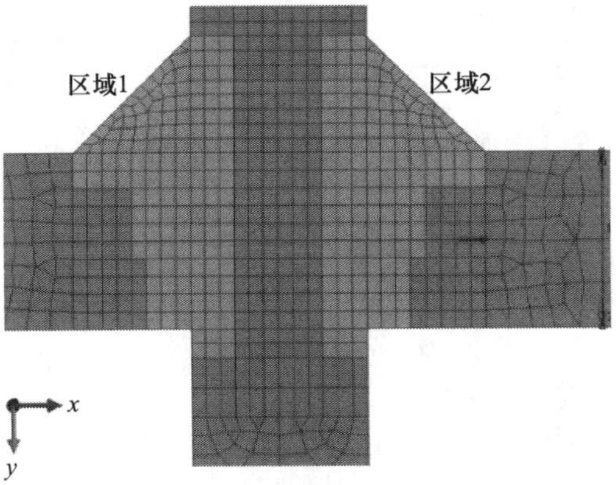

(a) C001接头

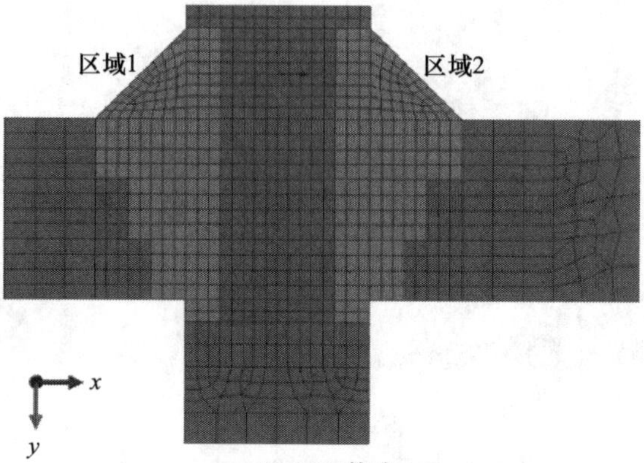

(b) C002接头

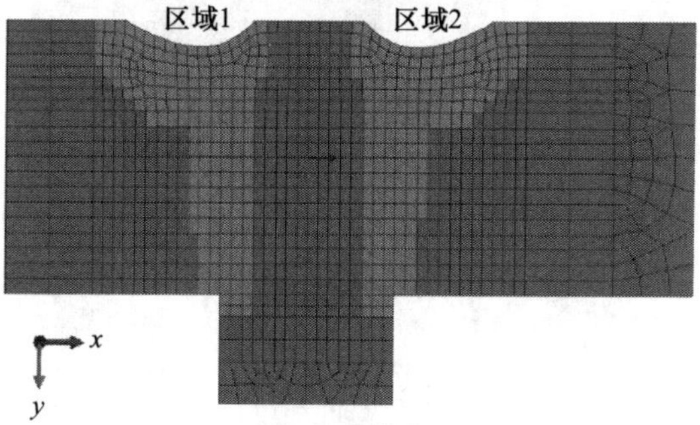

(c) C003接头

图 3.14　典型接头固有应变提取区

表 3.3　枕梁结构主要焊缝的固有应变值

焊缝类型	固有应变值
C001	0.0683
C002	0.0774
C003	0.0836

3.5.3　大型结构激光-电弧复合焊接的变形分布

将表 3.3 中提取的固有应变值，根据实际的焊接顺序和焊接工装约束，施加到相应类型的焊缝中。经求解计算得到枕梁焊接的变形云图，如图 3.15 所示。

由图 3.15 可以看出，枕梁在 x 向收缩的最大变形部位分布在枕梁下盖板上的底座固定孔边缘处，最大变形为 3.863mm；枕梁在 y 向的焊接残余变形呈对称分布，最大变形分布在上下盖板边缘处。

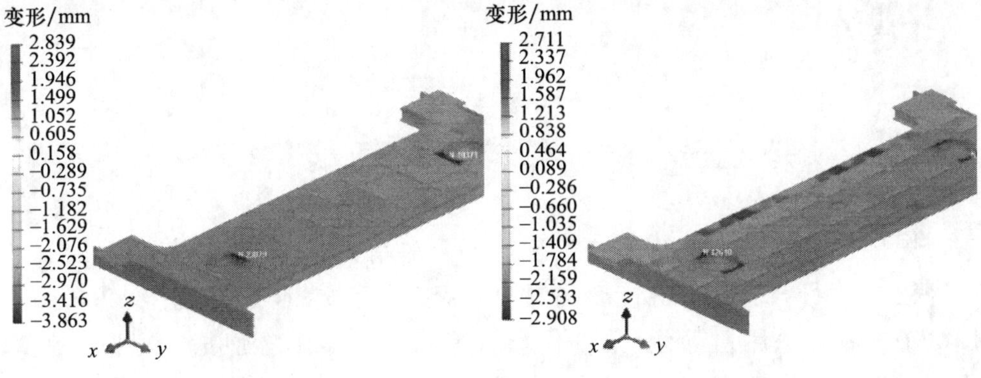

(a) x 向　　(b) y 向

图 3.15　枕梁焊接变形云图

参考文献

[1] 武传松. 焊接热过程与熔池形态. 北京：机械工业出版社，2008.

[2] Rosenthal D. Mathematical theory of heat distribution during welding and cutting. Welding Journal，1941，20(5)：220-234.

[3] Rosenthal D. The theory of moving sources of heat and its application to metal treatments. Transactions of ASME，1946，68：849-866.

[4] Rykalin N N，Uglov A A. Some characteristics of heat sources for laser welding. Welding Production，1969，16(5)：1-5.

[5] Rykalin N N，Uglov A A. On the heating of anisotropic materials by bulk heat sources. Fizikai Khimiya Obrabotki Materialov，1971，4：9-13.

[6] 傅建，彭必友，曹建国. 材料成形过程数值模拟. 北京：化学工业出版社，2009.

[7] Turner J S. Buoyancy Effects in Fluid. Cambridge：Cambridge University Press，1979.

[8] Hong K，Weckman D C，Strong A B，et al. Vorticity based turbulence model for thermofluids modelling of welds. Science and Technology of Welding and Joining，2003，8(5)：313-324.

[9] Chu M L，Brown S J，Belding W G，et al. ASM Handbook of Engineering Mathematics. American Society for Metals，1983.

第 4 章　激光焊接过程智能化系统

焊接技术已从原始的操作技艺上升为系统的技术科学,并涉及信息学科等领域。由于现代高科技产品具有复杂性、高质量、个性化需求的特点,焊接工艺制造采用自动化、柔性化与智能化的技术途径已成为必需。就取代人工焊接操作而言,现代焊接制造技术系统的主要功能在于取代或部分取代焊工的体力与智力行为。

4.1　智能化和信息化在激光焊接过程中的应用

4.1.1　智能化焊接的概念

基于计算机、控制等信息处理技术,将人工智能与焊接工艺有机结合,实现智能化焊接技术(intelligentized welding technology,IWT)[1]。IWT 的含义是:利用机器模拟和实现人的某些智能行为,并通过该机器实施焊接工艺制造的技术。智能焊接属于智能制造的范畴,旨在焊接加工过程中对相关机器与构件进行智能化、信息化升级。智能焊接以传感-决策-执行为着眼点,并据此对焊接过程参数进行监测与控制。一方面,智能焊接强调在加工过程中引入信息流,通过安装多种传感器的方式,更全面、具体地获取加工过程信息,从而认识加工过程;另一方面,智能焊接强调信息与人之间的转换与融合,从而实现智能焊接加工系统与系统操作者之间的人机交互。

智能化焊接的主要技术包括:采用智能化途径进行焊接工艺规划、焊接设备传感与检测、信息处理、知识建模、焊接过程控制、机器人运动控制、复杂系统集成设计。

以人工智能技术为核心形成的现代焊接制造工程,称为智能化焊接制造工程(intelligentized welding manufacturing engineering,IWME),其目的是将焊工操作的智能、体能行为用机器模拟并实现实际的焊接制造工程,所涉及的主要问题是焊工智能行为,如视觉感觉、经验判断、知识提取、决策控制等基本人工智能技术。通过建设工业信息网络架构、各设备关键数据采集与状态监控、智能化物流、各设备互联互通、质量管控体系，实现了采用智能激光焊接系统进行转向架关键部件的生产，如图 4.1 所示。

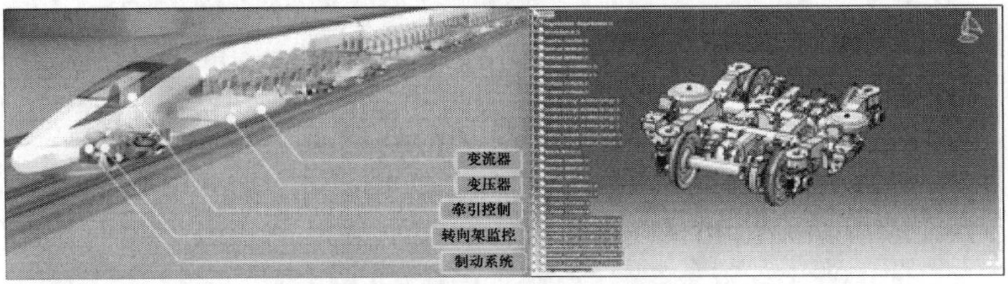

(a) 转向架各主要部件数字化模型

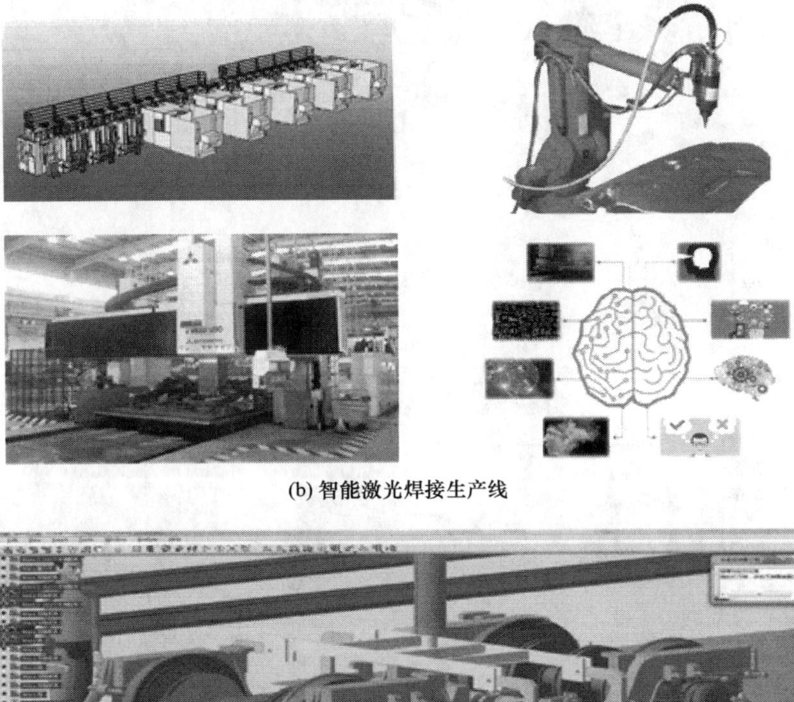

(b) 智能激光焊接生产线

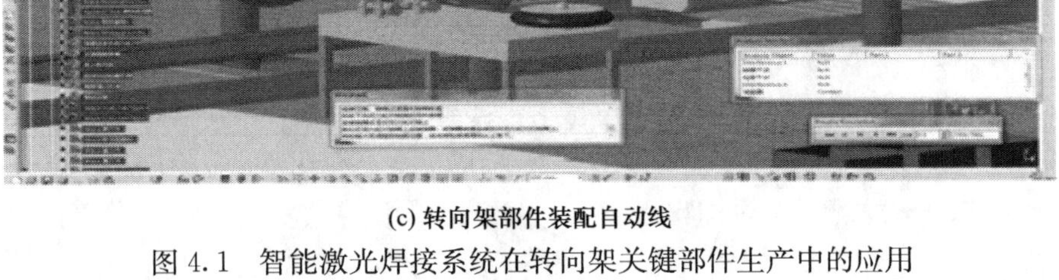

(c) 转向架部件装配自动线

图 4.1　智能激光焊接系统在转向架关键部件生产中的应用

4.1.2 转向架智能激光焊接系统

高速列车转向架组成包含构架、车轴、轴箱体、车轮。针对不同的构架要素,需要建立不同的智能激光焊接系统支撑转向架的智能制造。转向架是高速列车的走行机构,主要作用为车辆承载、减振、牵引、制动。转向架制造质量直接影响车辆安全,构架、车轴、车轮、轴箱体是转向架核心承载部件,承受着源自车体及轨道的旋转弯曲载荷、扭转载荷、垂向载荷、横向载荷等各种载荷,并在承受列车重量的同时,给列车传递动力。高速列车转向架智能生产线如图 4.2 所示。

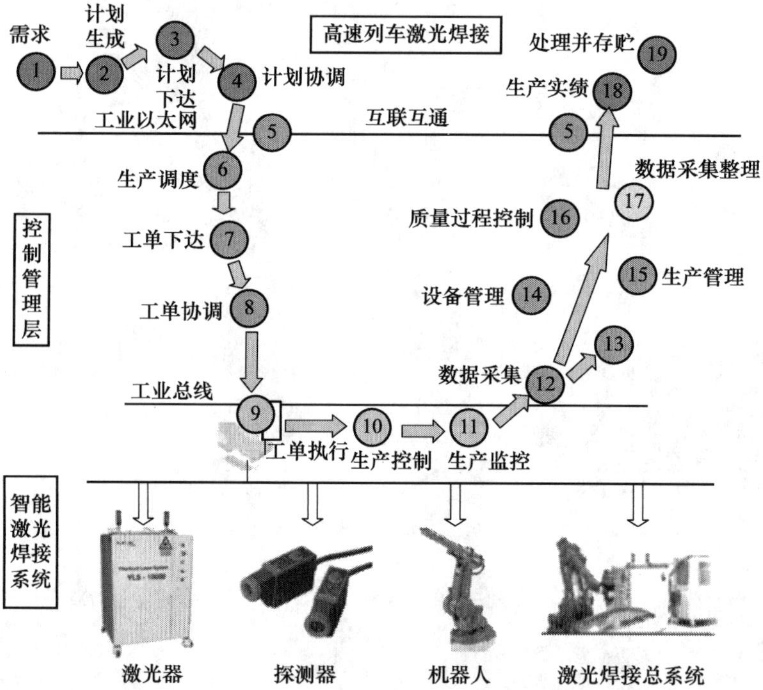

图 4.2　高速列车转向架智能生产线

构架智能激光焊接有两条柔性焊接生产线,主要用于实现构架的智能化焊接,如图 4.3 所示。生产线具备以下智能化特征:

(1) 基于转向架构架焊接的全信息管控技术。整体功能结构主要包括自动上下料、自动定位、自动夹紧、工作站的自动交换、自动调用激光焊接数控程序、基于机器的自动焊接系统。实现机械手焊接过程信息、物流系统异常信息、机械手反馈信号、AGV 状态、位置,作业单元的进料、出料自动统计，构架焊接全工序的管理及质量记录和追溯。采用响应式物流系统设计，提高焊接生产线柔性响应，采用嵌入式硬件开发，通过逻辑时序完成部件的传输响应，形成节拍式生产模式。

图 4.3　高速列车转向架构架激光焊接生产线

(2) 转向架焊接过程的互联互通技术。转向架构架制造自动化生产线具有独立的中央控制系统，向上与公司生产执行系统相连，并上传上层系统所需数据；向下通过工业以太网将各生产线串通连接并进行集中控制。通过采用 Profibus 总线、Devicenet 总线、Internet 总线、蓝牙通信等技术，解决人工作业胎位、物料信息胎位、机械手作业胎位等出现的生产异常问题，实现信息交互与共享，调整自动化物流与产品质量造成的相关综合性问题。

(3) 机械手与先进焊接电源系统的单元控制及多机协调控制技术。基于西门子可编程逻辑控制器(PLC)总控系统 S7-400 及人机界面，其控制在于安排整个智能化管理的时间、步骤、过程管理及生产。建立多机械手协调运动控制系统，实现焊接机械手、监测机械手、预组工装等的多机协调运动，并完成基于人机界面及 PLC 控制的 S7-400 总控管理。

(4) 构架焊接生产线的虚拟制造技术。焊接工艺模拟和焊接加工过程仿真、设备及机械手运动仿真、生产制造系统的静态仿真和动态仿真，构建产品模型、过程模型、活动模型和资源模型等不同的仿真模型；建立统一的高度逼真的三维可视化交互式环境虚拟设计制造环境；实现虚拟制造环境中数据交换；根据不同的仿真需求完成不同层次的设计、分析和仿真活动；分析软件应具有较高的通用性和运算效率，以适应不同类型的分析、优化和规划算法。虚拟焊接制造环境是构建虚拟焊接制造系统的前提，主要包含以下软硬件平台：硬件 HP 图形工作站、设计软件（Pro/E、SYSWELD）、工艺分析软件（焊接过程三维有限元仿真系统）、优化分析软件（MATLAB、OptQuest）、仿真软件（IGRIP）等。

智能激光焊接系统各个车间按照车间级的工业以太网结构部署网络，系统布局如图 4.4 所示。各个车间都通过防火墙与信息系统隔离，由信息系统统一分配访问策略。建设工厂级的生产指挥中心，生产指挥中心中包含工厂级生产监控系统，综合调配全厂的资源、实时了解全厂各个车间的生产状况。

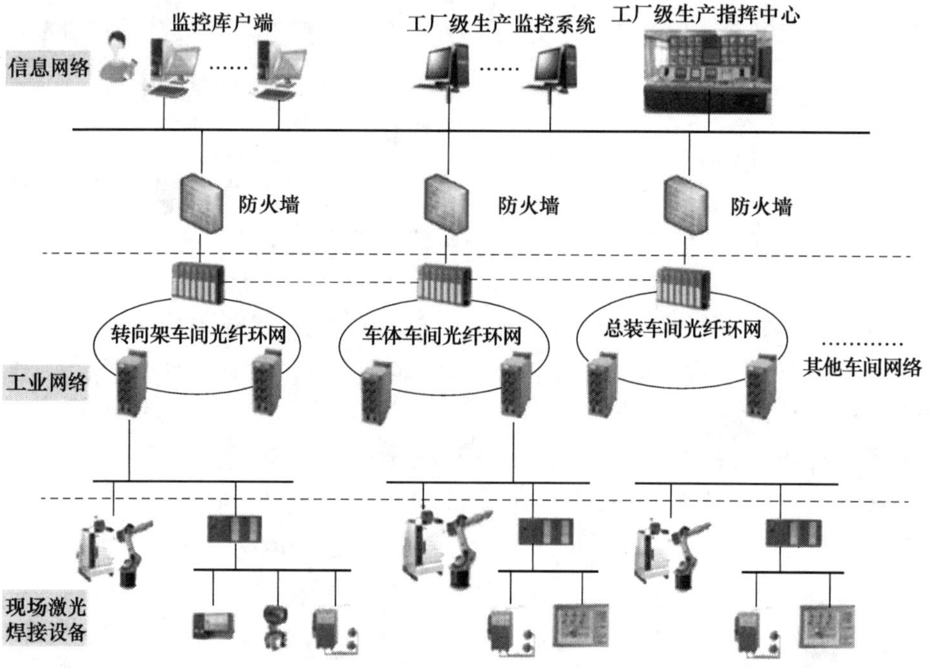

图 4.4　智能激光焊接系统布局

智能激光焊接中控系统集成方式结构如图 4.5 所示，现场各个自动化设备需要配置专用的中控系统用于数据交互。上游信息系统只与各个自动化设备或生产线的中控系统交互数据，其交互方式需要支持基于 MQ、Web-service、JMS 等数据通信方式，并需要支持基于企业服务总线（enterprise service bus，ESB）的企业数据集成方式。

中控系统接收到上游信息系统，如制造执行系统（manufacturing execution system，MES），下达的订单与工艺等数据后，存放于中控系统中，再将集成的数据转化为针对设备的控制指令传递给现场的自动化设备。现场执行的数据及时汇总到中控系统中，再根据采集数据的重要程度实时或定时发送给上游的信息系统。中控系统需要将采集的设备故障等信息翻译成企业标准的名称(如故障代码)，并传递给上游的信息系统。

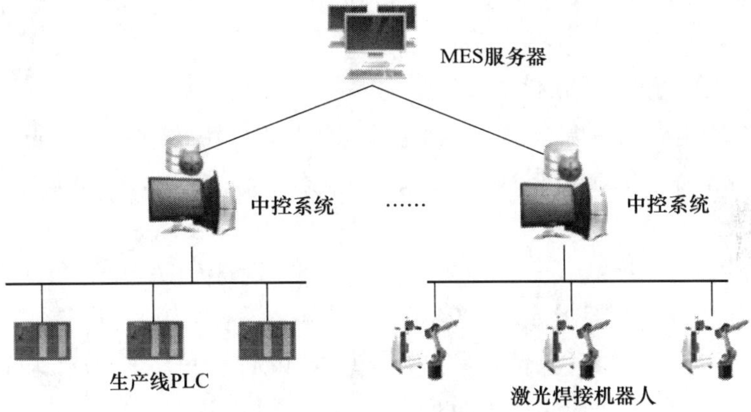

图 4.5　智能激光焊接中控系统集成方式结构

一般设备的采集方式不同，数据采集与控制方式也不同，针对基于信息化的不同设备，需要进行规划，如图 4.6 所示。针对不同的设备，一般有以下特征：

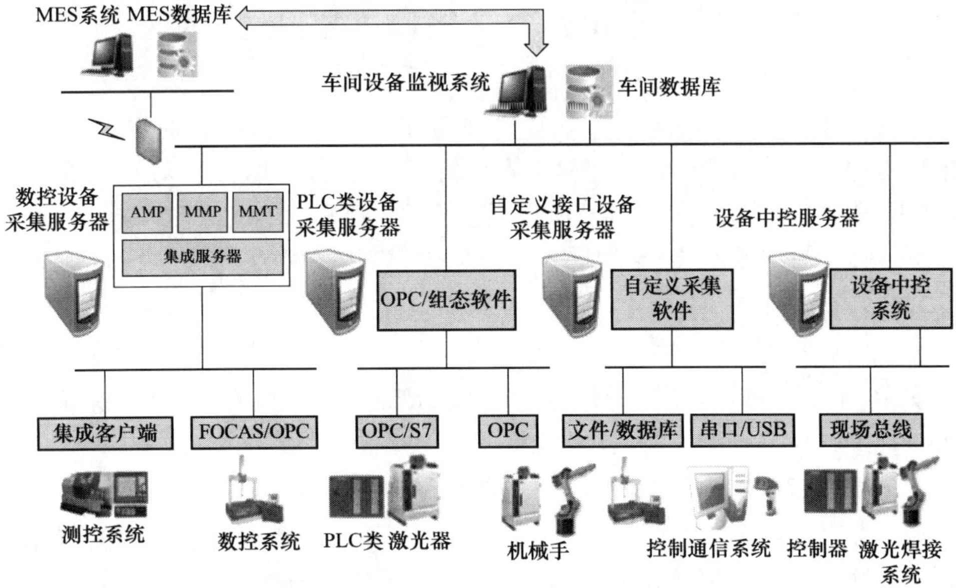

图 4.6　数据采集与控制-接口实现方式

(1) 数控类设备采集方式。目前数控设备主要采用以西门子、发那科为核心的控制系统,西门子设备通过内部协议来采集,包含监控模块(AMP)、程序管理模块(MMP)和刀具模块(MMT);发那科系统的数控产品通过机床通信协议 FOCAS 或者 OPC 进行通信。

(2) PLC 类设备采集方式。PLC 设备可以采用 Siemens S7 协议或者 OPC 接口采集现场的数据。采集软件可以采用西门子的 WinCC 组态软件或者其他 OPC 服务器软件。

(3) PC 类设备采集方式。目前现场的质检设备大多数是个人计算机,可以通过文件传送方式、数据库方式、报文传送方式或者 Web Service 方式进行数据交互。

(4) 设备中控系统采集方式。高铁生产商计划采用自动化程度较高的生产线,整条生产线由该生产线的中控系统控制,则上层信息系统可以直接和中控系统进行通信。消息类数据可以通过报文传送或者 Web Service 方式进行数据交互,实时监控类数据可以通过 OPC 方式进行数据交互。

(5) MES 系统可以通过网络直接与底层设备或者中控系统进行通信,也可以与设备监控系统进行数据交互。

4.2 激光-电弧复合焊接过程视觉监测

随着我国高速列车生产规模和制造水平的大幅度提高,其在国际市场上的竞争力也不断增强。然而高速列车事业的快速发展对转向架或车体的安全服役可靠性及全寿命周期提出了更高的要求。焊接技术作为高速列车结构连接的关键手段,在高速列车制造过程及关键结构件服役性能中起着至关重要的作用。

一般来说,影响焊接质量的因素众多,其内在因素有焊接电参数、电弧形态、熔滴过渡行为;外在因素有焊接坡口形式及尺寸的均匀性、焊枪与焊缝对中一致性等。上述影响因素将直接决定焊缝成形、熔透及内部缺陷。实际焊接过程中,不可避免地存在焊接电流和电压的波动、电弧形态及熔滴过渡行为的不稳定、焊接坡口加工尺寸不一致及焊接热变形引起的焊枪与焊缝不对中问题。因此,必须对焊接过程进行在线监测。

4.2.1　激光焊接熔池形态监测技术

在自动化焊接过程中，如何实现良好的焊接过程状态监测并有效地监控及评价焊缝质量，对焊接自动化、智能化的推广有着重要的影响。而焊接质量的在线监测是焊接过程自动化的重要组成部分，焊接质量直接影响焊接产品的使用性能和寿命。因此，对整个焊接过程的动态特性进行有效地监测至关重要。

随着焊接过程智能化水平的不断提高，对焊接质量的监测技术也在不断进步。利用被动视觉传感技术直接观察并拍摄焊接电弧、熔池形态、熔滴过渡过程及填丝过程，在线监测焊接过程动态特性，研究其与焊接质量和焊接参数之间的关系。因此，焊接过程中电弧及熔池动态信息的研究对保证焊接质量具有重要意义。

焊接过程中焊接熔池包含许多焊接质量信息，要保证焊接质量就需要研究熔池的变化以及监测熔池几个重要参数。焊接熔池图像的动态获取大多是采用以工业摄像机为核心的视觉信息传感器件，视觉传感以其采集信息丰富、能模仿人类视觉行为而成为最有效实用的传感方式之一，在很大程度上促进了焊接熔池控制技术的发展。除视觉信息、电弧信息外，在焊接过程外和焊接过程中还包含了很多其他类型的信息，如红外信息、温度信息、熔池振荡信息、超声信息等，它们从不同的角度表征了焊接动态过程、熔透状态以及焊接缺陷等有关焊接质量的信息。然而，每种传感器都有自身的劣势，使它在焊接工业中难以广泛推广，例如，红外设备价格昂贵，难以批量使用和推广；超声波传感技术主要利用超声波打到焊接工件上形成反射波的功能，可以用来实现焊接过程中的焊缝跟踪，但是超声波在使用过程中也存在聚焦和损耗的问题，导致超声波的实时性较差。

焊接动态过程视觉信息模仿焊工人眼的功能，具有设备简单、技术成熟等优势。由于其完全处于焊接设备之外，不易受到焊接过程的干扰，因此被广泛使用于焊缝纠偏、焊接的初始位置导引以及熔透控制等领域。视觉信号的采集主要是借助电弧弧光以及辅助光源来观察熔池的可见区域，采集到的信息量较丰富，包括焊缝熔池的熔宽、熔长及熔透状态等，都能直观地反映出实时的焊接质量状态。

图 4.7 为激光-电弧复合焊接被动视觉传感系统，即明弧监测系统，配合合适的减光、滤光、光圈系统，确定合适的安装角度，通过工装夹具集成在

机器人焊枪上，以期同步观察电弧形态、熔滴过渡行为、送丝过程稳定性、熔池形貌及其冷却过程。图 4.8 为采集的典型激光-电弧复合焊接熔池监测图像。

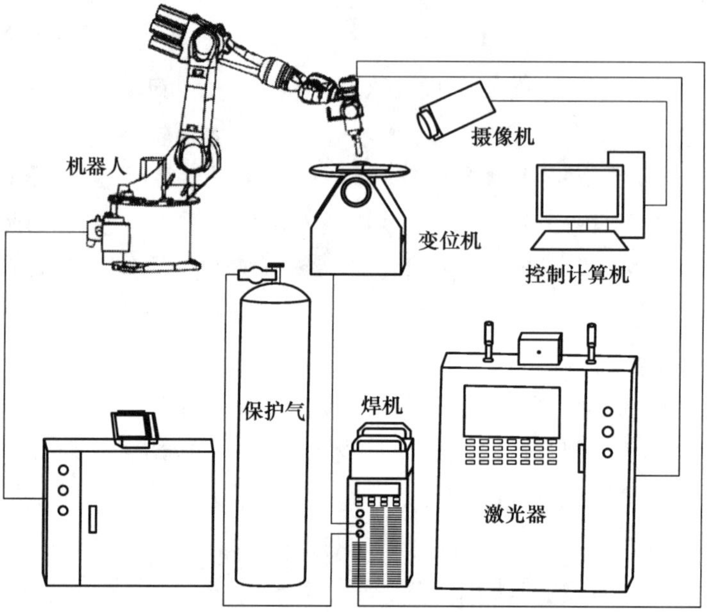

图 4.7　激光-电弧复合焊接被动视觉传感系统

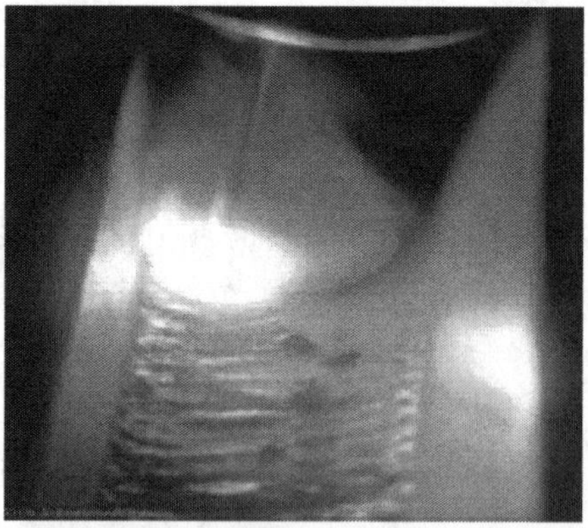

图 4.8　激光-电弧复合焊接熔池监测图像

4.2.2　激光-电弧复合焊接焊缝三维扫描技术

随着科学技术的快速发展，在高速列车焊接生产中，自动化和智能化的焊接技术得到了广泛应用。在自动化焊接过程中，由于焊接位置、参数波动、机器人偏移等问题，焊缝表面成形产生较大的偏差，然而焊接设备无法判断焊缝成形质量的优劣。因此，焊缝宏观成形质量的在线检测技术是保证焊接质量的关键。

焊缝成形轮廓与焊缝质量息息相关，是决定焊接接头强度及相关性能的重要因素。焊缝熔宽过大，表明焊接接头受热情况比较严重，引起焊缝晶粒组织粗大，会导致力学性能下降，而且会有较大的热影响区，从而产生的焊接应力会导致工件变形；反之，焊缝熔宽过窄，表明焊缝与母材的熔合可能不太好，会引起应力集中，同时易使焊缝产生裂纹、咬边等缺陷，影响到接头的承载强度。余高过大，会增加焊后打磨量，降低生产效率；余高过小，又会影响焊缝的承载性能。通常，人们首先通过检测焊缝外形尺寸来评判焊缝成形质量。同时在焊接过程中，由于焊接规范的变化和外界因素的干扰，焊接产品难免出现未焊透、咬边、弧坑、焊瘤等缺陷。因此，为了防止焊接产品在使用过程中出现重大的安全事故或生产损失，使焊接产品的质量得到较好的保证，需要对焊缝成形外观质量进行检测。

随着人们对焊缝成形质量的要求越来越高，焊缝成形检测显得尤为重要。焊缝成形检测主要是检测和识别焊缝的熔宽、余高等外形轮廓形状尺寸以及焊缝的焊瘤、咬边、焊缝宽窄不均等外部缺陷。视觉检测技术不但可以提高生产率与自动化程度，并且易于实现信息的集成化，从而满足自动化、数字化的发展要求。因此，采用激光扫描焊缝成形检测技术，通过建立焊缝识别算法对焊缝形貌进行实时提取，对获取的焊缝形貌的条纹图像进行自动识别、处理，能通过检测焊缝的特征参数以及一些焊缝缺陷，建立焊缝成形形貌与焊缝质量的量化指标，提出相应的焊缝质量的控制措施，为焊缝成形质量的评判提供数字化依据。

激光视觉是一种基于光学三角测量原理的视觉传感技术。激光束以光面的形式投射到目标物体的表面，形成目标截面几何形状的条纹。经过透镜成像，利用面阵光敏探测器可以得到表征目标截面的激光条纹图像。而当激光传感器沿着物体表面扫描前进时，就能得到所扫描表面形状的轮廓信息。根据所获得的轮廓信息，开发相应的激光条纹提取的图像处理算法，就能提取出坡口位置、截面形状、截面面积或表征焊缝成形的几何特征量。

采用激光扫描技术针对焊后焊缝表面成形进行实时检测，通过建立焊缝形状特征值与焊缝质量之间的关系，提出相应的焊缝质量控制措施，具体需要解决的问题如下：

(1) 焊缝三维形貌检测。建立焊缝三维形貌激光扫描检测系统，通过开发专用的条纹识别算法，实现实时精确地获取焊缝主要特征参数。

(2) 焊缝三维形貌与焊缝质量的量化关系。通过前期试验研究确定焊缝三维形貌特征参数与焊缝质量之间的量化关系，建立焊缝是否存在焊接缺陷的评判准则。

(3) 建立焊缝质量控制措施。建立焊缝扫描系统与焊接机器人的信号处理，当焊缝检测值超过相应的预警值时，立即报警并停止焊接过程。

与传统人工操作的电弧焊接类似，激光焊接或激光-电弧复合焊接同样需要将热源对准接头，并控制输出恰当的能量。由于更高的能量密度和更快的焊接速度，激光焊接对工件的精度、装夹的重复精度以及运动机构的定位精度提出了更高的要求，特别是激光三维扫描技术在激光-电弧复合焊接中的应用存在以下干扰和难点：

(1) 激光-电弧复合焊接过程中弧光、飞溅及烟尘等干扰因素较多，应用于激光-电弧复合焊接的激光传感器必须具备抵抗焊接的烟尘与飞溅、抗振动、抗碰撞、耐高温、抗电磁以及抗电气噪声干扰等特性。

(2) 激光-电弧复合焊接的焊接速度高，激光传感器还必须具备更快的处理能力，才能满足高速焊接的要求。因此，如何实现焊缝扫描信号的快速实时检测与处理是激光-电弧复合焊接必须解决的关键问题。

(3) 不同焊缝三维形貌特征参数的选取及其与焊接质量之间的量化关系的确定未有相应的标准，需要通过大量的试验建立焊缝特征参数与焊缝质量之间的评价准则。

根据实际激光-电弧复合焊接过程中的需求，选择合适的摄像机和激光光源；同时，采用复合滤光系统以减弱弧光及烟尘对焊缝坡口图像识别的干扰。采用结构光对焊缝表面形貌进行扫描采集，将获得的二维条纹图像进行存储，开发相应的二维图像与三维图像转换算法，通过信号的提取、降噪，实现焊缝轮廓的三维恢复，采集的典型激光焊缝条纹图像如图 4.9 所示。

对获得的焊缝三维形貌尺寸进行提取，获得焊缝熔宽、余高等主要的焊缝特征参数，如图 4.10 所示。将这些参数存储作为焊缝质量评价的输入参数，用于焊缝形貌与焊缝质量的量化评价。

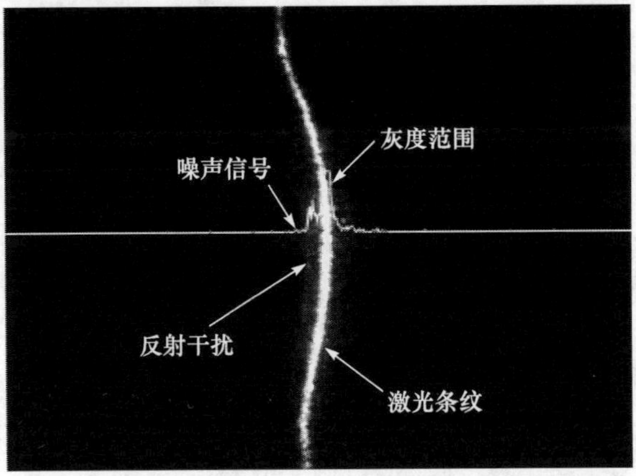

图 4.9　典型激光焊缝条纹图像

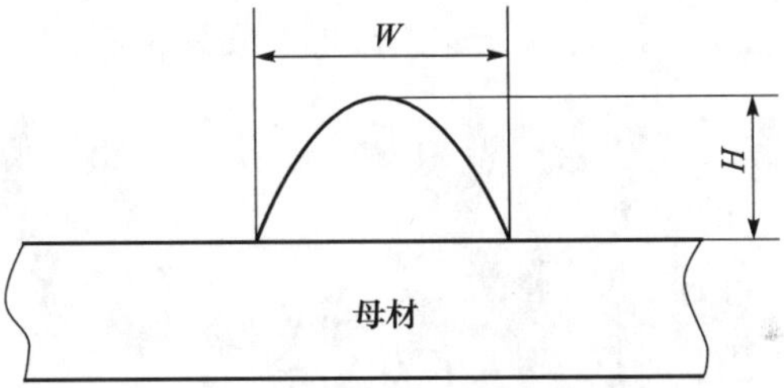

图 4.10　焊缝主要特征参数

W. 熔宽；H. 余高

通过大量变参数试验获得不同的焊缝成形，研究确定焊缝三维形貌特征参数与焊缝质量之间的量化关系，初步建立焊缝熔宽、余高、咬边等参量的变化与焊缝质量评定的关系模型，确定焊缝是否存在焊接缺陷的评判准则。在此基础上，建立焊缝扫描系统与焊接机器人的信号通信，当焊缝形貌特征参数检测值超过相应的预警值时，立即报警并停止焊接过程。

4.2.3　激光-电弧复合焊接焊缝视觉跟踪技术

随着计算机、人工智能、机械制造等科学技术的快速发展，工业机器人被广泛应用在汽车、飞机制造、轨道交通制造等领域的生产加工过程中。焊接过程一般都由工业机器人自动完成，但机器人无法像人一样自主调整焊接过程[2]。因此，为实现高质量的焊接，需要通过测量信息对机器人的焊接路径进行实时引导。在高速列车制造过程中，焊接过程坡口加工尺寸不一致、热变形使得焊枪难以始终保持在焊缝中心，有可能发生焊枪偏离焊缝的现象，这将直接决定焊缝成形、熔透及内部缺陷。激光-电弧复合焊接焊缝自动跟踪是现代焊接技术的一个重要研究领域，精确的焊缝跟踪是保证焊接质量的关键。尽管焊缝跟踪技术得到了很大的发展，但由于焊接是一个非常复杂的过程，焊接生产中工件的加工误差、热变形、电磁干扰、卡具误差及其他各种干扰因素的影响，致使研究成果的实用化进程十分缓慢。目前，焊缝跟踪系统根据传感器的不同分为电弧传感、接触传感、超声波传感、视觉传感，与其他传感器相比，视觉传感具有提供信息量丰富、灵敏度和测量精度高、抗电磁场干扰能力强、与工件无接触的优点，适合于各种坡口形状[3]。图 4.11 为典型的应用于激光-电弧复合焊接的激光视觉跟踪系统，根据实际焊接过程中的需求，选择合适的摄像机和激光光源；同时，采用复合滤光器以减弱弧光及烟尘对焊缝坡口图像识别的干扰。根据不同的接头形式，确定激光光源与摄像机的相对几何位置、焊缝跟踪系统安装的位置。为提高采集的准确性，需要对视觉系统进行摄像机标定及光学坐标标定。

图 4.11 激光-电弧复合焊接的激光视觉跟踪系统

图 4.12 为激光视觉传感系统。从图中可以看出，激光器倾斜投射，摄像机垂直接收激光条纹。视觉传感器摄取的图像经空间采样和模数转换后变成灰度矩阵，送入计算机存储器中，称为数字图像。由于视觉传感器摄取的原始图像在摄取过程中，受各种条件的限制和随机因素的干扰，往往要对其进行图像变换、增强或恢复等预处理，从而过滤噪声、校正灰度和畸变等。经过预处理的数字图像，可借助快速傅里叶变换、小波变换、概率统计等数学工具进行图像的分析及理解、特征提取和模式识别。通过对采集的图像进行图像处理，重心法提取焊缝中心，二阶偏导提取特征点，处理流程如图 4.13 所示。

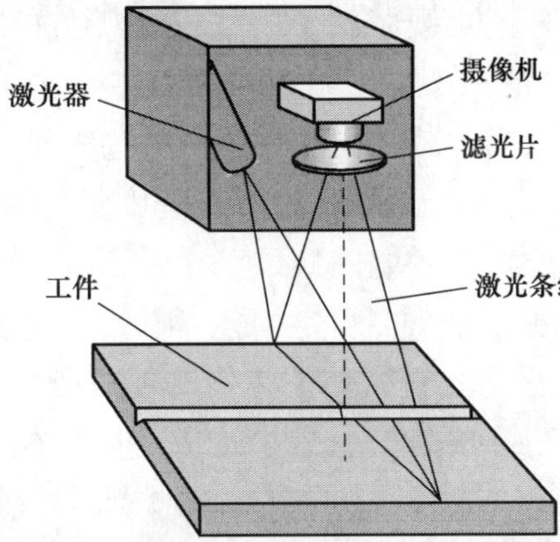

图 4.12　激光视觉传感系统

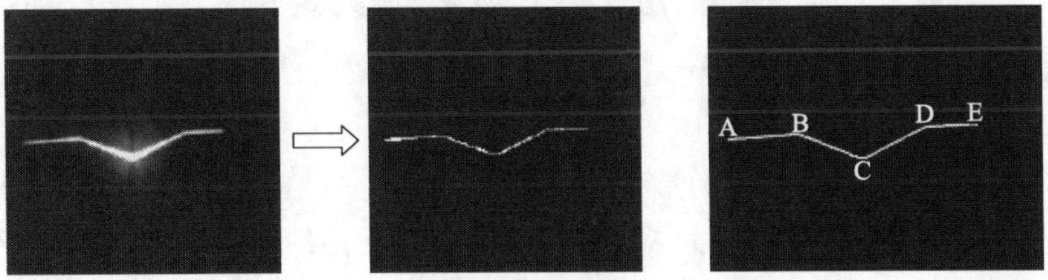

图 4.13　焊缝坡口图像处理流程图

检测条纹特征点与焊枪偏离量，设计相应的控制算法及电气接口，驱动执行机构实现焊枪横向实时偏移。具体跟踪过程实现流程图如图 4.14 所示。通过传感系统设计及跟踪过程控制，确保焊枪始终指向焊缝。

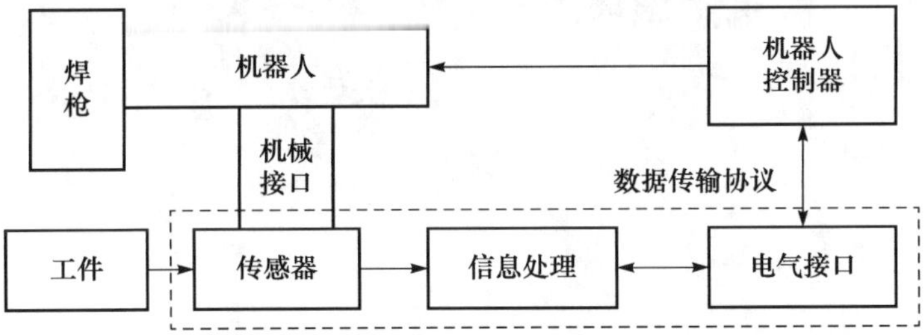

图 4.14　跟踪过程实现流程图

4.3　激光焊接过程的跟踪技术

4.3.1　激光三维扫描技术

激光三维扫描技术又称为实景复制技术，作为 20 世纪 90 年代中期开始出现的一项高新技术，是测绘领域继 GPS 技术之后的又一次技术革命，通过高速激光扫描测量的方法，大面积、高分辨率地快速获取物体表面各个点的(x,y,z)坐标、反射率、(R G B)颜色等信息，由这些大量、密集的点信息可快速复建出 1∶1 的真彩色三维点云模型，为后续的图像处理、数据分析等工作提供准确依据。它具有快速性、效益高、不接触性、穿透性、动态、主动性、高密度、高精度、数字化、自动化、实时性强等特点，很好地解决了目前空间信息技术发展实时性与准确性的瓶颈。它突破了传统的单点测量方法，具有高效率、高精度的独特优势。激光三维扫描技术能够提供扫描物体表面的三维点云数据，因此可以用于获取高精度、高分辨率的数字地形模型，主要通过高速激光扫描测量的方法，大面积、高分辨率地快速获取被测对象表面的三维坐标数据和大量的空间点位信息，是快速建立物体的三维影像模型的一种全新的技术手段。

激光三维扫描原理如图 4.15 所示，通过高速测量记录被测物体表面大量密集点的三维坐标、反射率和纹理等信息，可快速复建出被测目标的三维模型及线、面、体等各种图形数据，如图 4.16 所示。由于激光三维扫描系统可以密集地大量获取目标对象的数据点，相对于传统的单点测量，激光三维扫描技术也称为从单点测量进化到面测量的革命性技术突破。

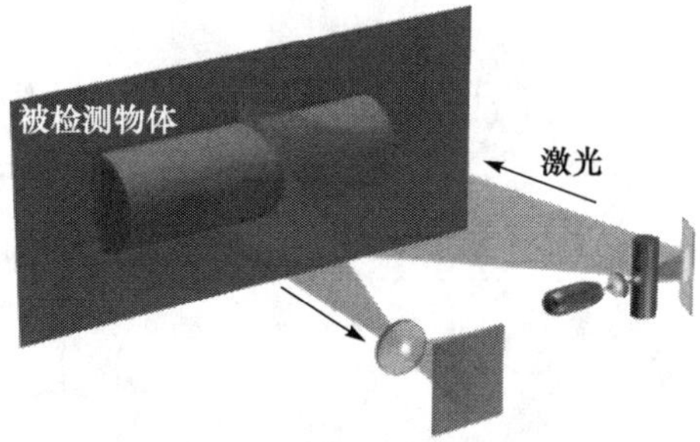

图 4.15　激光三维扫描原理图

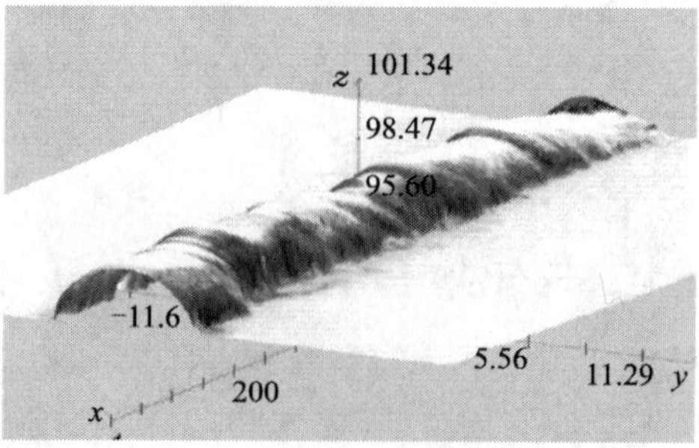

图 4.16　激光三维扫描焊缝结果示意图

4.3.2　激光焊接跟踪技术

激光焊接跟踪技术主要使用激光器、光学传感器和中央处理器，利用光学传播与成像原理，得到激光扫描区域内各个点的位置信息，通过复杂的程序算法完成对常见焊缝的在线实时检测。对于检测范围、检测能力以及针对焊接过程中的常见问题都有相应的功能设置。设备通过计算检测到的焊缝与焊枪之间的偏差，输出偏差数据，由运动执行机构实时纠正偏差，精确引导焊枪自动焊接，从而实现对焊接过程中焊缝的智能实时跟踪。光学焊缝跟踪具有以下优点：

(1) 确保安全焊接和完美焊缝。

(2) 降低热负荷。

(3) 提高生产率。

(4) 可以使焊枪处于理想位置。

(5) 可补偿生产、设备和操作公差。

(6) 对于复杂的焊件，可减少编程工作。

(7) 可实现一致的、可复现的连接。

目前在许多制造产业的自动化焊接生产中，一些人工不易达到的地方以及一些危险场所，如航空航天、深海、船舱中狭小空间等，这些焊接环境都需要用焊接机器人来进行焊接操作，保障自动化焊接质量的核心在于实现精确的焊缝跟踪[4,5]。

焊缝跟踪是实现焊接自动化的一项重要方法，而焊缝跟踪控制就是将焊枪作为控制对象，焊枪或(旋转)电弧相对于焊缝中心的位置偏差作为被调量，然后采取各种机械、电磁及激光视觉等传感测量方式，并采用合适的控制方法或策略使焊枪在焊接过程中始终对准焊缝[6]。

激光跟踪技术是通过激光照射运动目标，根据从目标反射回来的激光信号与测量系统光轴的偏离角来控制测量系统指向目标方向的技术。激光跟踪系统通常由激光照明器、激光探测器、信息处理系统和随动系统组成。激光跟踪是工业测量系统中一种高精度的大尺寸测量仪器，它集合了激光干涉测距技术、光电探测技术、精密机械技术、计算机及控制技术、现代数值计算理论等各种先进技术，对空间运动目标进行跟踪并实时测量目标的空间三维坐标，具有高精度、高效率、实时跟踪测量、安装快捷、操作简便等特点，适合于大尺寸工件配装测量。

目前在焊缝跟踪传感器中使用越来越多的是激光视觉传感器，基于视觉的焊缝跟踪传感器分为主动式与被动式，被动式是直接采集焊接时的自然光与弧光图像，通过图像处理获得焊缝的位置信息。主动式是使用结构式激光作为主动光源对焊缝进行扫描，再对照射形成的激光带图像进行分析，计算出焊缝位置。因为激光具有高能量、高亮度、单色性好的优点，相较于其他的焊缝检测方法，扫描式激光焊缝跟踪传感器具有较高的精度、灵敏度和可靠性，抗电磁干扰能力强，与工件无接触，不易受到弧光、烟雾、飞溅、电磁、噪声、高温和保护气体等的干扰，并且可以适应不同类型焊缝(V 形、U 形坡口焊缝，搭接、对接焊缝，多道焊焊缝等)。

利用高速和高精度的激光传感器扫描焊缝表面，可以得到焊缝表面的轮廓图像，通过一定的算法可以测量焊缝成形的几何参数(如焊缝宽度、余高、焊趾角度等)，还可探测咬边、焊瘤和表面气孔等缺陷，并且通过数字输出至计算机就可以直观地显示出焊缝的轮廓图。传感器随焊机滑架导轨运动，将有形状的焊缝看成目标，扫描焊缝，得到测量数据，通过软件运算获取焊缝特征，对焊缝轨迹数据进行处理，可得出轨迹直线数据。

激光传感器焊缝跟踪结构原理示意图如图 4.17 所示，由半导体激光发射器 1 发射激光束照射在工件 2 的表面上，生成轮廓条纹 3。经过漫反射后，光线被成像镜片 4 接收，并将轮廓条纹投射到工业摄像机阵列 5 上。其测量原理则是采用三角测量法来计算激光到工件表面的距离。

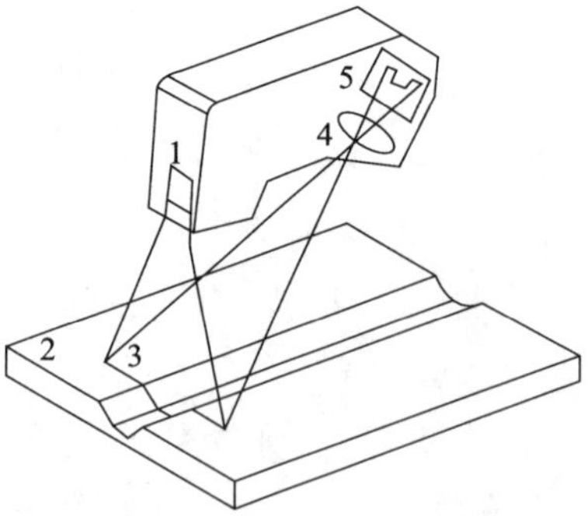

图 4.17　激光传感器焊缝跟踪结构原理示意图

1. 半导体激光发射器；2. 工件；3. 轮廓条纹；4. 成像镜片；5. 工业摄像机阵列

4.3.3　激光焊接过程的路径规划

目前工业机器人焊接编程方式主要有示教编程和离线编程。当要焊接复杂的工件，或需要在恶劣的环境焊接时，手工焊接和示教焊接将无法满足焊接需求，因此需要采用离线编程的方式事先规划出机器人的焊接路径[7]。

焊接过程路径规划即确定焊缝和扫描头的相对位置。如果焊接过程中，焊缝与扫描头的相对位置不变，则只需规划激光束的运动路径，即非同步路径规划；如果焊接过程中，焊缝与扫描头的相对位置有变化，则需要同时规划扫描头的运动路径和激光束的运动路径[8]。

激光焊接系统在激光束从一条焊缝定位到另一条焊缝时，激光束是关闭的，不像弧焊系统中需要调整焊枪的位姿定位到另一条焊缝。如果在连接过程中，焊缝和扫描头的相对位置不变，则连接过程路径规划就是确定下一条焊缝的位置，使激光束在关闭的情况下定位到下一条焊缝的起点处。如果连接过程中，焊缝和扫描头的相对位置有变化，则还需要确定两者的相对运动路径。焊缝放置规划，即确定焊件在焊接开始前相对于扫描头的位姿，好的焊缝放置可以减少扫描头及其驱动机构的运动，减少焊接时间。在传统焊接领域里，焊接机器人路径规划主要是指对焊枪位置和焊枪姿态的规划，目的是找出一条无碰撞的焊接路径并且尽可能使焊接质量较高、焊接所用时间较短、机构运动较平滑。

提取扫描路径主要有以下几种方法：采用在线示教编程的方法，通过示教一系列的目标点来获取扫描路径，但这种方法不适合应用于复杂的路径；采用对三维软件进行二次开发，通过调用三维软件的 API 函数获取目标路径轨迹信息；也可以把几何数据保存在通用格式中，如 iges、ster、sat 等格式文件，通过读取这些通用格式文件来获取目标路径轨迹信息。

iges 格式采用的是 ASCII 数据，而对 ASCII 数据提取则相对容易。以更为复杂的曲线为例，采用C语言对 iges 文件中的非均匀有理B样条(non-uniform rational B-spline，NURBS)曲线(类型号为 126)数据进行读取。NURBS 曲线主要包含的数据信息有：控制顶点数 K，基函数的次数 M，平面或非平面，开曲线或闭曲线，有理式或多项式，周期或非周期，节点序列值 T_i，权因子值 ω_i，控制点坐标(X_k, Y_k, Z_k)，首参数值 V_0，末参数值 V_1，平面的单位法向量(X_n, Y_n, Z_n)。

一条 k 次 NURBS 曲线方程有理分式表示为

$$P(u)=\frac{\sum_{i=0}^{n} N_{i,k}(u)\omega_i d_i}{\sum_{i=0}^{n} N_{i,k}(u)\omega_i} \tag{4.1}$$

式中，$\omega_i=\omega_0,\omega_1,\cdots,\omega_n$ 为权或权因子，分别与控制顶点 $d_i=\{d_0,d_1,\cdots,d_n\}$ 相联系；$N_{i,k}(u)$ 为由节点矢量 $\boldsymbol{U}=\{u_0,u_1,\cdots,u_n\}$ 按 deBoor-Cox 递推公式决定的 k 次规范 B 样条基函数。

读取开 V 形坡口底面的两条曲线路径，并采用等弧长方法分别离散出若干个点。设已知左边曲线上的点 $L_i=(X_l,Y_l,Z_l)$，对应右边曲线上的点 $R_i=(X_r,Y_r,Z_r)$，则坡口中心曲线上的点 $M_i=(X_i,Y_i,Z_i)$ 可由式(4.2)求得

$$\begin{cases}X_i=\dfrac{X_l+X_r}{2}\\Y_i=\dfrac{Y_l+Y_r}{2}\\Z_i=\dfrac{Z_l+Z_r}{2}\end{cases}\tag{4.2}$$

中心曲线上的目标点构成的路径即为焊缝的基路径。目标点的姿态可由三个相互正交的单位矢量表示。

4.3.4 激光焊接过程的离线编程技术

激光焊接系统任务较为复杂，通常包括变量和常量属性。离线任务等级编程系统主要由两部分组成，如图 4.18 所示。第一部分用于任务规划，以建立焊接数据库和 CAD 系统数据为目的，提高焊接效率、减少重复试验，极大地减少焊接周期。第二部分是建立任务与执行端的交互联动，设计交互准则及交互对象的执行方式。激光焊接离线编程系统焊接数据库主要包括焊接试验数据库、焊接基础数据库、成熟的焊接工艺数据库和焊接质量诊断数据库。焊接过程中通过归纳相应的数据，能够合理利用资源，达到及时更新、实时检测的目的[9]。

机器人离线编程系统中首先利用计算机图形学的成果，对机器人及其工作环境进行几何建模，利用规划算法，通过对图形的操作，在离线的情况下进行轨迹规划，通过对编程结果进行动画仿真，检测规划编程的正确性，最后将生产的代码传输到机器人控制柜，控制机器人按照规划的路径运动以完成加工。因此，在离线编程系统中，几何建模是基础，路径规划算法是核心，只有良好的规划算法才能得到理想的机器人控制程序。

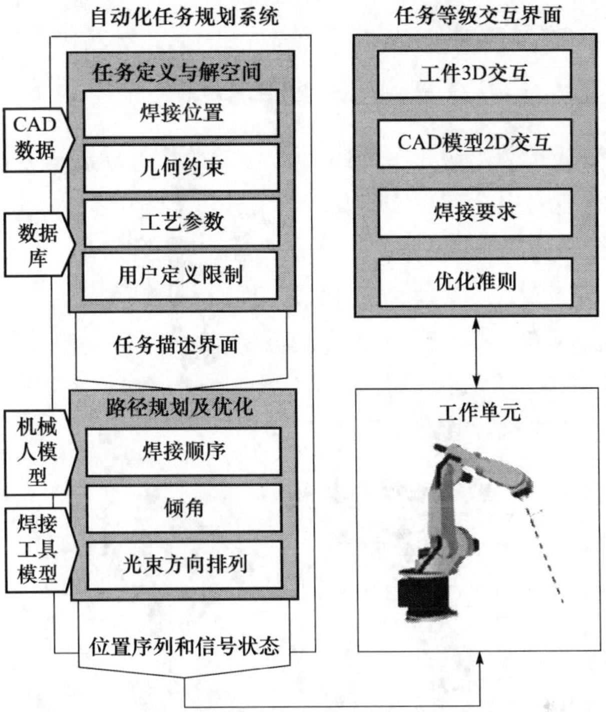

图 4.18　离线编程系统

4.4　激光焊接过程质量监测技术

激光焊接是一个极为复杂的物理化学过程，焊接过程受到众多因素的影响，如焊前装配精度、辅助气流大小、光束传输质量、光致等离子体等，并且各因素之间又存在相互作用，在实际生产中难以保证焊接质量稳定不变。为了满足现代化工业生产质量保证体系的要求，激光焊接质量的实时检测与诊断技术必不可少。

激光焊接尤其是激光深熔焊过程中，激光通过匙孔深入材料内部进行加热。由于存在强烈的光致等离子体或金属蒸气焰，难以实现对焊接过程的直接观察，更无从了解匙孔的内部情形，因此目前激光焊接质量的诊断方法主要为采集激光焊接过程中的各种声、光、电等信号，从中提取反映焊接质量的信息，实现焊接质量的监测与诊断[10]。

近年来，随着现代光学技术、信息技术及计算机技术的飞速发展，激光焊接质量的诊断在信号拾取、信息提取、缺陷识别以及通用性、适应性等方面取得了一些新的进展。

4.4.1 基于激光熔深在线监测技术的质量反馈

激光熔深在线监测(laser depth dynamics,LDD)技术,是通过对激光深熔焊接中形成的匙孔进行监控来反映产品的焊接情况,可以实现金属材料熔深的实时监测及闭环控制铝、镁合金中由于匙孔不稳定产生的匙孔型气孔的在线监测,焊缝跟踪以及通过自动调节焦距或激光器功率来保证熔深不变的闭环控制,能够保证产品下线后就能知道产品的焊接情况,并且能够记录每一条焊缝的焊接数据,可以随时调取产品不同部位的焊接细节,为重要部位的焊缝提供"产品 ID"。图 4.19 为激光熔深在线监测系统。

图 4.19 激光熔深在线监测系统

如图 4.20 所示,激光熔深在线监测技术主要利用在线相干成像技术的基本原理,检测熔池不同深度层面对入射光的背向反射或散射信号,结合空间的三维扫描,可得到熔池的二维或三维结构图像。实时在线相干成像的基本工作原理是将一束红外波段(波长约 840nm)的光束,通过分光,形成一束参考光和一束信号光。信号光入射到待检测的样品(焊接熔池/等离子体),不同的熔池层面结构会使反向散射的信号光发生相应的相位改变,反向散射回来的信号光与原有的参考光会形成光学干涉。经过专用的多核高速计算机工作站实时进行算法解析干涉图像,可以重构工件实时焊接熔池的内部微观结构的高解析度图像。

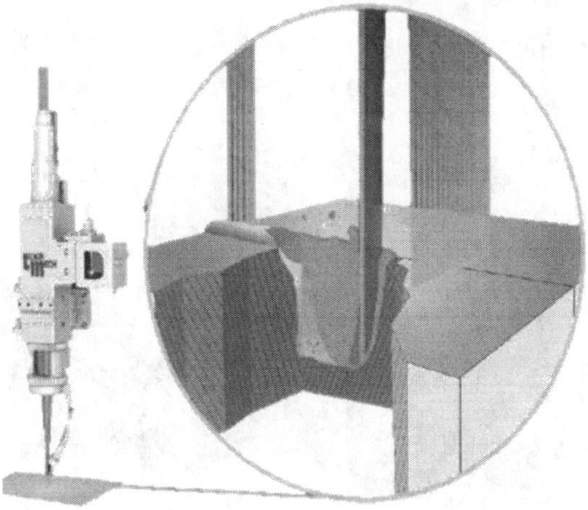

图 4.20　激光焊接在线监测技术原理示意图(见文后彩图)

激光熔深在线监测技术具有以下特点:①简单、实用、稳定;②以激光为基础的监测手段;③高速、高分辨率;④无焊接过程的热辐射影响;⑤整个系统无外部悬挂的监测器;⑥实时激光焊接熔池深度测量与反馈;⑦实时激光焊接焊缝在线监测、跟踪反馈;⑧实时激光焊接焊缝质量反馈。

1. 熔深闭环控制

LDD 技术能够以大于 20 万帧的成像技术最大限度地获取匙孔的实时波动行为,然后凭借先进的图像跟踪算法,同时能够忽略样品的影响,实时获得每条焊缝的真实熔深,空间分辨率可以达到 10μm 级,在取得焊缝的实时数据后,再进一步通过调节焦距或调控激光器功率来实现熔深的闭环控制,如图 4.21 所示。

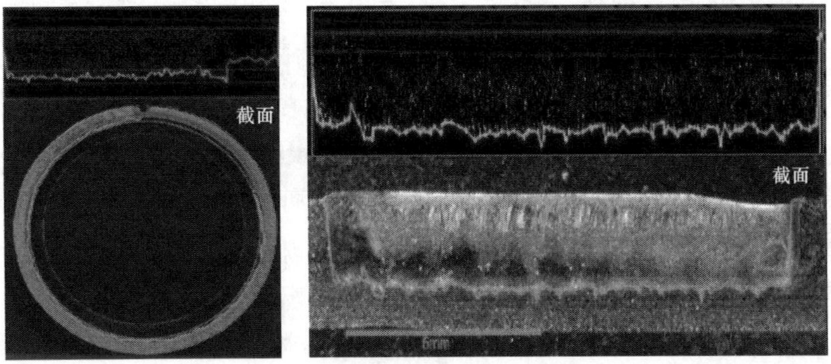

图 4.21　激光焊接熔深的闭环控制(见文后彩图)

2. 全方位反映焊接过程

LDD 技术除了能够实现激光焊接熔深的闭环控制外，还能监控焊接过程中的多种因素，可以监控焦距、接头位置、匙孔深度、焊后焊缝表面等数据，并且能够以数百万像素级图像动态呈现整个焊接过程，如图 4.22 所示。

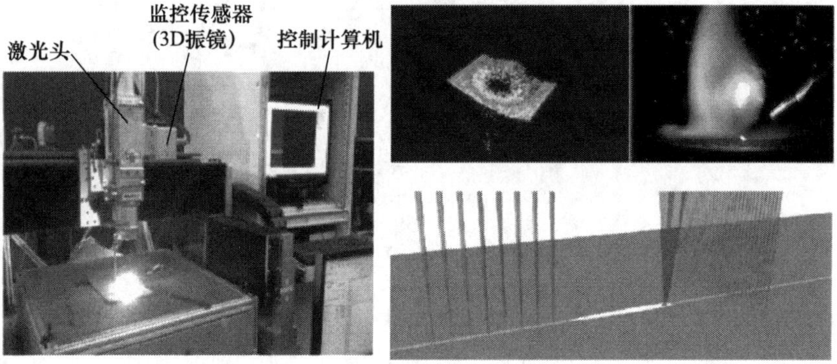

图 4.22 激光焊接过程监测系统

4.4.2 激光焊接的光谱诊断

焊接的质量检测是焊接加工后进行的一项重要工作，合格的焊接接头质量是保证焊接结构件安全服役的前提条件。激光焊接过程伴随有丰富的声、光、电信号，这些信号包含激光与材料之间相互作用的信息，通过检测和分析就能够对焊接过程进行更深一步的了解和研究，并获取焊接过程的质量信息。

20 世纪 60 年代，Griem[11]利用量子理论和统计力学理论，对光谱的定量检测与分析进行了系统的解释和阐述，并且获得了相关的原理以及粒子的谱线强度、位移、跃迁概率、电子碰撞展宽系数等详细参数，同时也提出了相关理论模型，列举了一些光谱诊断方法的应用实例，这就为光谱诊断等离子体的应用奠定了重要基础。等离子体是由带电粒子(包括正离子、负离子、电子)和各种中性粒子(包括原子、分子、自由基和活性基团)组成的集合体，在宏观上整体呈电中性，被看成物质的第四种状态[12]。光谱诊断用来描述等离子体物理状态的物理参量(如温度、电子密度、压力等)，与等离子体所辐射的谱线强度、谱线宽度和谱线形态有着密切的联系。因此，通过光谱的检测分析方法对激光等离子体进行研究，可以获取激光焊接过程许多有用的信息。

激光焊接过程高能量密度激光束能够激发出光致等离子体，采集该等离子体辐射的光谱信号，通过分析光谱强度、利用光谱信号计算等离子体的电子温度和电子密度，来研究等离子体产生的物理过程和内部结构，同时对焊接过程光谱强度的变化和等离子体温度的检测来获取焊接过程质量信息。

利用光谱分析法研究检测有如下优点：①无介入性，使用间接测量方式，对焊接没有扰动；②信息量丰富，特征谱线的强度、宽度及形态可以反映出等离子体密度、温度等信息；③灵敏度高，光信号传播速度快，光纤探头可以很快捕捉到光信号的变化，每种元素的特征谱线在光谱中拥有固定的位置，即使被测粒子的浓度只有百万分之一，仍然可以被检测出来[13]。

一般激光等离子体的光谱辐射可分为三类[14]：①激发辐射，即原子或离子中的自由电子在较高能态与较低能态之间跃迁而产生的光子发射，其光谱是离散的线状谱图；②韧致辐射，即等离子体中高速运动的离子或者电子与中性原子或者原子核发生碰撞而产生光子辐射，其光谱图是连续谱线；③复合辐射，即高速运动的电子与负离子或正离子发生碰撞结合而发出的光子辐射，其光谱是半连续谱。图 4.23 所示分别为自然界存在的等离子体(极光)和焊接过程中的等离子体。

(a) 极光　　(b) 焊接过程中的等离子体

图 4.23　等离子体(见文后彩图)

等离子体辐射光谱的谱线强度和等离子体的电子温度是描述等离子体物理状态的重要参量。激光等离子体包含激光焊接过程中激光束与材料之间作用的物理状态信息，对等离子体激发谱线强度的检测和等离子体温度的计算能够反映焊接过程的稳定性和焊缝的质量，焊接质量与光谱信号之间有着规律性联系，即若焊接之后接头产生了焊缝的氧化、烧穿、错边等缺欠，则焊接过程中等离子体电子温度也将会随之变化。激光焊接过程光谱诊断装置如图 4.24 所示。

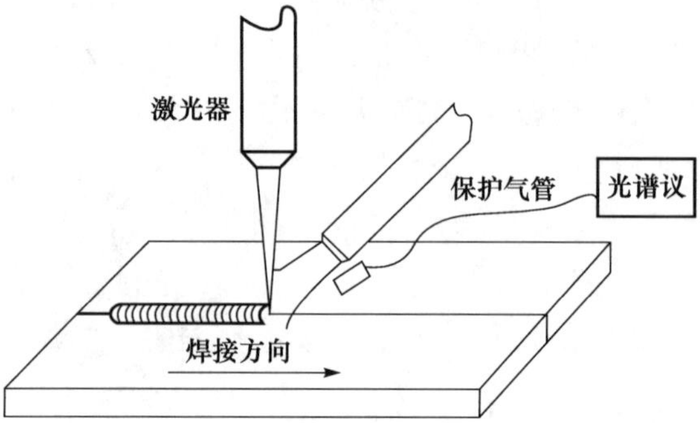

图 4.24　激光焊接过程光谱诊断装置

对于处于或者接近处于局部热力学平衡状态的等离子体，计算其电子温度通常可采用谱线绝对强度法、谱线相对光强法、Boltsmann 图法等方法[15]。

4.4.3　匙孔行为的质量监测

激光焊接过程中会伴随着声、光、电等信号的产生，声信号主要是光致等离子体及熔池匙孔喷发产生的声信号，光信号主要是由光致等离子体的光辐射和熔池区域的光辐射，电信号与等离子体信号有关，等离子体的振荡引起焊接区域的电场变化。这些信号与焊接过程中熔池匙孔的波动密切相关，通过监测焊接过程中的这些信号来获得熔透状态信息是可行的。焊接过程各种信号的监测示意图如图 4.25 所示[16]。

1. 声信号监测

一般认为，激光焊接过程的强烈声信号来源于高热输入下的热振动与熔池受力时产生的压力波。声信号的特征与匙孔状态有着紧密的联系，焊接质量本身就与熔池及匙孔的行为有密切的关系，这就为激光焊接过程的熔透性监测提供了可能。目前研究较多的用来接收焊接过程中声信号的方法有两种：一种是将压电晶体安装在装夹工件的工作台上测量焊接过程中工件上产生的压力波；另一种是使用麦克风作为传感器在一定的范围内

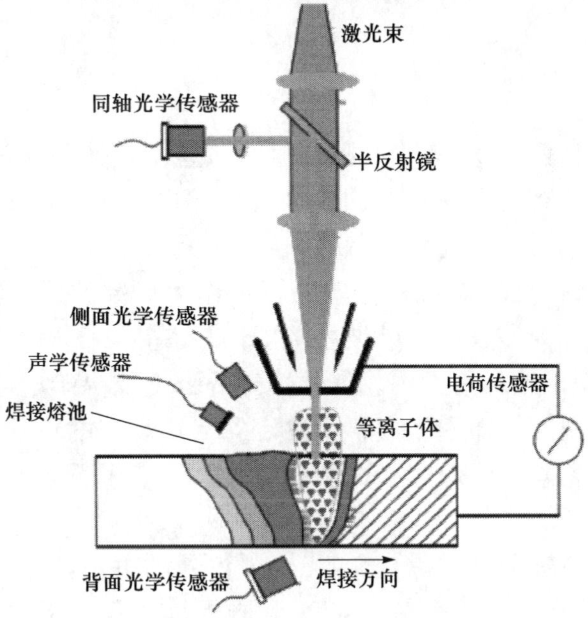

图 4.25　焊接过程各种信号的监测示意图[16]

对焊接过程中产生的声信号进行测量。后者除了与匙孔及熔池的行为相关外，还与等离子体的原子和电子密度及温度有关。因此，选择麦克风作为声信号的传感器不仅成本低，后续处理简单，而且能更多地采集到熔透状态信息。

通过对采集的声信号进行频谱分析，能够对激光焊接状态进行判断。激光焊接功率发生变化时可以采集分析声信号主频段（4700～4900Hz）峰值的变化，结合声信号集中频段范围的变化，可有效识别焊接状态的变化。随着激光功率的不断增加，输入激光功率密度也不断增加，声信号主频段峰值在未熔透状态到过度熔透状态以及适度熔透状态到过熔透状态时有一个陡升的过程，伴随声信号集中频段范围的突然增大，Gu 等[17]将激光焊接声信号在 20Hz～20kHz 范围内的频谱分割为 20 个 1kHz 的窄带，然后将优化参数下采集到的声信号数据和焊接过程的实时声信号数据在每个窄带范围求解均方差，并根据各个均方差的求和数值来判断是否焊透。另外他们还发现，如果声信号在某些特定频率周围出现较窄频带的峰值信号，则可以说明焊接质量良好，如果整个频谱处在很低的水平上，则表明焊接过程较差。声信号可以用来监测焊接熔透状态，但声信号容易受到外界信号干扰，降低监测可靠性。

2. 光辐射信号监测

激光焊接过程中，光信号主要是熔池、匙孔和光致等离子体产生的辐射。广义上来讲，视觉监测也是光信号监测，但为了区别光辐射监测与视觉监测，本节的光信号特指光辐射信号，目前研究较多的是红外辐射和蓝紫外辐射。之所以选择红外辐射和蓝紫外辐射作为研究波段，是因为熔池温度约为 3000K，其辐射波长在红外波段范围内；而等离子体温度约为 10000K，其辐射波段在蓝紫波段范围内。红外信号的强度取决于熔池的温度分布和表面积，而熔池温度分布和表面积又决定着所得焊缝的形状；蓝紫波段内信号的有无则对应匙孔是否生成，蓝紫波段内的信号强度反映了熔池的深度[18]。

为研究焊缝宽度和焊缝熔深与光辐射信号的关系，Park 等[19]用一个红外光和两个紫外光二极管采集了 CO_2 激光焊接过程中不同激光功率、不同焊接速度以及不同保护气体位置条件下的熔池、光致等离子体辐射，并且利用多元回归分析和模糊控制理论建立了一套关于焊缝宽度和焊缝熔深关系的在线实时监测系统。基于光信号的激光焊接过程质量监测方法，要求材料在焊接过程中必须产生较强的辐射信号，对材料选择有一定的局限性；并且，光信号监测传感器的安装要求较高，可能会影响到光学系统，从而影响激光焊接过程。因此，利用光辐射信号实时监测焊接质量具有一定的局限性。

3. 电信号监测

电信号监测实质上是对光致等离子体进行监测。激光焊接过程中产生光致等离子体，光致等离子体宏观呈电中性，但等离子体中存在大量带正电的离子和带负电的电子。带电离子在金属蒸气的作用下向焊接接头方向移动。但自由电子的运动速度大于带正电离子的运动速度，光致等离子体内部的局部电平衡被打破，在激光入射的轴线方向上，形成电势差。因此，可以用电荷传感器测量工件与喷嘴间的电势差，判断等离子体的强度，进而监测焊接稳定性。激光焊接过程中离焦量与监测的电荷信号之间存在对应关系，可利用监测到的电荷信号对焊接熔深和离焦量进行控制[20]。但是电信号监测会受到激光头与工件距离的影响，该监测方法的应用范围也受到了限制。

4. 等离子体信号监测

在激光深熔焊接时，激光束作用于工件材料上，工件上的材料迅速蒸发，从匙孔中喷射出的金属蒸气进一步吸收激光能量继而发生电离，形成等离子体。等离子体的形成与匙孔密切相关，研究与等离子体相关的声、光、电等信号，能实现焊接质量监测[21～23]。通过声、光、电信号的监测方法间接监测等离子体的方法，前面已论述，本节只介绍光谱分析的方法监测等离子体。研究等离子体光信号的光谱特征，能得到等离子体的电子密度和温度。采用 PCS 传感器测量光致等离子体的温度，并且可以通过等离子体的这些特征来判断焊接质量[24]。但是等离子体间接反映焊接质量，并且从等离子体中获得的监测信息有限，如焊缝偏移类的缺陷，不能采用该方法进行监测。

5. 机器视觉监测

激光焊接过程中，激光与材料的相互作用是在熔池、匙孔中进行的，采用视觉的方法直接观测熔池匙孔，能获得许多与焊接质量相关的信息。并且视觉的方法属于非接触式监测，具有监测精度高、易于实现自动化等优点。用视觉图像直接监测焊接熔池已成为重要的研究和应用方向，它可用于焊缝跟踪、焊接过程稳定性监测和熔透控制等方面，有独特的优势[25～28]。

根据采集光信号的角度，可将激光焊接视觉监测系统分为同轴采集和旁轴采集[29]；根据有无辅助光源，可将激光焊接视觉监测系统分为主动式监测和被动式监测[16]。同轴监测是指监测系统从焊接区域中熔池及匙孔图像正上方并且与激光束同轴线的方向获取图像信号；旁轴监测是指监测系统在焊接区域中熔池及匙孔图像的一侧，与激光束轴线成一定角度的监测方式。主动式监测是在焊接区域增加辅助照明系统的监测方式；被动式监测是不添加辅助照明系统，仅依靠焊接时熔池匙孔产生的光辐射成像进行监测的方式。

参 考 文 献

[1]　陈善本，林涛，陈文杰，等. 智能化焊接制造工程的概念与技术. 焊接学报，2004，(6)：124-128，134.

[2]　路浩，吕安松. 焊接机器人及其在高速列车智能制造中的应用. 焊接技术，2015，

44(11):53-56.

[3] 张广军,李海超,许志武.焊接过程传感与控制.哈尔滨:哈尔滨工业大学出版社,2013.

[4] 王巧玲,程欣.机器人远程激光焊接离线编程系统与路径规划.组合机床与自动化加工技术,2018,(2):90-93.

[5] 魏艳红,余枫怡,占小红.焊接数字化技术及其在航空制造业中的应用.航空制造技术,2016,(11):36-40.

[6] 高延峰,肖建华.基于焊枪倾角信息融合的弯曲焊缝轨迹跟踪.焊接学报,2014,35(12):15-18.

[7] Xu Y L, Lv N, Zhang J Y, et al. Research on the real-time tracking information of three-dimension welding seam in robotic GTAW process based on composite Sensor Technology. Journal of Intelligent and Robotic systems, 2012, 68(2):89-103.

[8] 王世初.长距离激光焊接路径规划研究.南京:南京航空航天大学硕士学位论文,2007.

[9] 王巧玲,程欣.机器人远程激光焊接离线编程系统与路径规划.组合机床与自动化加工技术,2018(02):90-93.

[10] 王豪,魏昕,林本宏,等.激光深熔焊接过程质量监测技术研究现状.应用激光,2018,38(1):123-129.

[11] GriemH R. Plasma Spectroscopy. New York: McGraw-Hill Inc., 1964.

[12] Grill A. Cold Plasma Materials Fabrication: From Fundamentals to Applications. Ptscataway: Wiley-IEEE Press, 1994.

[13] 郑凯.激光-双丝脉冲MIG复合焊接电弧等离子体光谱诊断.天津:天津大学硕士学位论文,2013.

[14] Yu Z L, Lu F G, Liu A H, et al. Study on a method to measure welding arc plasma axis temperature at fixed point. Advanced Materials Research, 2011, 301-303:954-958.

[15] 宋冬冬,程林,林志法,等.电弧热等离子体建模、仿真及应用综述.高电压技术,2018,44(3):932-943.

[16] Zhang Y, Zhang C L, Tan L P, et al. Coaxial monitoring of the fibre laser lap welding of Zn-coated steel sheets using an auxiliary illuminant. Optics & Laser Technology, 2013, 50:167-175.

[17] Gu H, Duley W W. A statistical approach to acoustic monitoring of laser welding. Journal of Physics D: Applied Physics, 1996, 29(3):556-560.

[18] 焦娇,杨立军,刘桐,等.YAG激光焊接等离子体电信号检测与焊接模式分析.中国激光,2014,41(9):102-107.

[19] Park Y W, Park H, Rhee S, et al. Real time estimation of CO_2, laser weld quality for automotive industry. Optics & Laser Technology, 2002, 34(2):135-142.

[20] 张屹,段林勇,周惦武,等.镀锌钢激光添粉焊接的等离子体监测机理.中国激光,2012,39(5):114-119.

[21] Li Z Y, Wang W, Wang X Y, et al. A study of the radiation of a Nd: YAG laser-MIG hybrid plasma. Optics & Laser Technology, 2010, 42(1): 132-140.

[22] Konuk A R, Aarts R G K M, Veld A J H I, et al. Process Control of stainless steel laser welding using an optical spectroscopic sensor. Physics Procedia, 2011, 12(1): 744-751.

[23] Olsson R, Eriksson I, Powell J. Challenges to the interpretation of the electromagnetic feedback from laser welding. Optics & Lasers in Engineering, 2011, 49(2): 188-194.

[24] Li L, Brookfield D J, Steen W M. Plasma charge sensor for in-process, non-contact monitoring of the laser welding process. Measurement Science and Technology, 1996, 7(4): 615-626.

[25] 盛洁,朱俊杰,蔡艳,等.基于熔池图像的熔化极气体保护焊焊接过程质量监测方法.上海交通大学学报,2015,49(10):1477-1481,1486.

[26] Kim C H, Ahn D C. Coaxial monitoring of keyhole during Yb: YAG laser welding. Optics & Laser Technology, 2012, 44(6): 1874-1880.

[27] Kong F R, Ma J J, Carlson B, et al. Real-time monitoring of laser welding of galvanized high strength steel in lap joint configuration. Optics & Laser Technology, 2012, 44(7): 2186-2196.

[28] Sreedhar U, Krishnamurthy C V, Balasubramaniam K, et al. Automatic defect identification using thermal image analysis for online weld quality monitoring. Journal of Materials Processing Technology, 2012, 212(7): 1557-1566.

[29] Shao J, Yan Y. Review of techniques for on-line monitoring and inspection of laser welding. Journal of Physics: Conference Series, 2005, 15(1): 101-107.

第 5 章　高速列车激光-MIG 复合焊接接头的服役性能与安全可靠性

高速列车在运行过程中会受到循环载荷的作用和腐蚀环境的影响。本章介绍焊接接头疲劳的概念及其影响因素，分析铝合金激光-MIG 复合焊接接头的静强度，重点介绍点蚀、晶间腐蚀、应力腐蚀机理，典型铝合金激光-MIG 复合焊接接头的腐蚀行为和疲劳行为，从广域环境条件下铝合金焊接接头的服役行为角度对激光-MIG 复合焊接在高速列车的应用提供理论基础及数据支撑。

5.1　激光-MIG 复合焊接接头静强度分析

1. 硬度分布

对 A6N01S-T5 铝合金激光-MIG 复合焊接接头的静强度进行了研究，图 5.1 为激光-MIG 复合焊接及 MIG 焊接接头的硬度分布图。可以看出，两种焊接接头的最低硬度均出现在焊缝区，硬度约为 53HV，焊缝熔合区部分的硬度稍有上升，随后在焊缝热影响区的软化区部分出现下降。两种焊接接头的软化区都很明显。

激光-MIG 复合焊接的热影响区约有 18mm，比 MIG 焊接盖面焊道的 13mm 和打底焊道的 16mm 略大。其原因为 MIG 焊接 8mm A6N01S-T5 铝合金时需要两道焊缝才能焊满接头，而激光-MIG 复合焊接只需单道即可完成焊接，故 MIG 焊接的单道焊接热输入要比复合焊接低，热输入减小则焊接接头的热影响区宽度也相应较小。超出热影响区后，硬度值基本在母材硬度值附近波动。

2. 拉伸性能

将两种焊接方法所得试板加工为拉伸试样，然后进行拉伸试验，结果列于表5.1中。可以看出，激光-MIG复合焊接接头的平均抗拉强度为203.13MPa，

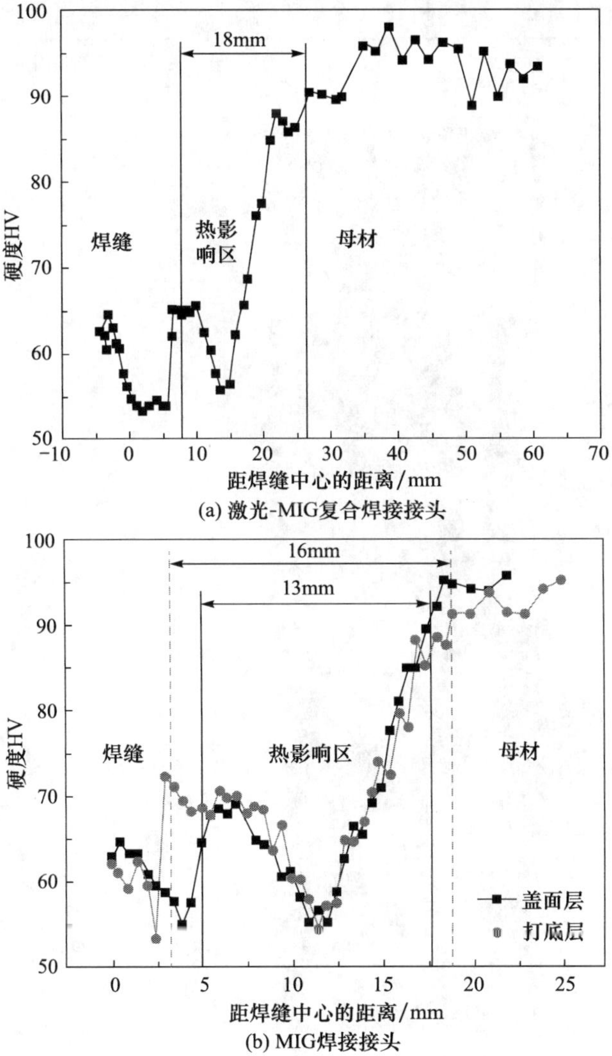

图 5.1　8mm A6N01S-T5 铝合金不同工艺焊接接头硬度分布

略低于 MIG 焊接接头的平均抗拉强度(209.64MPa)，但是两者差别不大。而 A6N01S-T5 铝合金母材的抗拉强度为 291.7MPa，两种焊接接头的抗拉强度都达到了母材的 70%左右。进一步分析发现，激光-MIG 复合焊接接头 3 个拉伸试样均断裂在焊缝中心，而 MIG 焊接 3 个拉伸样则均断裂在热影响区。这证明焊缝和热影响区确实是铝合金接头上较为危险的部位。两种焊接接头拉伸试样的断口均呈粗糙灰暗状，断口表面没有观察到较明显的气孔。

表 5.1　8mm A6N01S-T5 铝合金不同工艺焊接接头拉伸试验结果

焊接方法	编号	断口形貌	断裂位置	抗拉强度 R_m/MPa	平均抗拉强度 $\overline{R}_m$/MPa
	1-1	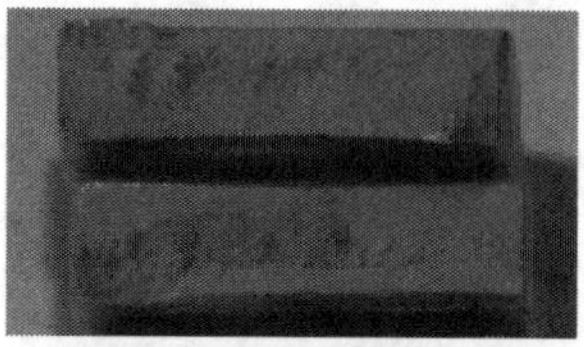	焊缝中心	203.42	
激光-MIG复合焊接	1-2	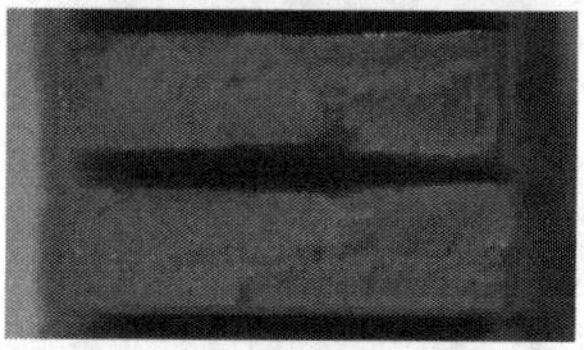	焊缝中心	201.66	203.13
	1-3		焊缝中心	204.31	
	2-1		热影响区	210.55	
MIG 焊接	2-2		热影响区	209.02	209.64
	2-3	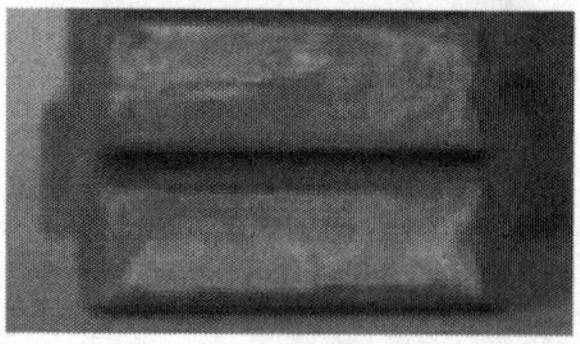	热影响区	209.35	

3. 冲击性能

两种焊接方法的焊接接头冲击试验结果如图 5.2 所示。可以看出，激光-MIG 复合焊接焊缝的冲击功为 14.47J，只有母材冲击功的 40.76%，比 MIG 焊接焊缝冲击功低约 3J。然而，激光-MIG 复合焊接热影响区的冲击功为母材冲击功的1.37倍，达到了48.6J，比MIG焊接热影响区高出约6J。如图5.2所示，虽然焊接方法不同，但是冲击功由大到小排序都是：热影响区>母材>焊缝。这是因为热影响区部分受焊接热循环作用，相当于经过一次热处理，其组织析出的第二相比母材多，抵抗冲击载荷的能力相对会提高；而焊缝为铸态组织，晶粒粗大，同时焊缝中常常有焊接缺陷存在，会降低焊缝抵抗冲击载荷的能力，故其冲击功比母材和热影响区的冲击功低很多。

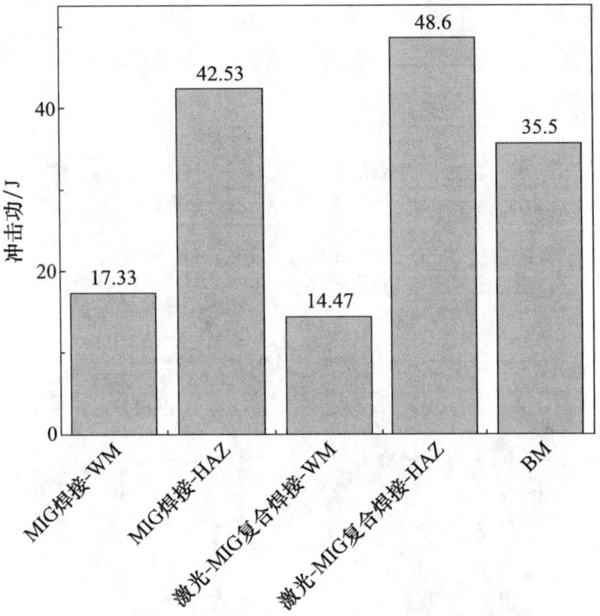

图5.2　8mm A6N01S-T5铝合金不同工艺焊接接头冲击试验结果

BM.母材；WM.焊缝；HAZ.热影响区

5.2　激光-MIG复合焊接接头腐蚀行为

高速列车用铝合金型材为大型挤压型材，在焊接后一般不能再进行任何形式的热处理。焊接接头各区所经历的焊接热循环实质上是各自在进行着一次特殊的热处理过程，从而会在热影响区引起不均匀的组织变化，会对焊接接头的组织和性能产生影响。由于基体合金、填充合金与组织结构连续变化的热影响区具有不同的电极电位，可能会形成电偶电池进而引起腐蚀的发生。因此，铝合金接头的耐蚀性受焊缝合金、填充焊丝成分及焊接过程的影响，其腐蚀性能具有一定的复杂性。本节将探讨激光-MIG复合焊接接头的腐蚀性能。

5.2.1 A7N01 铝合金激光-MIG 复合焊接接头腐蚀及时效制度的影响

一般而言，激光-MIG 复合焊接接头中焊缝的抗应力腐蚀能力最好，其次是热影响区，应力腐蚀裂纹较短，扩展速率低，失重少，使得该部位的抗蚀能力优于母材。为了增加应力腐蚀试验结果的重现性，缩短腐蚀试验的时间，易于测量裂纹的扩展速率，本节采用切口及预裂纹试样，试验采用开缺口三点弯曲加载试样，借助应力腐蚀周浸试验装置，如图 5.3 所示，测定 A7N01P-T4 铝合金激光-MIG 复合焊接接头自然时效后的焊缝、热影响区和母材的应力腐蚀裂纹扩展速率。

图 5.3 应力腐蚀周浸试验装置

自然时效制度下，在母材和热影响区的切口试样均产生应力腐蚀开裂，其腐蚀形貌如图 5.4 所示。可以看出，自然时效处理后母材腐蚀裂纹面较为平直，且垂直于应力加载的方向，裂纹起源于疲劳区末端，应力腐蚀裂纹整个扩展平面前缘呈舌尖状，说明相同时间内试样中部的裂纹扩展速率比表面大，受到环境的腐蚀损伤比表面更严重，从母材的腐蚀形貌可以观察到最长应力腐蚀裂纹达 2.86mm。自然时效制度下，母材的裂纹扩展速率平均值为 3.1597μm/h，热影响区的裂纹扩展速率平均值为 1.73745μm/h，比母材试样慢 45%。

研究表明，激光-电弧复合焊接接头经过过时效处理(T73)状态下的抗应力腐蚀能力最好，经过 20 天的周浸试验，宏观上试样保存最为完整，断口没有发现应力腐蚀开裂，失重率的测定也表示其损失的重量最少，耐蚀性

图 5.4　A7N01P-T4 激光-MIG 复合焊接接头自然时效处理下腐蚀 20 天试样表面形貌及断口形貌

能最好。这是由于 T73 的时效制度使含 Mg 量高的化合物(Mg_2Zn_3)、η($MgZn_2$)等亚稳定相和稳定相都析出并长大，从而减少了自由 Mg，也就减少了氢原子在晶界的偏析，并且使在晶界上平衡相析出不连续，从而提高了合金的耐腐蚀性，但是平衡相聚集长大，一定程度上降低了合金强度。

5.2.2　7B05 铝合金激光-MIG 复合焊接接头腐蚀及扩展形式

随着高速列车国产化率的增加，新一代高速列车大量使用了国产铝合金。采用楔形张开加载(wedge-open loading，WOL)预裂纹试样应力腐蚀试验方法得到了国产 7B05-T5(对应 A7N01-T5)铝合金激光-MIG 复合焊接接头各区域应力腐蚀裂纹扩展速率，研究其应力腐蚀裂纹扩展行为。

7B05-T5 铝合金焊接接头各区域应力腐蚀试验前后 WOL 试样宏观形貌如图 5.5 所示。可以看出，试验前试样表面平滑且充满金属光泽，在 35℃的 3.5%NaCl 溶液中浸泡 1000h 后，试样上热影响区和母材表面腐蚀明显，热影响区表层剥落严重，母材表面出现鼓泡，这是由于试样表面腐蚀形成蚀孔后，限制了孔内外的物质交换，造成孔内金属不断溶解，蚀孔向里发展，铝合金试样层间发生腐蚀，使试样热影响区和母材表面发生鼓泡与合金里层剥离[1]。试样裂纹缝隙中堆积有腐蚀产物，焊缝区除表面颜色加深变暗外，未见明显腐蚀痕迹。将试验完成的试样沿缺口方向打开，图 5.6 分别为焊缝、热影响区、母材在设计载荷为 35MPa·$m^{1/2}$时 WOL 试样的断口宏观形貌。可以看出，热影响区和母材发生明显应力腐蚀开裂，焊缝区域并未产生裂纹，说明焊缝抗应力腐蚀能力强于热影响区和母材。焊后自然时效制度下母材的裂纹扩展速率平均值为 1.92μm/h，热影响区的裂纹扩展速率平均值为 1.012μm/h。两者的应力腐蚀裂纹的扩展速率都远远低于上述的 A7N01 铝合金，说明 7B05-T5 铝合金的耐应力腐蚀性能要好于 A7N01P-T4 铝合金。而对于 7B05-T5 铝合金的激光-MIG 复合焊接接头，热影响区的耐应力腐蚀性能要好于母材。

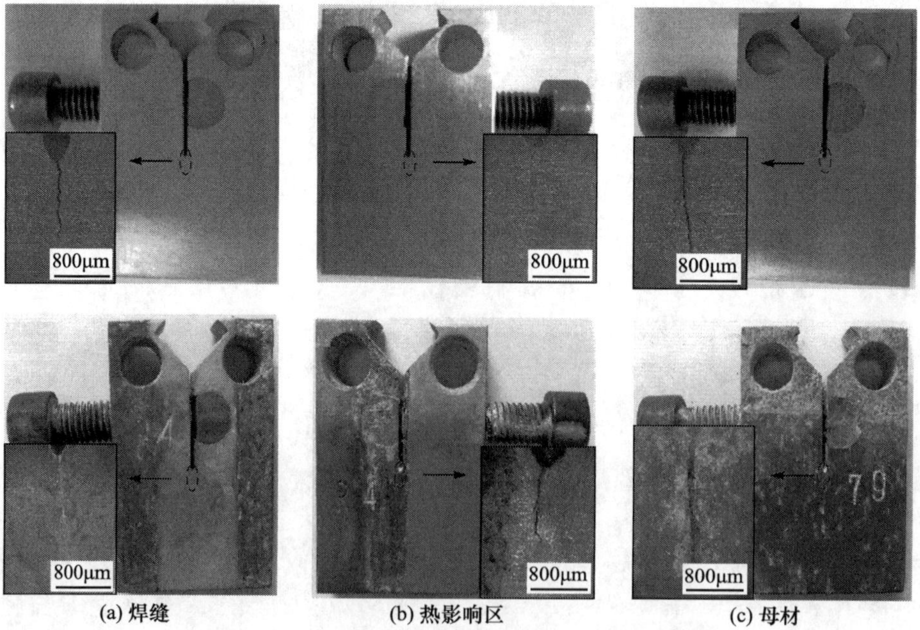

(a) 焊缝　　(b) 热影响区　　(c) 母材

图 5.5　应力腐蚀试验前后 WOL 试样宏观形貌

(a) 焊缝　　(b) 热影响区　　(c) 母材

图 5.6　设计载荷为 35MPa·m$^{1/2}$时 WOL 试样断口宏观形貌

激光-MIG 复合焊接接头热影响区和母材的 WOL 试样应力腐蚀裂纹抛光后未侵蚀的形貌如图 5.7 所示。可以看出，裂纹沿着垂直于加载力方向扩展，热影响区应力腐蚀裂纹蜿蜒曲折，端部裂纹扩展不连续，裂纹未见分叉，具有氢脆裂纹的基本特征。母材应力腐蚀裂纹呈现出分叉和不连续的特征，裂纹分叉呈树枝状，反映出在应力腐蚀过程中，有一条主裂纹扩展较快而其余分枝裂纹扩展较慢。从裂纹形态上判断母材应力腐蚀裂纹阳极溶解特征更明显。裂纹分叉现象是氢脆和阳极溶解型断口在裂纹形态上的区别，同时也是区别应力腐蚀裂纹和腐蚀疲劳裂纹的重要特征[2]。

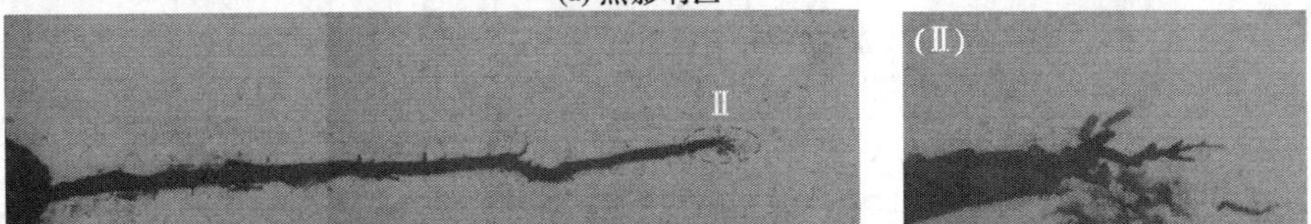

(a) 热影响区

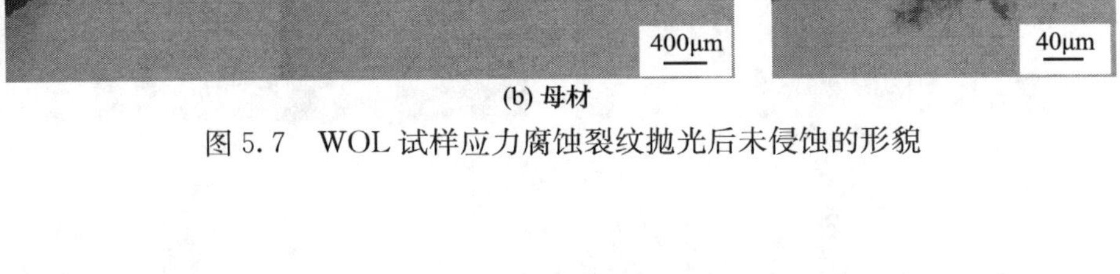

(b) 母材

图 5.7　WOL 试样应力腐蚀裂纹抛光后未侵蚀的形貌

图 5.8 为 7B05-T5 铝合金应力腐蚀裂纹打开后断口形貌，可见断口由预制裂纹区、应力腐蚀区和断裂区组成。应力腐蚀区断口表现出脆性断裂特征，断面不平整，未见明显塑性变形痕迹。断口上分布着沿铝合金轧制方向生长的长短不一的裂口，这些裂口实际上就是应力腐蚀裂纹，该应力腐蚀裂纹呈现出多裂源特征。试样中部应力腐蚀裂纹比表面要长，应力腐蚀区整体呈舌尖状。在裂口内部并未见明显腐蚀产物，裂口底部发现细长二次裂纹，在裂口前沿侧面有微孔洞存在，同时有大量小而浅的韧窝分布(见图 5.8(c))。在应力腐蚀区前沿发现有二次裂纹，平行于轧制方向并未相互连接(见图 5.8(d))。舌状突起部分断口上分布有大量形态各异的韧窝，部分大韧窝内部有第二相粒子附着，这是试验后打开 WOL 试样时所形成的断口形貌。在预制裂纹区和近应力腐蚀区交界处堆积有大量腐蚀产物，EDS 结果表明腐蚀产物主要含 Al、O、Cl、Na 等元素。

接头热影响区 WOL 试样断口形貌如图 5.9 所示，可见热影响区断口形貌与母材形貌相似。应力腐蚀裂纹相互平行，裂纹尖端明显钝化。断口上显示出沟槽特征(见图 5.9(b))，在裂口前沿侧壁上存在微孔洞，将图 5.9(a)

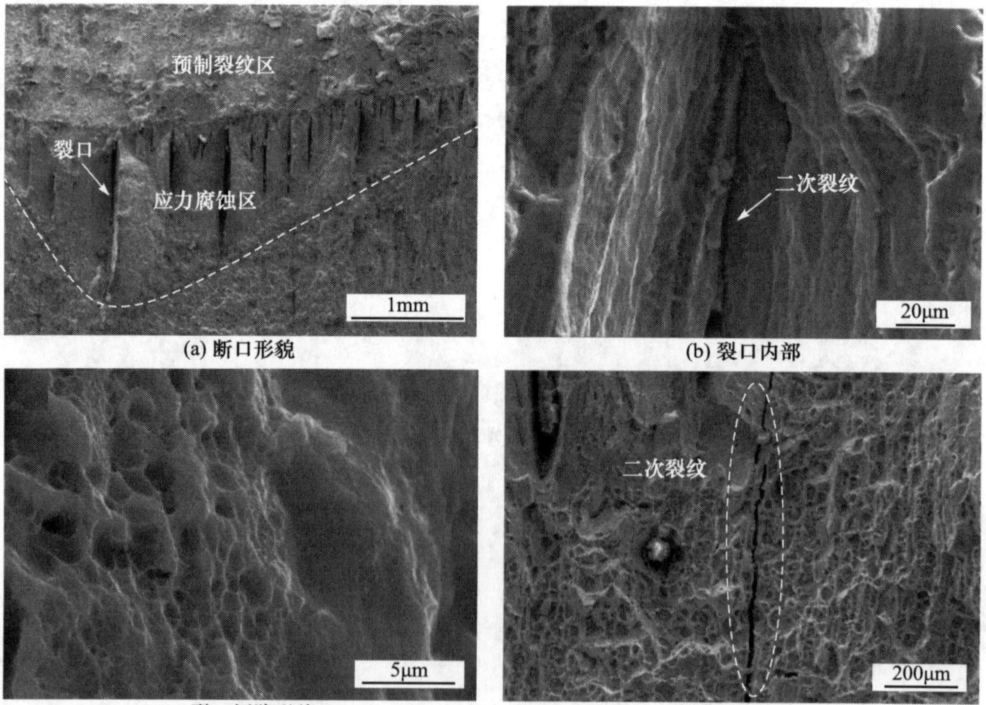

(a) 断口形貌　　(b) 裂口内部

(c) 裂口侧壁形貌　　(d) 二次裂纹

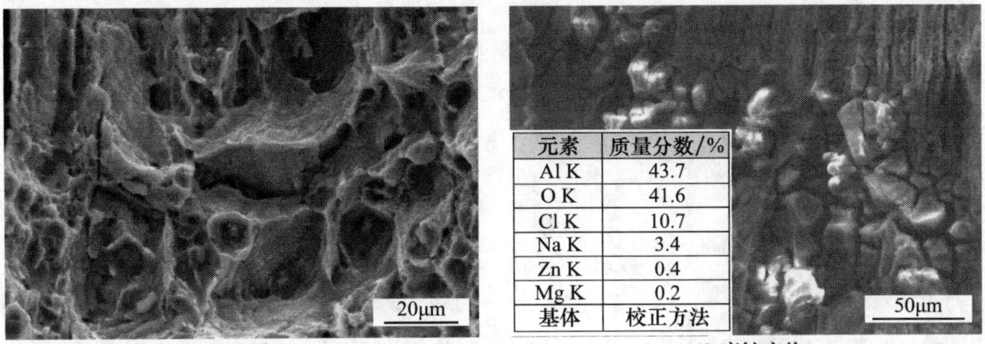

(e) 韧窝　　　　(f) 腐蚀产物

图 5.8　7B05-T5 铝合金应力腐蚀裂纹打开后断口形貌

中长而深的裂纹打开，在 SEM 下观察裂纹侧壁发现冰糖状花样(见图 5.9(d))，冰糖状边缘较钝，这可能是腐蚀时间过长使晶界遭到腐蚀所致。二次裂纹缝隙较大且沿晶界分布，晶面上有被腐蚀的痕迹。将图 5.9(d)中的虚线部分继续放大，发现断口晶面上有微孔和发纹(见图 5.9(e))。腐蚀产物呈泥状花样，主要含 Al、O、Cl、Na 等元素，推测为 Al_2O_3、$AlCl_3$、$Al(OH)_3$ 和 NaCl 等盐类物质。

上述断口特点反映出，7B05-T5 铝合金母材及其焊接热影响区应力腐蚀裂纹既有阳极溶解的特征，又有氢脆的特征。

5.2.3　A7N01 铝合金激光-MIG 复合焊接接头各微区腐蚀性能

高速列车车体大多采用全焊接结构，焊接接头由于热输入的影响而具有不均质性，导致微观组织发生突变，突变的微观组织致使接头性能下降，导致焊接接头成为车体结构比较薄弱的环节，所以铝合金焊接接头质量直接影响到列车车体的安全运营。对于常用的 A7N01 铝合金材料，整个焊接接头主要分为焊缝、熔合区、热影响区(固溶区和过时效区)和母材四个区域，如图 5.10 所示。其中，焊缝主要呈粗大的柱状晶和少量等轴晶组织；热影响区晶粒受快速加热和快速冷却过程的影响，导致合金的晶粒发生长大，组织和力学性能发生变化，同时也成为一个对腐蚀非常敏感的区域。接头各微区的范围较小，若想研究实际接头中各微区组织、性能等是不易的。因此，我们尝试用热电偶采集实际焊接过程中各区的焊接热循环参数，并借助热模拟的方法获得放大的各区。但在焊缝和熔合区采集焊接热循环参数时，热电偶易被熔化而使采集失败，故只获得了固溶区和过时效区的焊接热循环参数。下面将详细介绍激光-MIG 复合焊接接头各微区微观组织、第二相分布等与腐蚀性能的关系。

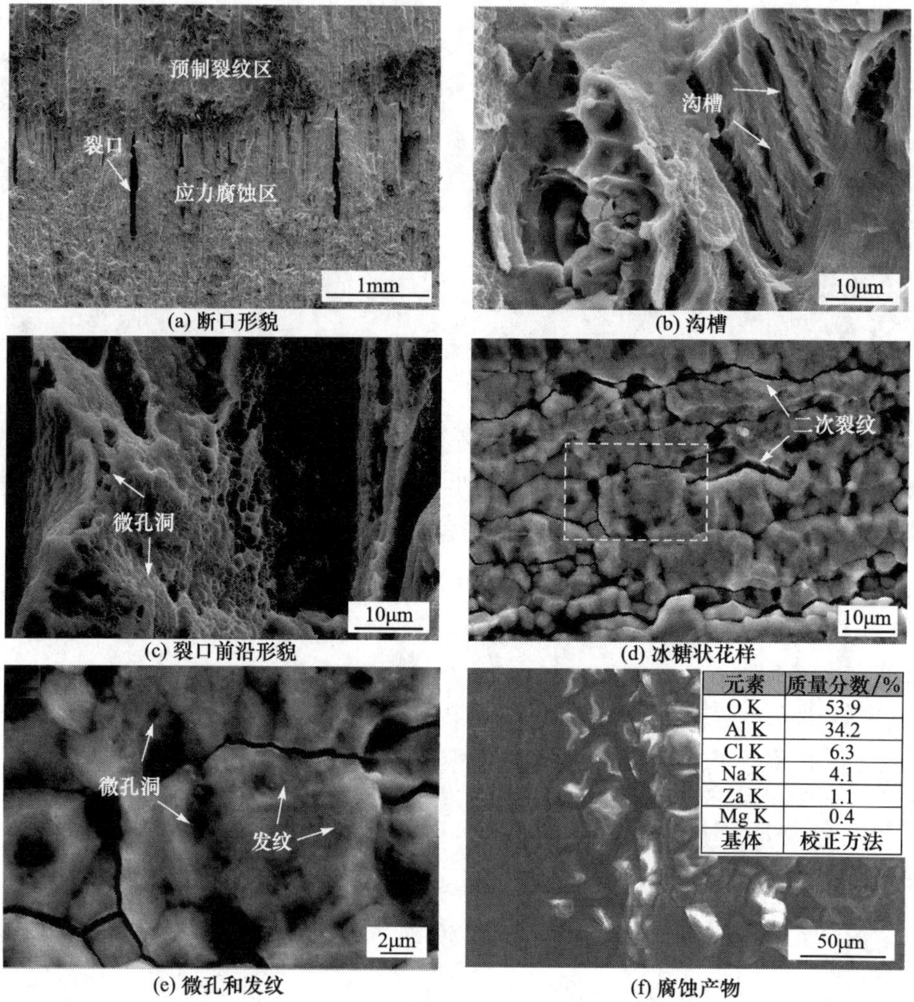

图 5.9　接头热影响区 WOL 试样断口形貌

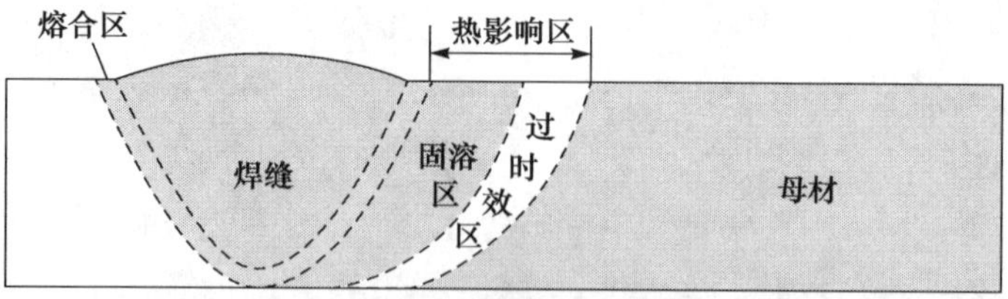

图 5.10　A7N01 铝合金焊接接头微区分布示意图

1. 接头晶界特点与应力腐蚀性能关系

图 5.11 和图 5.12 分别为高速列车用结构材料 A7N01S-T5 铝合金和 A7N01P-T4 铝合金激光-MIG 复合焊接接头热物理模拟热影响区微观组织

图。对于 A7N01S-T5 铝合金，在固溶区温度范围内(480℃、420℃)，接头晶粒粗大，尺寸分布不均匀，大角度晶界较多。在过时效区(320℃、260℃)，晶粒细小，沿合金的挤压方向分布均匀，合金中的小角度晶界较多。而对于 A7N01P-T4 铝合金，在固溶区温度范围内(480℃)，试件带状组织明显，晶粒粗大，条带较宽，且在粗大的带状组织之间又夹杂有细小的亚晶粒，即该参数下合金晶界主要为大角度晶界，大角度晶界之间夹杂有部分小角度晶界；而在过时效区(320℃)，晶粒细小，沿轧制方向呈细小的条带状分布，晶粒大小分布均匀，合金的晶界主要表现为小角度晶界。基于理论分析可知，大角度晶界的界面能较高，大角度晶界将为第二相提供优先析出位置，导致晶界析出较多粗大的连续分布的第二相，同时也会导致晶界无沉淀析出带变宽，这就会增加晶界附近的电位差，致使合金的耐蚀性变差；小角度晶界的界面能相对大角度晶界有所降低，并且第二相在小角度晶界上的富集程

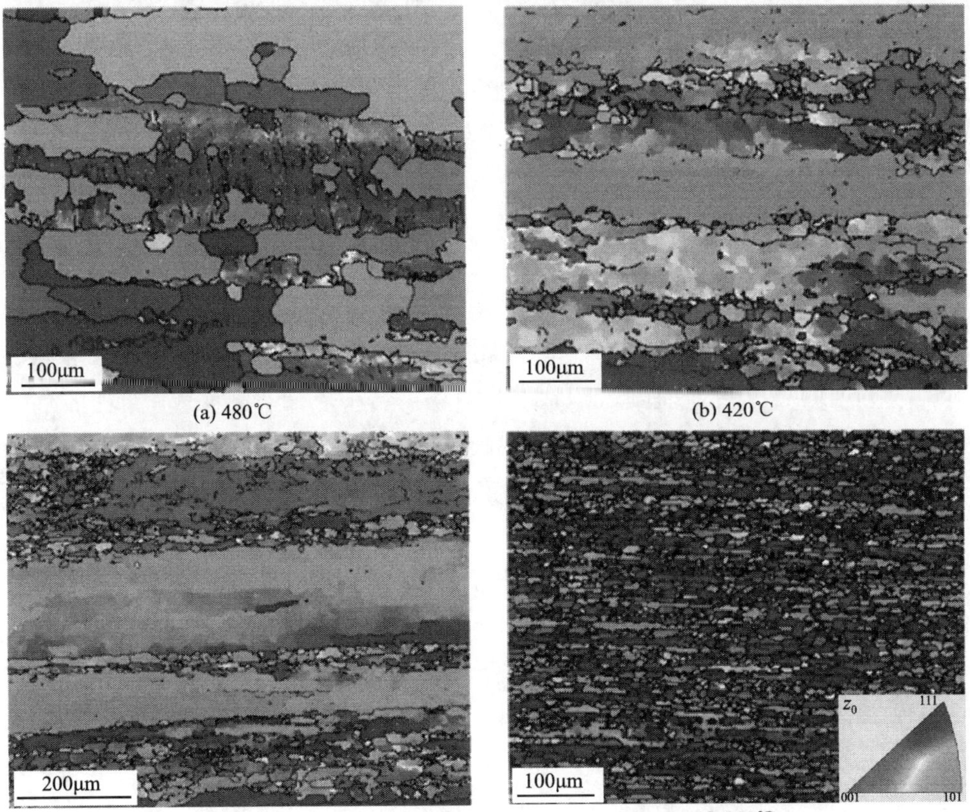

图 5.11　A7N01S-T5 铝合金激光-MIG 复合焊接接头热物理模拟热影响区微观组织图(见文后彩图)

度也将小于在大角度晶界上的富集程度，小角度晶界可改善合金的耐蚀性。因此，A7N01 铝合金激光-MIG 复合焊接接头过时效区腐蚀性能从理论上优于固溶区。

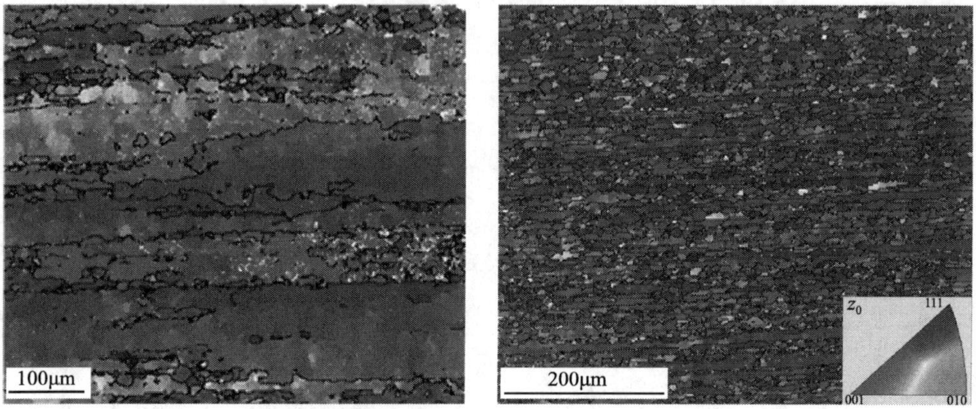

(a) 480℃　　(b) 320℃

图 5.12　A7N01P-T4 铝合金激光-MIG 复合焊接接头热物理模拟热影响区微观组织图(见文后彩图)

2. 接头第二相与晶间腐蚀性能关系

高速列车用铝合金，尤其以可热处理的 6XXX 系及 7XXX 系铝合金而言，在激光-电弧复合焊接作用下经历不同的热循环条件，得到不同的晶界状态及第二相组织，晶界第二相或无沉淀析出带等与基体电位不同，导致以 Al 基体为阴极，晶界为阳极，构成“小阳极-大阴极”的腐蚀微电池；或者以 Al 基体为阳极，第二相为阴极，构成“大阳极-小阴极”的腐蚀微电池，进而优先沿着晶界附近的基体区域发生腐蚀。合金中晶界第二相、晶界无沉淀析出带或晶界结构等会影响晶间腐蚀。

以 A7N01 铝合金激光-MIG 复合焊接接头为例，A7N01 铝合金各接头微区的晶间腐蚀特性差异较大，在 NaCl-H_2O_2 溶液中腐蚀 6h 后的失重如图 5.13 所示。对于晶间腐蚀，A7N01S-T5 和 A7N01P-T4 铝合金母材的腐蚀失重最低，而接头固溶区及过时效区腐蚀失重高于母材，且固溶区的失重更大。由于晶间腐蚀属于局部腐蚀行为，腐蚀失重只能作为评判合金腐蚀程度的辅助手段。为了进一步分析合金在 NaCl-H_2O_2 溶液中的耐晶间腐蚀性能，也为了进一步分析合金的腐蚀深度，制备侧面金相测量合金的腐蚀深度，并进行腐蚀等级评定，结果如表 5.2 所示。可得，A7N01S-T5 和

A7N01P-T4 铝合金母材的腐蚀等级均为 2 级，热影响区腐蚀等级均为 3 级，即热影响区抗晶间腐蚀性能明显要低于母材的抗晶间腐蚀性能。

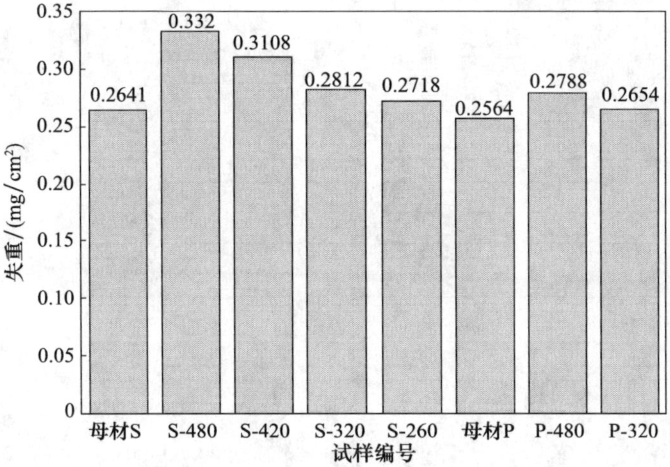

图 5.13　激光-MIG 复合焊接接头微区试件在 NaCl-H_2O_2 溶液中腐蚀 6h 后的失重

表 5.2　试件在 NaCl-H_2O_2 溶液中腐蚀最大深度及腐蚀级别

试样编号	腐蚀深度/μm	腐蚀级别	试样编号	腐蚀深度/μm	腐蚀级别
母材 S	23.36	2	S-480	80.86	3
母材 P	27.27	2	S-420	37.45	3
P-480	37.14	3	S-320	34.31	3
P-320	34.36	3	S-260	31.03	3

图 5.14 和图 5.15 分别为高速列车用结构材料 A7N01S-T5 铝合金和 A7N01P-T4 铝合金热模拟试件的第二相分布图。通过热物理模拟热影响区微观组织，固溶区及过时效区因经历不同的热循环过程，$MgZn_2$ 强化相在固溶区（480℃）有所减少，这是因为 $MgZn_2$ 在 Al 中固溶温度为 470℃左右，故在该温度的热循环参数下，更多的 $MgZn_2$ 固溶到 Al 基体中，起到固溶强化作用；固溶区（420℃）温度区域，$MgZn_2$ 含量稍有减少；且合金在高温热循环参数下的热模拟组织中含 Fe、Si 杂质元素的第二相分布也较多，主要是由于这些杂质相在母材组织中分布不均匀，部分区域发生偏聚，尤其是 A7N01P-T4 铝合金固溶区（480℃），在该微小区域里，大量 Al-Fe-Si 和少量 Mg_2Si 等杂质相偏聚。另外，固溶区由于晶粒粗大，合金中的第二相除了沿其晶界分布外，在合金的晶粒内部也分布有少量较小尺寸的第二相。而在过时效组织中，$MgZn_2$ 强化相分布较多，主要沿合金的晶界及变形晶粒组织的位错分布，同时还存在 Al-Fe-Mn 杂质相。

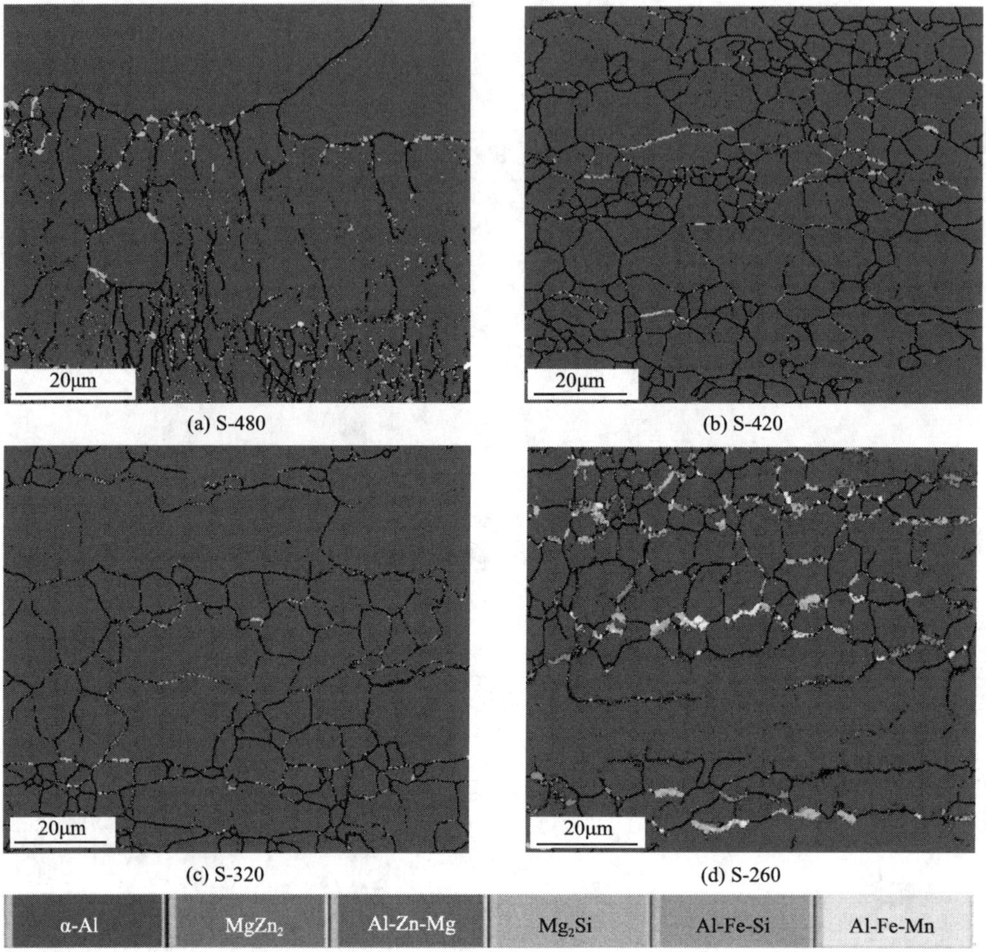

图 5.14　A7N01S-T5 铝合金热模拟试件的第二相分布图(见文后彩图)

因 $MgZn_2$ 强化相及不同的第二相在腐蚀溶液中与 Al 基体构成不同电极电位差异,以在 NaCl-H_2O_2 溶液中为例,电极电位如表 5.3 所示。粗大的含 Fe、Si 元素的杂质相电位较高,作为阴极参与腐蚀反应,会对合金的耐晶间腐蚀性产生不利影响。经不同热循环模拟后的 A7N01 铝合金,由于大量粗大的第二相残留在晶界上,增加了合金的晶间腐蚀敏感性。A7N01 铝合金及热模拟试件在合金的晶界及晶内均分布有第二相,晶内主要是弥散细小的 η'($MgZn_2$)亚稳相和 η($MgZn_2$)相,在晶界处则是连续分布的较大尺寸的 η($MgZn_2$)相、无沉淀析出带(PFZ)以及粗大的杂质相,如 Al-Fe-Si、Al-Fe-Mn、Mg_2Si 等。与铝基体相比,η($MgZn_2$)强化相的电极电位较小,为

(a) P-480　　(b) P-320

图 5.15　A7N01P-T4 铝合金热模拟试件的第二相分布图(见文后彩图)

−1.04V，而含 Fe、Si 元素的第二相电位较大，故含 Fe、Si 元素的第二相在腐蚀电池中作为阴极来参与反应，因此 Fe、Si 元素对合金的耐蚀性影响最大，并且其杂质相尺寸越大、分布数量越多，对合金的腐蚀性影响越强烈。

表 5.3　铝固溶体及其第二相在 $NaCl$-H_2O_2 溶液中的电极电位

相名称	电位/V	相名称	电位/V	相名称	电位/V
Mg	−1.73	Cu	−0.20	Al-1%Zn 固溶体	−0.96
Zn	−1.10	Si	−0.26	Al-4%Zn 固溶体	−1.02
99.96%Al	−0.85	$CuAl_2$	−0.73	Al-4%Mg 固溶体	−0.87
Mg_2Al_3	−1.24	$NiAl_3$	−0.62	Al-Mg-Si(1%Mg_2Si)	−0.83
η($MgZn_2$)	−1.04	$MnAl_6$	−0.85	Al-1%Si 固溶体	−0.81
α(Al-Mg)或 Mg_5Al_8	−1.07	$CuMgAl_2$	−1.00	Al-2%Cu 固溶体	−0.75
α(Al-Mn)或 $MnAl_6$	−0.85	$FeMnAl_{12}$	−0.84	Al-4%Cu 固溶体	−0.69
α(Al-Fe)或 $FeAl_3$	−0.56	Fe_2SiAl_8	−0.56	Al-Zn-Mg 固溶体	−1.07

此外，合金的晶界及晶内不同程度地分布有 $MgZn_2$ 强化相和 Fe、Si 杂质相，这些第二相与 Al 基体的电位不同，导致合金的晶界、晶内、晶界与晶内都存在不同电位差的腐蚀微电池，这为试样表面电化学腐蚀的发生提供了活化途径。在腐蚀环境中，电位较低的相作为阳极优先被溶解，合金第二

相聚集的区域极易形成腐蚀通道，在慢拉伸应力的作用下，腐蚀介质能够与新的金属接触，加速电化学反应的进行。同时，母材及接头中分布有含 Fe、Si 的第二相，在慢拉伸应力作用下，当合金发生塑性变形时，第二相与基体变形不协调，阻碍位错滑移，使第二相附近塞积的位错数量增多，引起应力集中，促使细小裂纹的产生，并逐渐形成宏观裂纹[3]。加之，晶界处缺陷多、能量较高，主要聚集了粗大的第二相，导致晶界处腐蚀反应最强烈，晶界附近的低电位相在阳极反应过程中不断被溶解掉，Fe、Si 硬脆相又起到缺口作用，使得裂纹就优先在晶界附近萌生、扩展，最终形成沿晶界方向的宏观沟槽状裂纹，进而导致应力腐蚀。合金在溶液中发生腐蚀时，阴极和阳极反应主要如下。

阴极：

$$2H_2O + 2e^- \longrightarrow H_2 + 2OH^-$$

$$2H_2O + O_2 + 4e^- \longrightarrow 4OH^-$$

阳极：

$$Al \longrightarrow Al^{3+} + 3e^-$$

$$Al^{3+} + H_2O + Cl^- \longrightarrow AlOHCl^+ + H^+$$

$$Al^{3+} + 3OH^- \longrightarrow Al(OH)_3$$

$$2Al + 6H^+ + 4Cl^- \longrightarrow 2AlCl_2^+ + 3H_2$$

腐蚀进行过程中，合金在腐蚀环境中暴露出来的晶界与表面处的水分发生化学反应，生成颇具活性的原子氢，即 $2Al + 3H_2O \longrightarrow Al_2O_3 + 6[H]$。活性原子氢可通过吸附、扩散和位错运动等方式进入材料内部，这些氢原子倾向于集聚在合金的晶格点阵缺陷处，而晶界又是点阵缺陷最多之处，因而晶界就会富集氢，致使晶界强度有所降低，使得金属局部脆化。因此，在慢拉伸试验中，拉伸应力的作用导致氢易于沿着合金的晶界扩散进入裂纹尖端，进而产生氢脆现象。同时合金因吸附氢而降低了晶界表面能，降低了晶间结合力，使合金易于晶间断裂。此外，氢还可降低裂缝前缘原子键的结合能，从而加速应力腐蚀裂纹的扩展。

固溶区(480℃和 420℃)热模拟试件，合金中第二相电位差较大，导致合金中产生的多效应微电池反应剧烈，阳极反应加快，进而阴极原子氢增多，在慢拉伸应力的作用下，阴极的氢脆效应进一步加速了应力腐蚀裂纹扩展，导致高温热模拟试件应力腐蚀敏感性增强。此外，固溶区较多的大角度晶界也会导致在腐蚀介质中，在拉伸应力的作用下，裂纹的扩展路径为沿晶界扩展；另外，固溶区试件中也含有较多硬脆颗粒，这些大的硬脆相极易在合金表面形成微孔，促使微裂纹形成，进而加速应力腐蚀裂纹扩展，使合金断口呈现大量的沿晶裂纹，表现出沿晶型脆性断裂。而对于过时效模拟试件，由于第二相形成的微观电偶作用较弱，合金的多效应微电池反应减缓，阴极析氢反应减慢，致使合金的应力腐蚀敏感性稍有降低。而且过时效区由于低温下组织回复，其大角度晶界减少，因而在腐蚀介质中，外加拉伸应力作用下，裂纹扩展呈现沿晶和穿晶并存，断口呈现韧脆混合型断裂。

基于这样的腐蚀机制，A7N01 铝合金接头热影响区的应力腐蚀敏感指数高于其母材，且固溶区（480℃和 420℃）热模拟试件的应力腐蚀敏感指数明显高于低温过时效区（320℃和 260℃），如表 5.4 所示。整体而言，从应力腐蚀敏感指数 I_{SSRT} 结果来看，A7N01 铝合金接头的应力腐蚀敏感指数都大于 0.1，表现出较强的应力腐蚀敏感性[4]。

表 5.4　慢应变速率拉伸试验结果[4]

试样编号	平均断裂强度/MPa	平均延伸率/%	试验环境	应力腐蚀敏感指数 I_{SSRT}
S	315.63	14.16	空气	0.0796
S	302.58	12.57	3.5%NaCl	
P	404.97	18.06	空气	0.0678
P	401.96	16.90	3.5%NaCl	
P-480	389.29	18.98	空气	0.1101
P-480	380.12	17.21	3.5%NaCl	
P-320	380.95	21.86	空气	0.0785
P-320	372.90	20.52	3.5%NaCl	
S-480	365.91	21.10	空气	0.1262
S-480	355.6	18.87	3.5%NaCl	
S-420	369.41	21.00	空气	0.1244
S-420	358.48	18.85	3.5%NaCl	
S-320	301.39	12.26	空气	0.0910
S-320	294.63	11.33	3.5%NaCl	
S-260	303.32	13.09	空气	0.0807
S-260	291.91	12.46	3.5%NaCl	

5.2.4 激光-MIG复合焊接接头腐蚀疲劳性能

腐蚀疲劳被定义为结构在交变载荷和腐蚀环境共同作用下所产生的一种破坏形式，其本质是电化学过程和力学过程的共同作用[5]。从其破坏力来看，腐蚀疲劳并非腐蚀作用和疲劳破坏的简单叠加，而是两者协同、共同促进的过程，因此其具有极大的破坏力。对于铝合金腐蚀疲劳裂纹萌生机理方面的研究，尚未形成定论。腐蚀疲劳裂纹萌生机理大致可分为以下几种类型[6~12]：①点蚀导致腐蚀疲劳裂纹萌生；②氢脆致使疲劳裂纹萌生；③疲劳加载过程中表面腐蚀产物或氧化物随滑移带的挤入和挤出楔入基体内部致使裂纹产生。

目前，点蚀致使裂纹产生机理是接受度最高的一种理论[13~15]。当腐蚀作用发生在金属表面某些微区，同时随着时间推移，腐蚀不断向金属内部发展时，便发生点蚀。对铝合金材料而言，点蚀的发生概率很大。点蚀一般发生在金属材料表面物理性质和化学性质不均衡部位，如材料内部存在的夹杂、第二相粒子或由机械损伤引起的缺陷部位都是点蚀容易发生的区域。金属表面往往处于电化学不均匀状态，同时疲劳过程中局部产生的滑移带使该区域处于活化状态，当结构处于腐蚀性体系中时，电化学活跃区将作为阳极被腐蚀，从而形成腐蚀坑产生应力集中，此处极可能成为疲劳裂纹萌生区域。Harlow等[16]认为，点蚀是由金属微观粒子所引发的一种局部腐蚀，特别是对于焊接接头，夹杂及其他焊接缺陷处均是易于产生腐蚀坑的部位。

氢脆也是导致腐蚀疲劳裂纹萌生的一个重要因素，尤其对金属铝而言，铝在全部的pH范围内都能够发生析氢腐蚀，而氢原子的聚集会使界面局部变脆，因此氢脆是产生腐蚀疲劳裂纹的关键因素。一般情况下，铝在空气中极易与氧结合生成致密Al_2O_3氧化膜，对基体金属形成保护，因此空气中铝合金具有良好的抗腐蚀性能。但是，某些特殊的腐蚀介质能够破坏Al_2O_3氧化膜从而使基体发生腐蚀。盐类溶液中，阴阳离子的特性会对铝合金的抗腐蚀性能产生极大的影响，使铝合金耐蚀性下降。这是因为F^-、Cl^-等能够破坏铝合金表面致密氧化膜，从而加剧铝合金在盐溶液中的腐蚀[5]。H_2的聚集一方面会使基体内部内压增大产生微裂纹，另一方面氢的吸附容易引起基体金属原子间的脱聚，使裂纹更易萌生。

之前的众多研究发现，吸附于表层的氧化产物或盐晶也会对裂纹萌生产生巨大影响[17~19]。此外，阳极溶解理论也是被大家普遍接受的一种裂纹萌生机理[20]。铝合金结构在疲劳加载下会产生局部塑性变形，表面氧化膜被破坏后，新鲜金属裸露于腐蚀液中，使其电极电位下降，而受氧化膜覆盖部位的金属电位较高，在腐蚀液中形成腐蚀电池而发生电偶腐蚀，新鲜金属作为阳极被溶解，从而形成腐蚀疲劳裂纹雏形。

针对 A7N01P-T4 铝合金激光-MIG 复合焊接接头的焊缝区，在 3.5% NaCl 中研究其腐蚀疲劳裂纹萌生及短裂纹扩展行为，图 5.16 为接头焊缝区取样图，并以 0.25mm 作为裂纹萌生特征尺寸[18]。

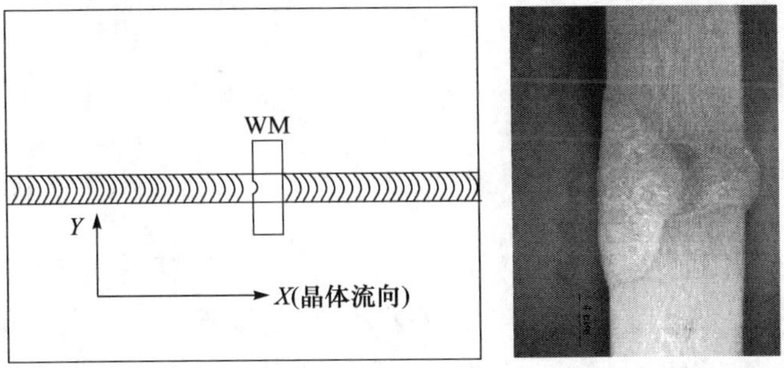

图 5.16　A7N01P-T4 铝合金激光-MIG 复合焊接接头焊缝区取样[18]

获得了 A7N01P-T4 铝合金焊接接头腐蚀疲劳裂纹起始寿命曲线：

$$N_i = 6.79 \times 10^{12} (\Delta\sigma_{eqv}^{1.739} - 49^{1.739})^{-2} \tag{5.1}$$

式中，N_i 为裂纹萌生时的疲劳载荷循环次数，cycle；$\Delta\sigma_{eqv}$ 为疲劳起始寿命，MPa。

焊接接头与其他铝合金材料在空气环境和盐水中的疲劳起始寿命与循环次数曲线（见图 5.17）相比，在腐蚀性环境中铝合金的疲劳裂纹起始抗力系数明显小于空气中的疲劳裂纹起始抗力系数，这说明腐蚀性环境中铝合金抵抗萌生裂纹的能力变差，这将导致裂纹的尽快起裂进而加快整体构件的疲劳失效过程。焊接接头腐蚀疲劳失效机制主要以点蚀和腐蚀产物“楔入”导致微裂纹产生和“形变活化”影响铝合金腐蚀疲劳裂纹萌生为主。

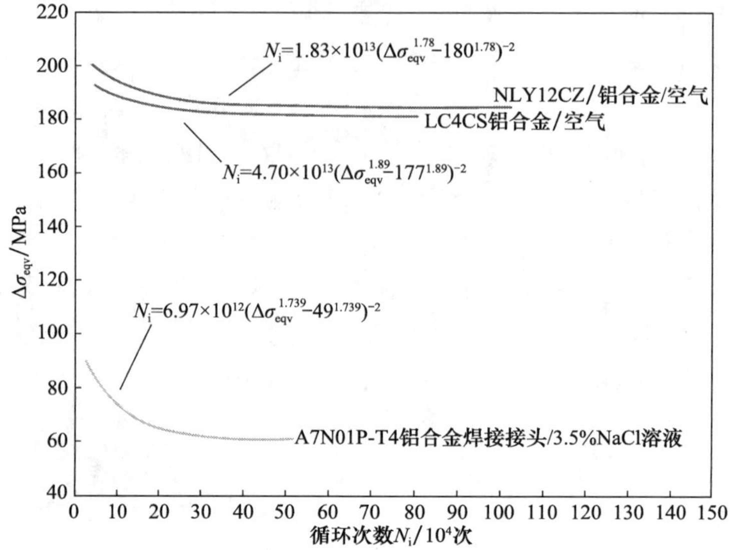

图 5.17　铝合金在空气环境和盐水中疲劳起始寿命与循环次数曲线

A7N01P-T4 铝合金激光-MIG 复合焊接接头腐蚀疲劳存在多个疲劳源，如图 5.18(a)所示，不同疲劳源处裂纹的萌生存在时间差，并且最终只有其中一条裂纹能够发展成为主裂纹。在先后萌生的三条裂纹中，首先萌生的裂纹 1 在扩展了一段距离后停止扩展，而后萌生的裂纹 2 最终发展成为主裂纹(见图 5.18(b))，这说明在铝合金腐蚀疲劳过程中，最先产生的裂纹并不一定会发展成为主裂纹。裂纹萌生部位一般位于应力集中部位，如腐蚀坑、夹杂或结构形状非均匀过渡等处，较大的应力集中很容易导致微观局部产生裂纹。当铝合金构件在腐蚀性环境中受到疲劳载荷作用时，晶粒很容易产生滑移，而覆盖于该区域的 Al_2O_3 膜性硬而质脆，随着晶粒内部滑移的进行会产生破碎，随着金属表面的“挤出”和“侵入”，表层氧化物也会被带入基体，同时内部的“挤出”和“侵入”也会使新鲜金属暴露在空气中，基体铝合金会迅速与氧结合生成 Al_2O_3 保护膜附于基体表面，如此数次循环之后，滑移面上的氧化物将减弱滑移面间的黏附强度，继而可能会发展成为裂纹萌生部位，裂纹 2 的产生正是基于这一机理，如图 5.19 所示[15]。

形变活化也会对腐蚀疲劳裂纹萌生产生影响，疲劳引起材料内部的局部塑性变形时，产生塑性变形的区域将被“活化”，其化学电位将降低，在腐蚀性环境中该部位将作为阳极优先溶解，从而导致微裂纹的产生[21,22]。

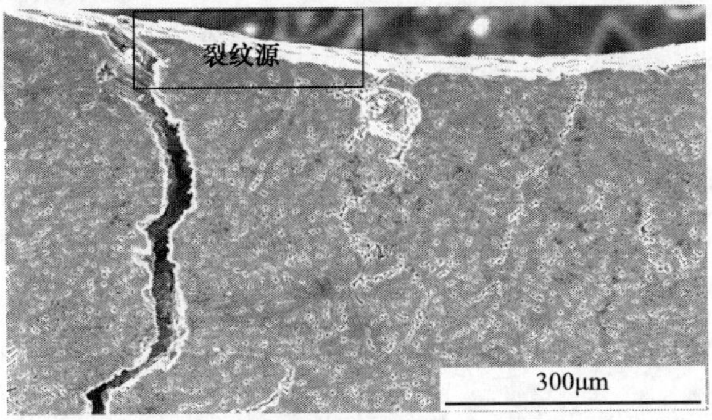

(a) 裂纹源区

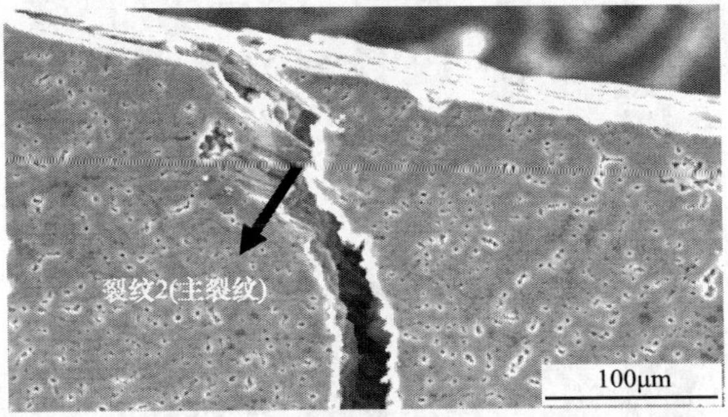

(b) 主裂纹

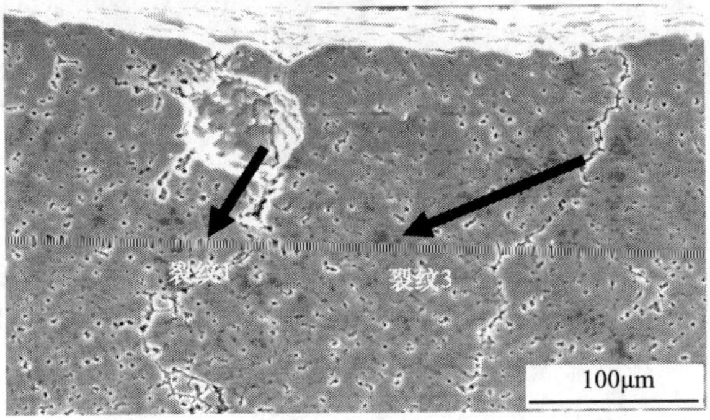

(c) 其他裂纹

图 5.18　半圆形缺口边缘多裂纹源形貌

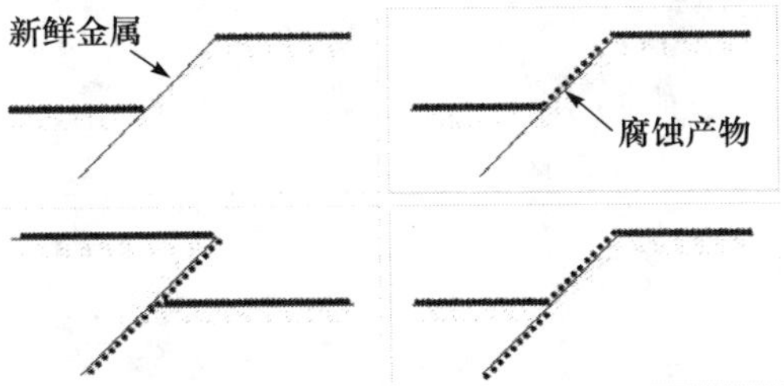

图 5.19　氧化物侵入导致裂纹萌生[15]

对 A7N01P-T4 铝合金激光-MIG 复合焊接接头不同腐蚀疲劳加载次数下的试样采用 TEM 进行观察，如图 5.20 所示，发现疲劳加载后铝合金内部存在大量的网状位错，且晶界附近存在大量的网状位错，并且位错在两侧明显分布不均，仅仅晶界一侧位错多而密集，形成一个高密度位错区(见图 5.20(a))。当金属材料内部局部发生形变时，该区域将被活化，此时其化学电位将显著降低，在电化学腐蚀过程中将作为阳极而优先溶解从而产生微裂纹，因此腐蚀疲劳过程中形成的高密度位错区极有可能成为疲劳裂纹萌生的起源地。此外，第二相位于晶界上或晶界附近时，晶界和第二相对位错运动的阻碍作用会叠加，进一步引起位错的相互缠绕而形成高密度位错区(见图 5.20(b))，在腐蚀疲劳过程中，由于高密度位错区被高度活化，在电化学反应中作为阳极被溶解，该部位将极有可能形成微裂纹(见图 5.21)，成为裂纹萌生区域。与此同时，当位于第二相或夹杂附近的高密度位错区被溶解后，第二相或夹杂将因为失去依附而自动脱落，该区域将形成应力集中，从而进一步加快裂纹的萌生。

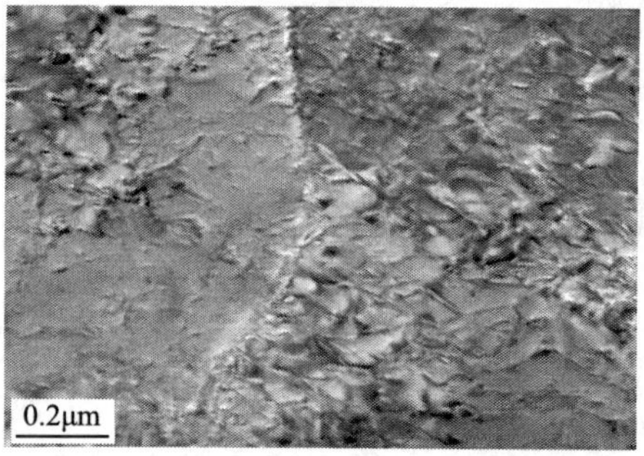

(a) 高密度位错区

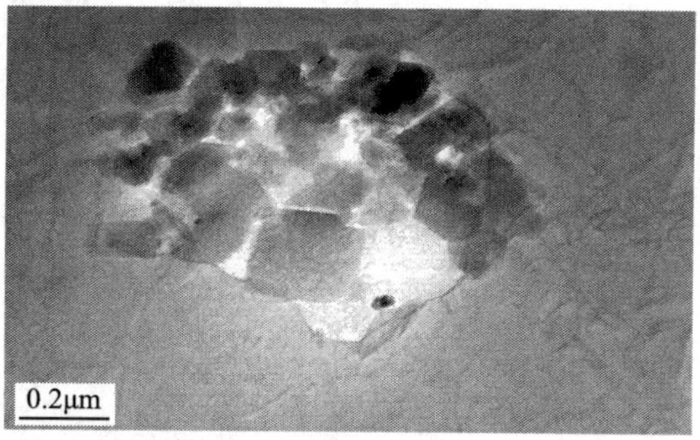

(b) 第二相粒子

图 5.20　铝合金在疲劳作用下位错分布

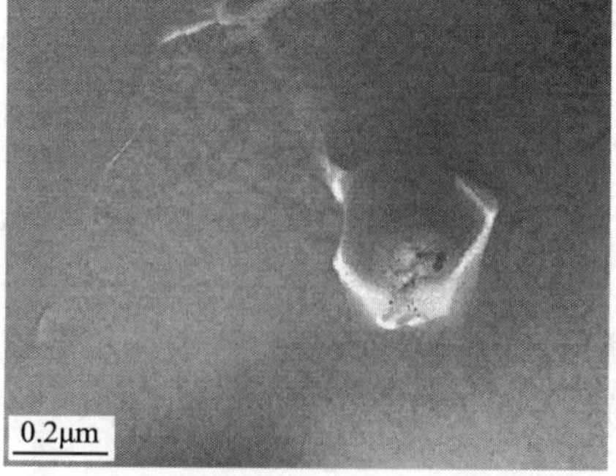

图 5.21　铝合金在疲劳作用下产生的微裂纹

5.3　可靠性分析

5.3.1　焊接接头的疲劳及影响因素

1. 焊接接头的疲劳特征

疲劳是材料在循环应力或应变的反复作用下所发生的性能变化，是一种损伤积累的过程。经过足够次数的循环应力或应变作用后，焊接结构局部就会产生疲劳裂纹或断裂。疲劳与脆性断裂相比，二者断裂时的形变都很小，但疲劳断裂需要多次加载，而脆性断裂一般不需要多次加载；结构脆性断裂是瞬时完成的，而疲劳裂纹的扩展较缓慢，需经历一段时间甚至很长时间才发生破坏。对于脆性断裂，温度的影响是极其重要的，随着温度的降低，体心立方结构的材料脆性断裂的危险迅速增加，但材料的疲劳强度变化规律尚不明晰。

一般疲劳的应力水平比屈服强度低，因此无论是韧性材料还是脆性材料，在疲劳断裂前发生的宏观塑性变形不明显，肉眼难以察觉。它是在长期累积损伤过程中，经裂纹萌生和缓慢亚稳扩展到临界尺寸时突然发生的。此外，疲劳断裂还具有延时断裂及对缺陷十分敏感等特点。

金属结构的疲劳破坏往往取决于材料本身、构件的形状、尺寸、表面状态和服役条件。任何材料的疲劳断裂过程都会经历裂纹萌生、稳定扩展和失稳扩展三个阶段。

焊接结构的疲劳破坏往往起源于焊接接头的应力集中区，因此焊接结构的疲劳实际上是焊接接头细节部位的疲劳。焊接接头中通常存在未焊透、夹渣、咬边、裂纹和气孔等焊接缺陷。这些“先天”的疲劳裂纹源可直接越过疲劳裂纹萌生阶段，缩短断裂的进程。焊接接头处存在严重的应力集中和较高的焊接残余应力，都会使焊接结构更容易产生疲劳裂纹，导致疲劳断裂。

实际焊接接头的轮廓参数沿焊缝长度方向是随机变化的，由此产生的应力集中也是随机变化的，这种随机性导致疲劳裂纹萌生也具有随机特性[23]。因此，在焊接接头的疲劳过程中，可能同时或者先后在沿焊趾长度方向上萌生多个疲劳裂纹，这些小裂纹的扩展使相邻裂纹合并成为较长裂纹，较长裂纹进一步扩展与合并成为长而浅的焊趾疲劳裂纹。

2. 焊接接头疲劳强度的影响因素

影响基体金属疲劳强度的因素有应力集中、截面形状尺寸、表面状态、加载情况和环境介质等。另外，焊接结构本身的一些特点，如接头组织性能变化、焊接缺陷和残余应力等，也会对焊接结构的疲劳强度产生影响。

1）应力集中的影响

焊接结构的疲劳强度由于应力集中程度的不同而有很大的差异，焊接结构的应力集中包括焊接接头区焊趾、焊根、焊接缺陷引起的应力集中和由于结构截面突变造成的结构应力集中。若在结构截面突变处有焊接接头，则其应力集中更为严重，最容易产生疲劳裂纹。

应力集中对疲劳强度的影响可以用疲劳缺口系数 K_f 来衡量，K_f 定义为无缺口试件疲劳强度 σ_A（应力幅）与缺口试件疲劳强度 σ_{AK}（应力幅）的比值，即

$$K_f=\frac{\sigma_A}{\sigma_{AK}} \tag{5.2}$$

缺口或者零件横截面积的变化使这些部位的应力、应变增大，在高周疲劳范围，缺口应力对于裂纹萌生和裂纹扩展的初始阶段虽不是唯一的影响因素，但往往是决定性因素。在焊接结构中，若焊缝出现于尖锐缺口，这不仅会降低整个结构的强度，还会引起强烈的应力集中，应力集中部位是结构的疲劳薄弱环节，决定结构的疲劳寿命。

2）焊接残余应力的影响

焊接残余应力对疲劳强度的影响比较复杂。一般而言，焊接残余应力与疲劳载荷相叠加，如果是压缩残余应力，则降低原来的平均应力，其效果表现为提高疲劳强度。反之，若是拉伸残余应力，则提高原来的平均应力，从而降低焊接构件的疲劳强度。由于焊接构件中的拉伸、压缩残余应力是同时存在的，疲劳强度分析要综合考虑残余应力的作用。

3）焊接缺陷的影响

焊接缺陷对疲劳强度的影响是与缺陷的种类、尺寸、方向和位置有关的。即使缺陷率相同，片状缺陷（如裂纹、未熔合、未焊透等）的影响比带圆角的缺陷（如气孔等）大；表面缺陷的影响比内部缺陷大；与作用力表面垂直的片状缺陷的影响比其他方向大；位于残余拉伸应力场内的缺陷的影响比位于残余压缩应力场内大；位于应力集中区的缺陷（如焊趾处裂纹）的影响

比均匀应力区的缺陷大。

4）焊接接头组织对疲劳强度的影响

在常温和空气介质条件下的疲劳试验研究表明，母材的疲劳强度与抗拉强度之间有比较好的相关性。焊接接头的组织性能具有很大的不均匀性，疲劳断裂发生在疲劳损伤集中的部位，即使是光滑试样，其断裂可能发生在母材，也可能发生在焊缝、熔合区或热影响区。

5）尺寸的影响

人们在疲劳强度试验中早就注意到了试样尺寸越大，疲劳强度越低这一现象。标准试样的直径通常为 6～10mm，它通常比实际零部件的尺寸小，因此疲劳尺寸系数在疲劳分析中必须加以考虑。导致疲劳强度有差异的主要原因有：对处于均匀应力场中的试样，大尺寸试样比小尺寸试样含有更多的疲劳损伤源；对处于非均匀应力场中的试样，大尺寸试样疲劳损伤区中的应力比小尺寸试样更加严重。

焊接构件的厚度对焊趾应力集中有较大的影响。在同样裂纹深度和峰值应力的条件下，虽然薄板的应力梯度大于厚板的应力梯度，但是在裂纹深处的应力存在较大差异，由此造成裂纹在厚板中更容易扩展。

在评定焊接构件的疲劳强度时，不可能对所有厚度的结构都进行疲劳试验，通常都是根据已知厚度构件的疲劳强度推算其他厚度构件的疲劳强度。例如，当应用 S-N 曲线进行疲劳评定时，若已知厚度为 t_0 构件的疲劳强度为 S_0，拟评定构件厚度为 t，其疲劳强度 S 可以表示为

$$\frac{S}{S_0}=\left(\frac{t_0}{t}\right)^n \tag{5.3}$$

式中，n 为厚度修正参数，焊接状态下的焊缝 n 值一般取 0.33，修整后的焊缝 n 值取 0.20。

6）载荷的影响

绝大多数材料的疲劳强度是由标准试样在对称循环正弦波加载情况下得到的，而实际零部件所受到的载荷是十分复杂的。不同载荷情况对疲劳强度的影响主要包括载荷类型、加载频率、平均应力、载荷波形等。

5.3.2　焊接接头的疲劳强度分析方法

疲劳强度是焊接结构在实际使用中非常重要的一项技术指标。焊接接

头的疲劳裂纹萌生取决于焊趾或焊根等应力集中区的局部缺口应力状态，疲劳裂纹扩展受控于裂纹(包括缺口效应在内)的局部应力强度因子。发生在焊趾或焊根处的疲劳裂纹多数都会进入热影响区或母材，且焊趾与焊根处同时存在缺口效应和不均匀性。在焊接接头疲劳损伤中，局部最大应力起着主导作用，因此焊接接头和焊接结构疲劳强度的工程分析方法有四个不同的层次，即名义应力评定方法、结构应力评定方法、局部应力-应变评定方法和断裂力学评定方法。这四种方法既可相互配合使用，又可各自单独使用。

名义应力评定方法是指根据结构细节的 S-N 曲线进行疲劳强度设计的方法，包括无限寿命设计和有限寿命设计两种方法。无限寿命设计方法使用的是 S-N 曲线的水平部分，即疲劳极限；而有限寿命设计方法使用的是 S-N 曲线的斜线部分，即有限寿命部分。无限寿命设计时的设计应力要低于疲劳极限，比设计应力低的低应力对构件的疲劳强度没有影响。而有限寿命设计应力一般都高于疲劳极限，这时需要按照一定的累积损伤理论来估算总的疲劳损伤，因此有限寿命设计要解决的首要问题是确定恒幅载荷作用下各类结构细节的 S-N 曲线。

结构应力评定方法要求除名义应力外，还应确定焊接结构(受外载荷作用但无缺口效应)中的(非均匀)应力分布情况，为此需要对结构中的应力进行详细计算。一般而言，热点应力只有在结构应力集中较大的情况下才适合作为疲劳强度评定参数，如热点应力集中因数达 10～20 的管节点结构。热点应力法的关键问题是如何计算焊接结构接头处的几何应力，即如何获得热点应力以及该热点所对应的 S-N 曲线。

局部应力-应变评定方法和断裂力学评定方法又称为局部法，这种分析方法是名义应力和结构应力评定方法的发展和延伸。比较而言，名义应力评定方法又称为整体法，而结构应力评定方法是整体法与局部法之间的过渡。这种方法的基本原理认为焊接接头的疲劳破坏都是从应力集中处的最大应力处开始的，局部循环载荷是疲劳裂纹萌生和扩展的先决条件，只要局部循环参数相同，就具有相同的疲劳性能。局部法采用应力集中区域应力场的局部参数作为疲劳断裂的控制参数，建立具有普遍适用性的局部参数与循环次数之间的关系。

图 5.22 为结构疲劳强度评定的整体法和局部法的递进关系。

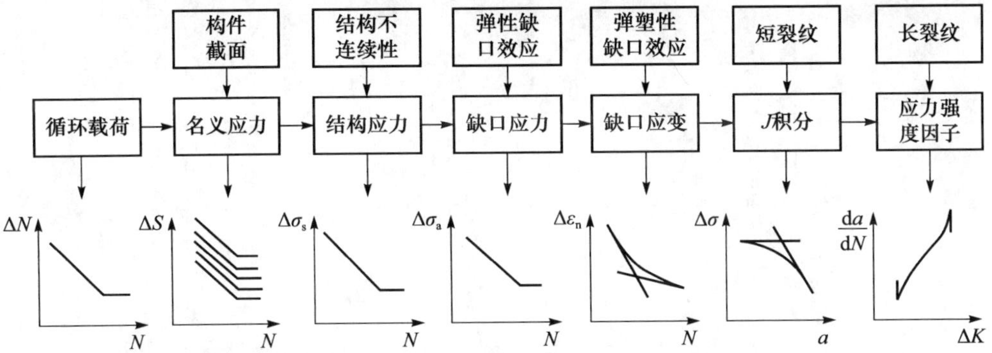

图 5.22　结构疲劳强度评定的整体法和局部法的递进关系

随着疲劳研究的不断深入，疲劳设计与分析方法也得到发展。从疲劳持久极限和应力强度因子门槛值控制的无限寿命设计到利用 S-N 曲线、ε-N 曲线和 Miner 理论进行的有限寿命设计，从裂纹萌生寿命评估到考虑疲劳裂纹扩展，通过综合控制初始缺陷尺寸、剩余强度及检查周期的损伤容限设计和耐久性经济寿命分析，疲劳强度分析与寿命预测的能力不断提高。对于具体焊接构件，不同的疲劳设计与分析方法之间是相互补充的关系，可以满足不同工况的要求。

5.3.3　A7N01S-T5 铝合金激光-MIG 复合焊接接头疲劳性能

8mm A7N01S-T5 铝合金激光-MIG 复合焊接平滑接头成组法疲劳数据如图 5.23 所示，150MPa、160MPa、170MPa 和 180MPa 各有 7 个疲劳数据。将各应力的疲劳数据 $x-\lg N$ 按从小到大的顺序进行编序，对第 i 级数失效概率 P 用式(5.4)进行估计：

$$P_i=\frac{i-0.3}{n+0.4} \tag{5.4}$$

式中，$i=1,2,\cdots,7$；$n=7$。

将各数据绘制在正态概率纸上，如图 5.23 所示，各应力水平下的数据点均能拟合成直线，且拟合确定系数(coefficient of determination，COD)均大于 0.96。可知，各应力水平下的疲劳寿命的对数 $\lg N$ 均符合正态分布。

根据《金属材料　疲劳试验　数据统计方案与分析方法》(GB/T 24176—2009)，由式(5.5)和式(5.6)得到各应力水平下 $\lg N$ 的平均值 $\hat{\mu}_x$ 和标准差 $\hat{\sigma}_x$，如表 5.5 所示。得到 $\hat{\mu}_x$ 和 $\hat{\sigma}_x$ 后，由式(5.7)可得到失效概率 P、置信度$(1-\alpha)$下疲劳强度的下极限估计值 $\hat{x}_{(P,1-\alpha)}$，列入表 5.5。

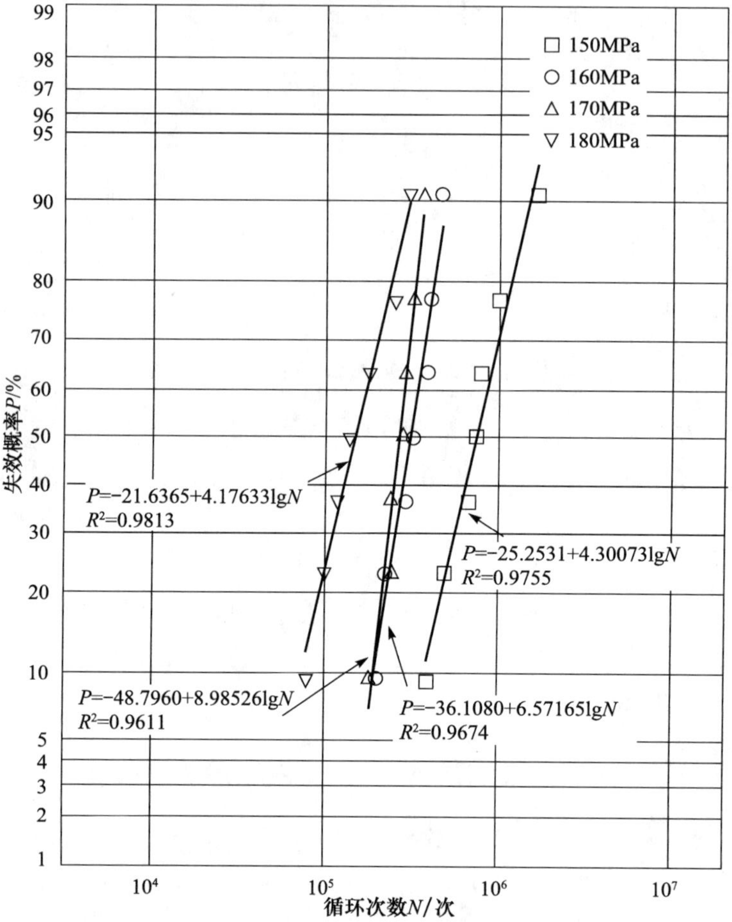

图 5.23　A7N01S-T5 铝合金激光-MIG 复合焊接平滑接头成组法疲劳数据及正态分布验证

表 5.5　成组法疲劳数据统计结果

S_{max}/MPa	$x_{(90)}$	$x_{(10)}$	$\hat{\mu}_x$	$\hat{\sigma}_x$	$\hat{x}_{(0.1,0.95)}$
180	5.4876	4.8739	5.1807	0.2397	4.5203
170	5.5733	5.2880	5.4307	0.1114	5.1237
160	5.6895	5.2995	5.4945	0.1524	5.0748
150	6.1698	5.5738	5.8718	0.2328	5.2305

$$\hat{\mu}_x = \frac{x_{(10)} + x_{(90)}}{2} \tag{5.5}$$

$$\hat{\sigma}_x = \frac{x_{(90)} - x_{(10)}}{2.56} \tag{5.6}$$

$$\hat{x}_{(P,1-\alpha)} = \hat{\mu}_x - k_{(P,1-\alpha,v)}\hat{\sigma}_x \tag{5.7}$$

上述式中，$x_{(10)}$ 和 $x_{(90)}$ 为图 5.23 对应于 10% 和 90% 概率的疲劳寿命值；$k_{(P,1-\alpha,v)}$ 为正态分布的单边误差限；自由度 $v=n-1$。

本节取失效概率 $P=10\%$，置信度 $1-\alpha=95\%$，查表可得 $k_{(0.1,0.95,5)}=2.755$。

由表 5.5 可以看出，150MPa、160MPa 和 170MPa 下疲劳寿命的分散性随应力水平的增大而减小，180MPa 下数据的分散性增大且与 150MPa 下相当。

A7N01S-T5 铝合金激光-MIG 复合焊接平滑接头升降法疲劳数据如表 5.6 所示。根据 GB/T 24176—2009，对 $N_f=10^7$ 下的疲劳强度进行统计估计。假定疲劳强度（$N_f=10^7$）的对数 lg$S$ 符合正态分布，$\hat{\mu}_y$ 和 $\hat{\sigma}_y$ 是其平均值和标准差，可分别由式(5.8)和式(5.9)计算得到。失效概率 P、置信度 $(1-\alpha)$ 下疲劳强度的下极限估计值 $\hat{y}_{(P,1-\alpha)}$ 可由式(5.10)得到。

$$\hat{\mu}_y = S_0 + d\left(\frac{A}{C} \pm \frac{1}{2}\right) \tag{5.8}$$

$$\hat{\sigma}_y = 1.62d(D + 0.029) \tag{5.9}$$

$$\hat{y}_{(P,1-\alpha)} = \hat{\mu}_y - k_{(P,1-\alpha,v)}\hat{\sigma}_y \tag{5.10}$$

式中，$A=\sum_{i=1}^{l} if_i$；$B=\sum_{i=1}^{l} i^2 f_i$；$C=\sum_{i=1}^{l} f_i$；$D=\frac{BC-A^2}{C^2}$。其中 l 为应力水平数；f_i 为事件数；d 为应力台阶。

表 5.6　A7N01S-T5 铝合金激光-MIG 复合焊接平滑接头升降法疲劳数据

应力 S /MPa	试样序列号											
	1	2	3	4	5	6	7	8	9	10	11	12
145						×						
140					○		×		×			
135		×		○				○		×		×
130	○		○								○	

注：×表示失效，○表示通过。

式(5.8)中，被分析事件失效时取 $-\frac{1}{2}$，被分析事件未失效时取 $\frac{1}{2}$。式(5.9)仅当 $D>0.3$ 时有效。

取未失效事件为分析对象，因此计算时式(5.8)取 $\frac{1}{2}$，则疲劳强度的平均值

μ_y 为136MPa。升降法疲劳数据的统计分析如表5.7所示，$D=0.56>0.3$，因此式(5.8)有效，疲劳强度的标准差 $\hat{\mu}_y$ 为4.8MPa。自由度 $v=n-1=5$，失效概率 $P=10\%$，置信度 $1-\alpha=95\%$，可查GB/T 24176—2009得 $k_{(0.1,0.95,5)}=3.006$，由式(5.9)可得失效概率 $P=10\%$、置信度 $1-\alpha=95\%$ 下疲劳强度的下极限估计值 $\hat{y}_{(0.1,0.95)}$ 为122MPa。

表5.7　升降法疲劳数据统计分析

应力 S/MPa	水平 i	f_i	f_i	$i^2 f_i$
145	2	1	2	4
140	1	2	2	2
135	0	3	0	0
总和	—	6	4	6
结果	$A=4, B=6, C=6, D=0.56$			

将各应力水平下的疲劳寿命平均值 $\hat{\mu}_x$、下极限估计值 $\hat{x}_{(0.1,0.95)}$ 和 $N_f=10^7$ 时的疲劳强度平均值 μ_y、下极限估计值 $\hat{y}_{(0.1,0.95)}$ 绘制失效概率-应力-循环次数(P-N-S)曲线，如图5.24所示。

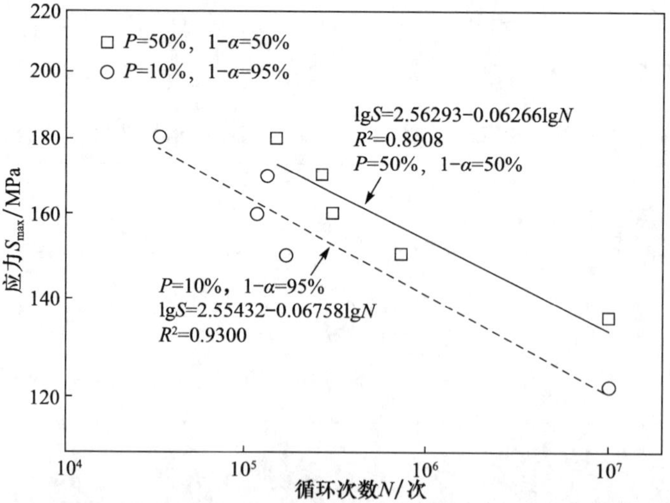

图5.24　A7N01S-T5铝合金激光-MIG复合焊接接头疲劳数据分析

将成组法和升降法得到的数据及拟合得到的 S-N 曲线绘制在同一图中，如图5.25所示，即为A7N01S-T5铝合金激光-MIG复合焊接接头

P-S-N曲线。用类似的方法可得到不同失效概率 P 和置信度$(1-\alpha)$下的 P-S-N 曲线。

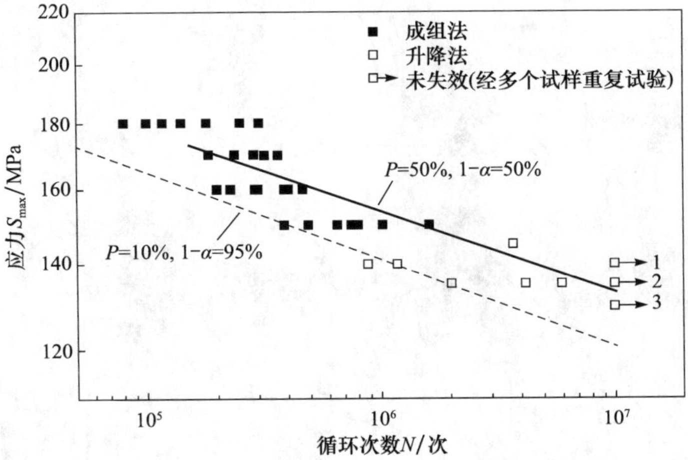

图 5.25　A7N01S-T5 铝合金激光-MIG 复合焊接接头 P-S-N 曲线

根据高速列车制造厂家的要求，$R=0$ 时 A7N01S-T5 铝合金平滑焊接接头的疲劳强度($N_f=10^7$)平均值应不小于 99.6MPa。8mm A7N01S-T5 铝合金激光-MIG 复合焊接接头疲劳强度满足服役性能要求，达到接头疲劳强度要求值的 137%。A7N01S-T5 铝合金激光-MIG 复合焊接接头失效的疲劳试样均断裂在焊缝区。可见，焊缝不仅是 A7N01S-T5 铝合金激光-MIG 复合焊接接头软化最严重和静载强度最差的区域，还是疲劳性能最差的区域。

A7N01S-T5 铝合金激光-MIG 复合焊接接头疲劳试样的典型断口如图 5.26 所示，裂纹均从试样表面起裂且呈放射状扩展，疲劳裂纹区比较平整，可看到疲劳弧线(又称贝壳花样或海滩花样)。部分试样的疲劳源从宏观断口即可看出为气孔缺陷，如图 5.26(a)和(b)所示；而图 5.26(c)和(d)断口从宏观形貌上无法确定其疲劳源，需在 SEM 下对方框中疲劳源附近区域进一步放大观察，如图 5.27 所示。由图 5.27(a)可以看出，$S_{max}=180$MPa、$N=1.41\times10^5$ 试样的疲劳源为气孔。由图 5.27(b)可以看出，$S_{max}=160$MPa、$N=2.90\times10^5$ 试样的疲劳源呈黑色，疲劳源区由夹杂及其附近的气孔组成，能谱分析结果表明疲劳源区富含 O 元素，疲劳源为夹杂缺陷。

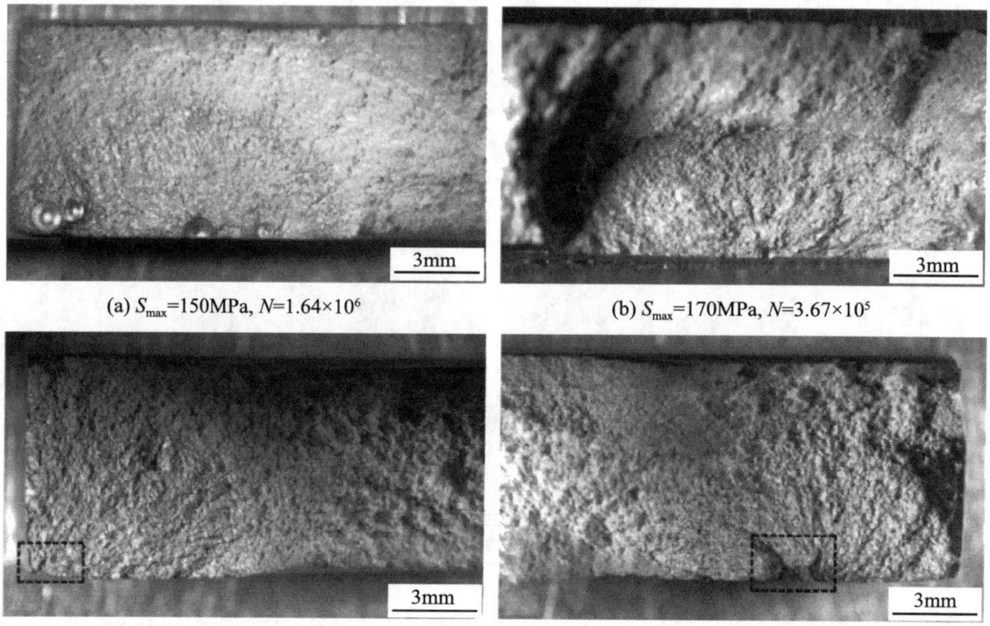

(a) S_{max}=150MPa, N=1.64×10^{6}　　(b) S_{max}=170MPa, N=3.67×10^{5}

(c) S_{max}= 180MPa, N= 1.41×10^{5}　　(d) S_{max}= 160MPa, N= 2.90×10^{5}

图 5.26　A7N01S-T5 铝合金激光-MIG 复合焊接接头疲劳试样典型断口

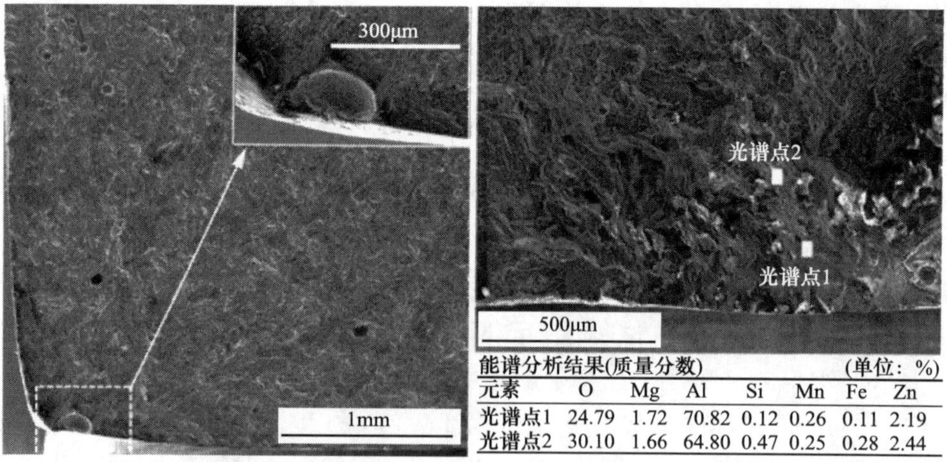

能谱分析结果(质量分数)　　(单位：%)

元素	O	Mg	Al	Si	Mn	Fe	Zn
光谱点1	24.79	1.72	70.82	0.12	0.26	0.11	2.19
光谱点2	30.10	1.66	64.80	0.47	0.25	0.28	2.44

(a) S_{max}=180MPa, N=1.41×10^{5}　　(b) S_{max}=160MPa, N=2.90×10^{5}

图 5.27　疲劳断口 SEM 观察

对激光-MIG 复合焊接接头各应力级下的疲劳试样进行观察，并统计疲劳源为气孔和夹杂的试样数，结果如表 5.8 所示。共观察了 26 个疲劳试样断口，其中 135MPa 下 2 个，150MPa、160MPa、170MPa 和 180MPa 下各 6 个。由表 5.8 可知，疲劳源为气孔的试样有 22 个，占总观察试样数的

84.6%；疲劳源为夹杂的试样有 3 个，占总观察试样数的 11.5%。气孔是 8mm A7N01S-T5 铝合金激光-MIG 复合焊接试样的主要疲劳源。Mayer 等[24]对铸造镁合金和铝合金的研究得到了类似的结果，有 98.5%的试样疲劳裂纹起裂于气孔。Lu 等[25]的研究也表明，与脆硬相等其他缺陷相比，铸造孔洞是影响 AM60B 镁合金裂纹萌生和扩展的主要因素。Yan 等[26]和 Wu 等[27]对铝合金焊接接头疲劳性能的研究也表明气孔是主要疲劳源。

表 5.8　激光-MIG 复合焊接疲劳试样疲劳源统计

应力级/MPa	观察试样数	疲劳源为气孔试样数	疲劳源为夹杂试样数
135	2	2	0
150	6	5	1
160	6	4	2
170	6	6	0
180*	6	5	0
合计	26	22(84.6%)	3(11.5%)

* 有 1 个试样的疲劳源不是气孔和夹杂。

综上所述，焊缝是 8mm A7N01S-T5 铝合金激光-MIG 复合焊接接头疲劳性能最差的区域。主要原因有：

(1) 焊丝采用 ER5356 焊丝，其力学性能本来就比 A7N01S-T5 铝合金的力学性能低，这是造成该区域是接头最薄弱区域的主要原因。

(2) 与母材和热影响区相比，焊缝区成分发生变化，析出相和晶粒比较粗大，使焊缝区强度低、塑性差。

(3) 焊缝中有气孔缺陷，气孔引起了应力集中，裂纹从气孔处萌生，气孔的存在降低了疲劳强度。

用 SEM 对 8mm A7N01S-T5 铝合金激光-MIG 复合焊接接头疲劳试样断口形貌进行观察。图 5.28 为激光-MIG 复合焊接 $S_{max}=180$MPa、$N=3.05\times10^5$试样疲劳源区形貌。由图 5.28(a)可以看出，疲劳源区比较粗糙；位置 1 放大后可看到平台(见图 5.28(b))；位置 2 的放大图为准解理形貌(见图 5.28(c))，进一步放大后形貌如图 5.28(d)所示，疲劳辉纹不明显。

不同应力水平下激光-MIG 复合焊接接头疲劳试样疲劳源区的形貌相差不大，主要为准解理形貌。这是因为，在疲劳裂纹扩展曲线的近门槛区，应力强度因子范围和最大应力强度因子都很小，裂纹尖端塑性区的宽度很小，裂纹尖端处于平面应变状态，所以裂纹尖端塑性区内的材料元倾向于脆性断裂[28]。

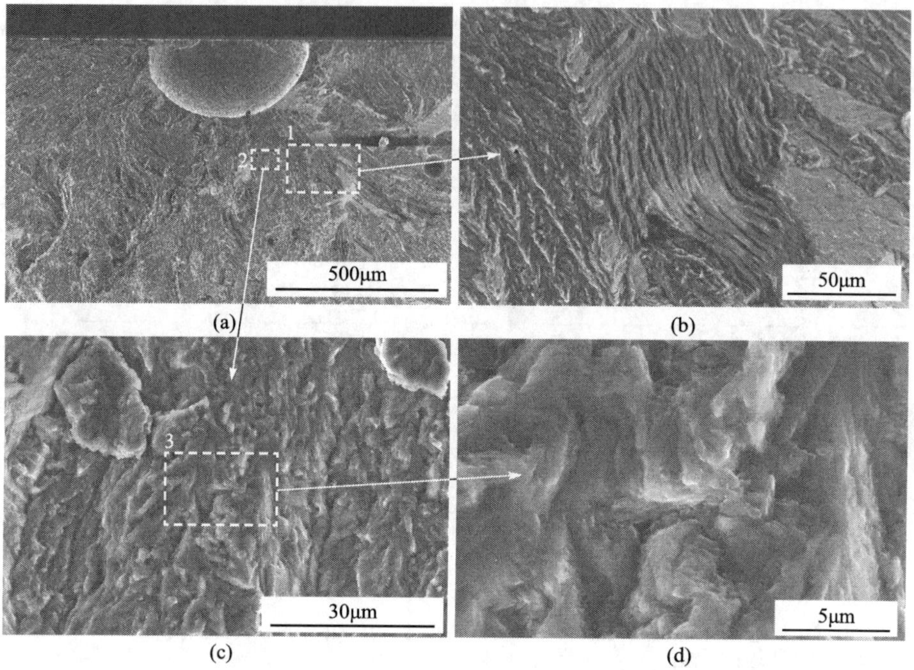

图 5.28　A7N01S-T5 铝合金激光-MIG 复合焊接接头试样疲劳源区形貌
(S_{max}=180MPa,N=3.05×10^5)

此外,由于裂纹可从气孔边缘不同位置萌生,疲劳源气孔边缘及附近区域可能有多个裂纹面,图 5.29 为 A7N01S-T5 铝合金激光-MIG 复合焊接 S_{max}=170MPa、N=1.85×10^5 试样的疲劳源区形貌。从图 5.29(a)可以看出,疲劳源区断口比较粗糙,随裂纹的扩展,断口转为平坦;对疲劳源区进一步放大可看到多个裂纹面(见图 5.29(b))。

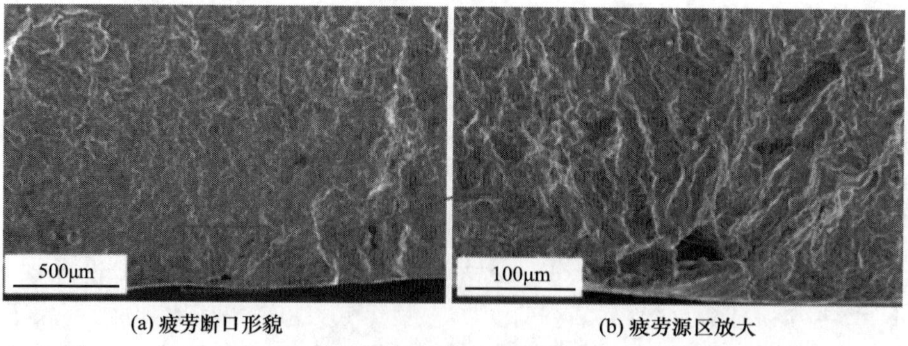

(a) 疲劳断口形貌　　(b) 疲劳源区放大

图 5.29　A7N01S-T5 铝合金激光-MIG 复合焊接接头试样疲劳源区形貌
(S_{max}=170MPa,N=1.85×10^5)

图 5.30 为 A7N01S-T5 铝合金激光-MIG 复合焊接 S_{max} = 170MPa、N=3.2×10^5 试样扩展区形貌。图中位置 1、位置 2、位置 3 和位置 4 分别距疲劳源 0.7mm、2.8mm、3.8mm 和 4.8mm。位置 1 断面比较平坦，位置 2、位置 3 和位置 4 断面相对粗糙。当扩展到距疲劳源 4.8mm 处(位置 4)时已经为快速扩展区。对位置 1、位置 3 和位置 4 的疲劳辉纹进行放大观察，如图 5.31 所示。可以看出，随裂纹的扩展，辉纹间距增大。位置 1 辉纹间距为 170～320nm，位置 3 辉纹间距为 300～680nm，位置 4 辉纹间距为 560～700nm。

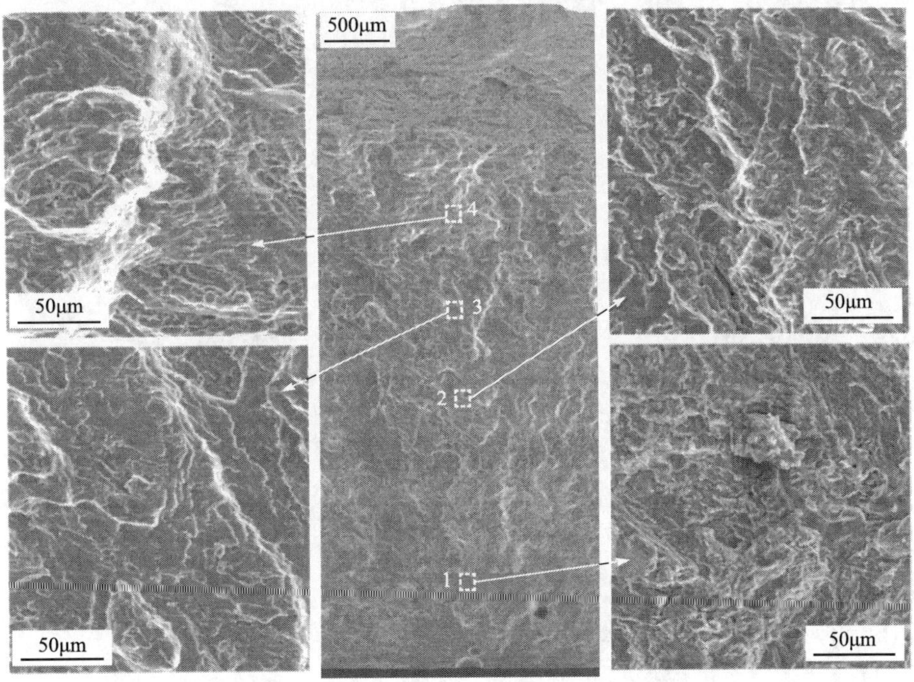

图 5.30 A7N01S-T5 铝合金激光-MIG 复合焊接接头试样扩展区形貌
(S_{max}=170MPa，N=3.20×10^5)

不同应力级、不同试样的裂纹扩展形貌也相差不大，应力水平越低，断面越平坦。裂纹扩展区形貌以疲劳辉纹为主，辉纹间距随裂纹扩展而增大，多数试样辉纹间距在 200～1000nm，个别试样快速扩展区疲劳辉纹间距可达 2900nm。

本章激光-MIG 复合焊接接头疲劳试验为高周疲劳，所有疲劳试验均在 180MPa 以下的应力水平下进行，远低于接头屈服强度(237MPa)。对于高周疲劳，试样宏观变形为弹性，疲劳裂纹萌生过程为疲劳裂纹的主要过程[29]。裂纹扩展形貌观察结果表明，激光-MIG 复合焊接试样裂纹扩展区形貌差别不大。Lu 等[25]的研究也得到了类似结果，他们认为裂纹萌生和短裂纹阶段决定着试样的疲劳寿命。因此，认为疲劳裂纹萌生和短裂纹阶段占整个疲劳过程的主要部分。

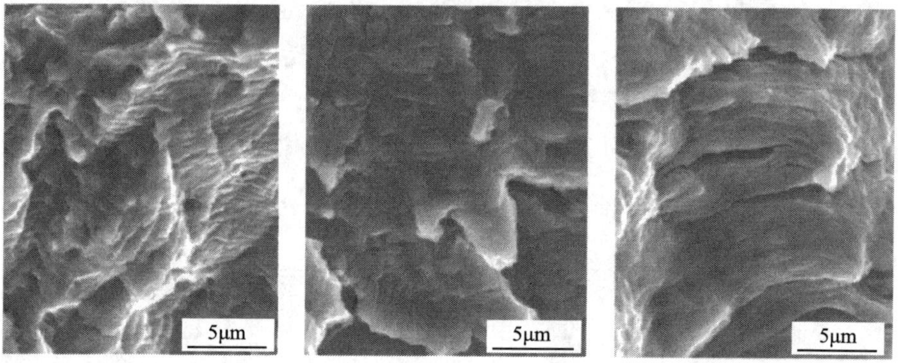

(a)位置1　(b)位置3　(c) 位置4

图 5.31　A7N01S-T5 铝合金激光-MIG 复合焊接接头试样疲劳辉纹

($S_{max}=170MPa, N=3.20\times10^5$)

5.3.4　A6N01S-T5 铝合金激光-MIG 复合焊接接头疲劳性能

由表 5.9 所示的疲劳试验结果可以看出，A6N01S-T5 铝合金激光-MIG 复合焊接接头疲劳强度约为 110MPa，而 MIG 焊接接头疲劳强度只有 100MPa 左右，比激光-MIG 复合焊接低约 10MPa。A6N01S-T5 铝合金激光-MIG 复合焊接接头疲劳试样断口宏观形貌如图 5.32 所示。可以看到，疲劳断口色泽光亮，整体比较光滑。两种工艺试样疲劳断口上都有气孔存在，MIG 焊接疲劳断口的气孔数量要多于激光-MIG 复合焊接。推测气孔为两种焊缝发生疲劳破坏的疲劳源，MIG 焊接接头疲劳性能低与其焊缝中有较多气孔有关。

表 5.9　8mm A6N01S-T5 铝合金不同工艺焊接接头疲劳试验结果

焊接方法	应力 S/MPa	循环次数 N
激光-MIG 复合焊接	120	1.7×10^5
	120	4.1×10^5
	120	9.5×10^6
	110	1.0×10^7
	110	1.0×10^7
MIG 焊接	110	5.2×10^5
	110	7.3×10^6
	100	1.0×10^7
	100	1.0×10^4

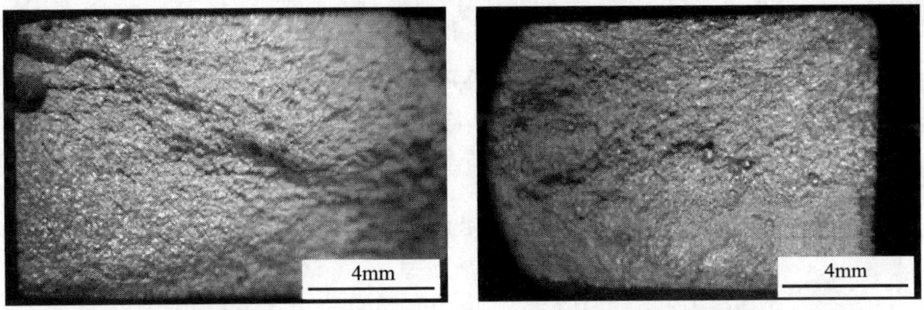

(a) 激光-MIG复合焊接接头疲劳断口宏观形貌　(b) MIG焊接接头疲劳断口宏观形貌

图 5.32　8mm A6N01S-T5 铝合金不同工艺焊接接头疲劳断口宏观形貌

采用 SEM 观察 A6N01S-T5 铝合金激光-MIG 焊接接头疲劳试样断口微观形貌，如图 5.33 所示。两种焊接方法的疲劳试样表面都有直径为 300～500μm 的大气孔存在。对大气孔周围的区域进一步放大观察，可以看到呈平行条带状分布的疲劳辉纹，这是疲劳断裂的显著特征之一。疲劳辉纹的内法线方向指向疲劳源，即图中的大气孔。这说明促使两种焊接接头

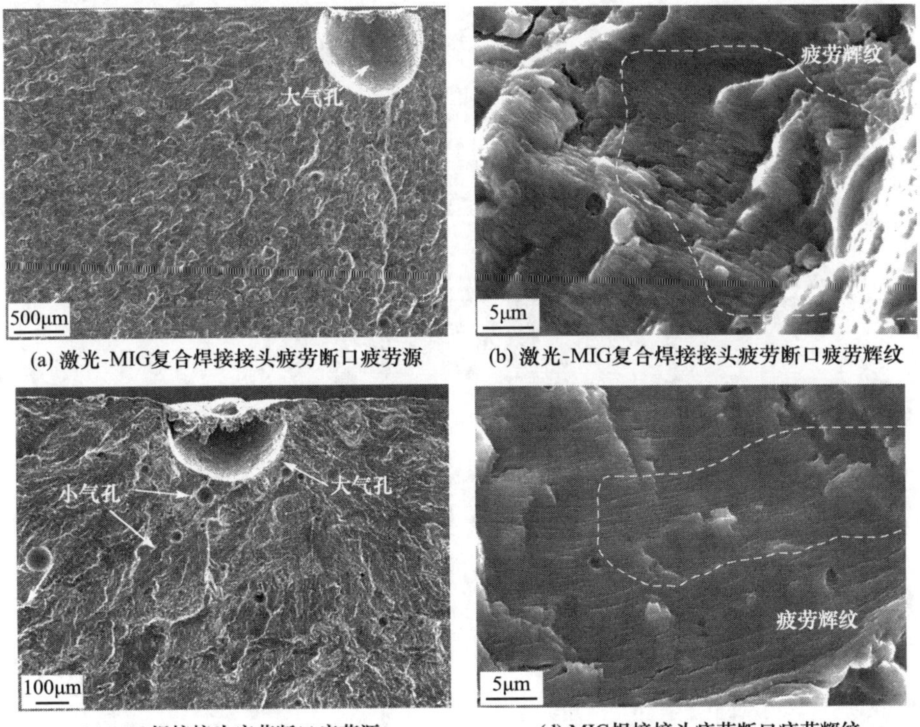

(a) 激光-MIG复合焊接接头疲劳断口疲劳源　(b) 激光-MIG复合焊接接头疲劳断口疲劳辉纹

(c) MIG焊接接头疲劳断口疲劳源　(d) MIG焊接接头疲劳断口疲劳辉纹

图 5.33　8mm A6N01S-T5 铝合金不同工艺焊接接头疲劳断口微观形貌

发生疲劳断裂的疲劳源均是焊缝中的气孔。由于大气孔处的应力集中较大，疲劳裂纹多从该处开始萌生，且呈放射状扩展。在MIG焊接疲劳断口的大气孔周围还分布有较多20～50μm的小气孔，这会加速疲劳裂纹的扩展，正是由于较多气孔的存在降低了MIG焊接接头的疲劳强度。

5.3.5 A6N01S-T5铝合金薄板的疲劳性能特征

Li等[30]对3mm厚的A6N01铝合金型材的疲劳特征进行了研究，首先将T5状态的铝合金在530℃下进行固溶处理2h，然后水淬得到固溶＋水淬(SHT-QT)试样。对其进行疲劳性能测试，结果如图5.34所示，可见其应力幅值S与疲劳寿命lg$N$呈线性关系，T5状态的试样疲劳强度为128MPa，而SHT-QT状态的试样疲劳强度为94MPa。经过固溶和水淬后，试样的力学性能下降。

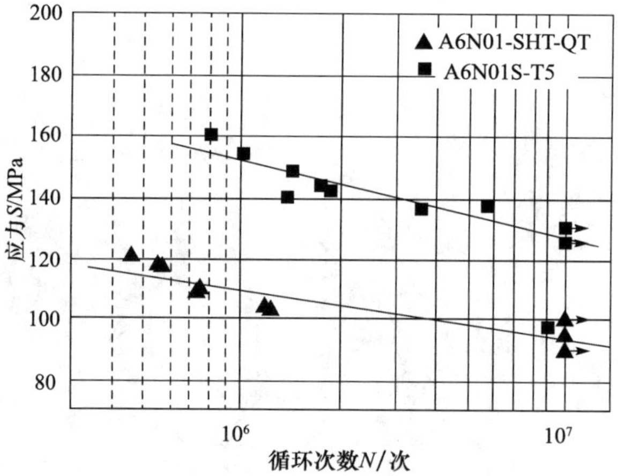

图5.34 A6N01S-T5铝合金及6N01-SHT-QT铝合金疲劳性能

观察两种状态试样的疲劳断口，如图5.35和图5.36所示。从图5.35可以看出，A6N01S-T5试样的断口呈现完全沿晶断裂的形貌，这在疲劳试样中是很少见的，并且这种完全脆性的断裂方式也比较危险。试样疲劳源区、扩展区和瞬断区均为冰糖状，呈现沿晶断裂的形貌，可以清楚地看到晶粒和晶界，在裸露的晶粒表面有微小的韧窝。其扩展区放大图片显示有疲劳辉纹存在，宽度为1～1.5μm。从图5.36可以看出，A6N01-SHT-QT试样的疲劳断口呈现出一种半脆性半韧性的形貌，在裂纹源区和扩展区有一些解理面的存在，显示了其脆性特征，在扩展区的放大图上也可以看到细密的疲劳辉纹，间距为 0.4～0.6μm。在瞬断区则呈现出韧性断裂特征，有细小的韧窝分布在其上。可见固溶加水淬处理还改变了疲劳断口的断裂方式，使其由完全的沿晶断裂改变为半脆性半韧性的断裂方式。

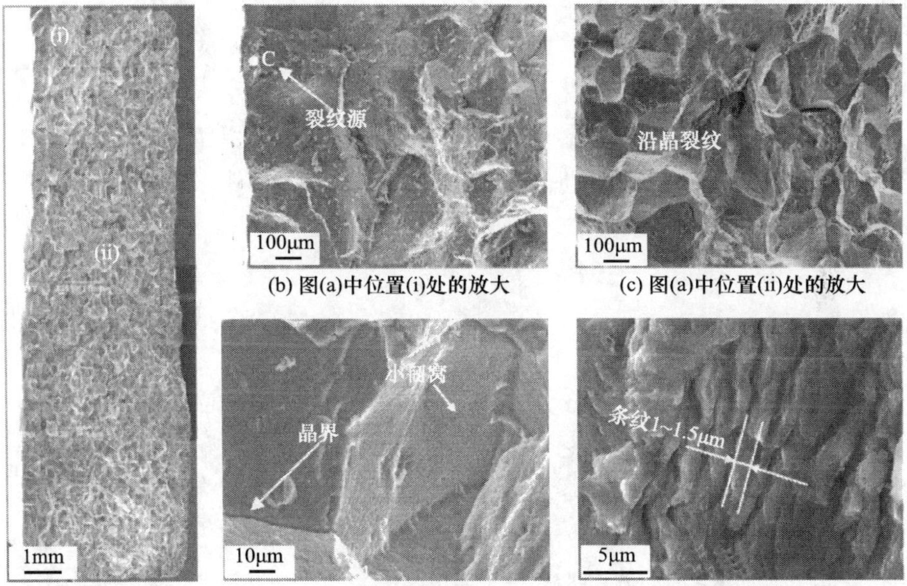

(a) 整体形貌　(b) 图(a)中位置(i)处的放大　(c) 图(a)中位置(ii)处的放大　(d) 晶粒上的韧窝　(e) 疲劳辉纹

图 5.35　A6N01S-T5 铝合金疲劳断口(N_f=804900)

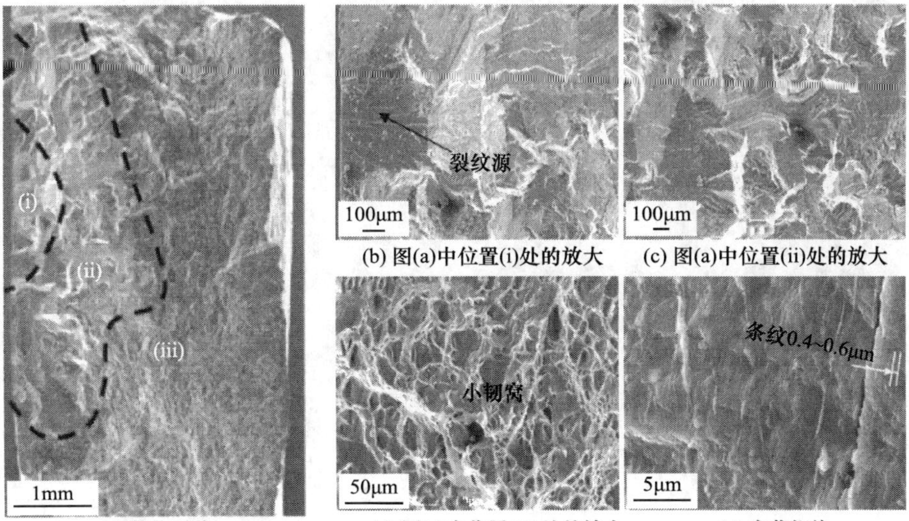

(a) 整体形貌　(b) 图(a)中位置(i)处的放大　(c) 图(a)中位置(ii)处的放大　(d) 图(a)中位置(iii)处的放大　(e) 疲劳辉纹

图 5.36　A6N01-SHT-QT 铝合金疲劳断口(N_f=459400)

对 A6N01 铝合金的疲劳断裂机理进行进一步分析，分别对 A6N01S-T5 与 A6N01-SHT-QT 试样进行 EBSD 观察，分别得到它们的反极图及相图，如图 5.37 所示。首先发现 T5 态的晶粒基本呈现等轴晶的形态，方向呈现各向异性特征，而经过固溶加水淬处理后，晶粒发生了长大。观察相图又可以发现，在 T5 态主要的强化相是 MgSi 相和 Fe-Al-Si 相，并且它们都呈链状分布在晶界上，而 MgSi 相与 Fe-Al-Si 相都是脆硬相，呈链状分布在晶界上容易导致应力集中，在交变载荷的作用下导致沿晶开裂。经过 SHT-QT 处理后，Mg_5Si_6 相和 Mg_2Si 相的含量大幅下降，同时 Fe_3Al_2Si 相和 $[Fe_{0.5}Mn_{0.5}]Al_6$ 相的含量也下降，而 $Al_{4.5}FeSi$ 相含量上升，说明在此过程中有相的转变。综上所述，A6N01S-T5 的链状第二相的分布形态被破坏了，因此其沿晶断裂的断口形貌发生了改变。

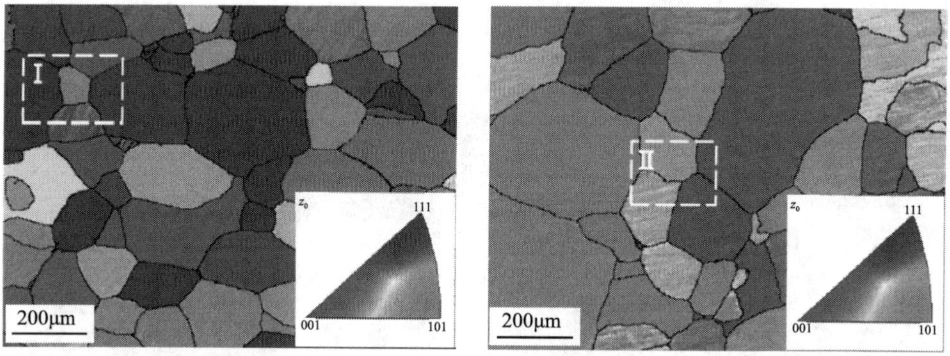

(a) A6N01-T5铝合金的反极图　　(b) A6N01-SHT-QT铝合金的反极图

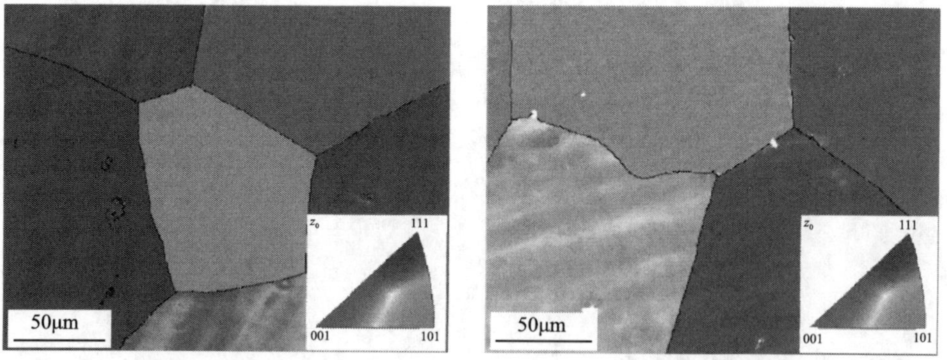

(c) Ⅰ部位的放大图　　(d) Ⅱ部位的放大图

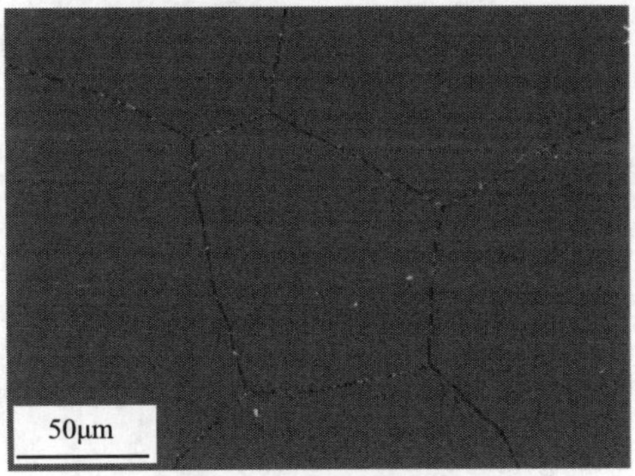

(e) A6N01-T5铝合金的相图

Mg_2Si_0[0.595%]　Mg_2Si[0.0226%]
Al_1FeSi[0.0458%]　Al[99.84%]
Al_3Fe_2Si[0.595%]　$[Fe_0Mn_{0.5}]Al_6$[0.0137%]
未解析区域

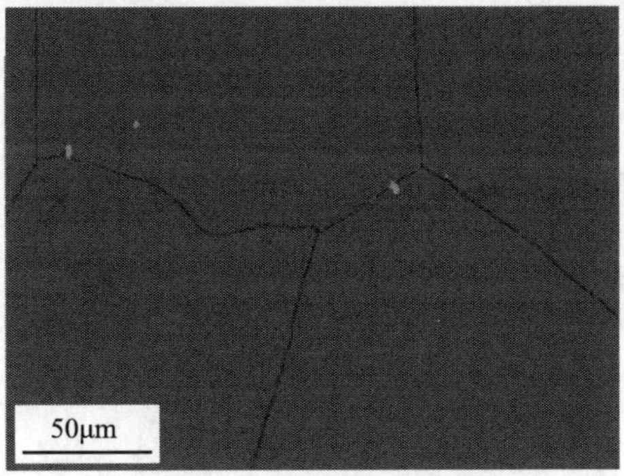

(f) A6N01-SHT-QT铝合金的相图

Mg_5Si_6[0.00535%]　Mg_2Si[0]
$Al_{4.5}FeSi$[0.143%]　Al[99.84%]
Al_3Fe_2Si[0.00476%]　$[Fe_{0.5}Mn_{0.5}]Al_6$[0.0238%]
未解析区域

图 5.37　A6N01-T5 和 A6N01-SHT-QT 铝合金 EBSD 图(见文后彩图)

参考文献

[1]　苟国庆,黄楠,陈辉,等. 高速列车 A7N01S-T5 铝合金焊接接头盐雾腐蚀行为分析. 焊接学报,2011,32(10):17-20.

[2]　束德林. 工程材料力学性能. 北京:机械工业出版社,2016.

[3]　Chen X F,Peng D S,Hu J Q,et al. A study on stress corrosion cracking sensitivity of 2519 aluminum alloy hot rolled plate. Light Metal Age,2002,60(11):24-28.

[4]　章淑芳,王晓敏,廖潇壶. 动车柜体 7003 铝合金动车柜体的应力腐蚀开裂. 材料工程,2015,43(7):105-112.

[5]　吕胜利,张有宏,吕国志. 铝合金结构腐蚀损伤研究与评价. 西安:西北工业大学出版社,2009.

[6]　冯先锋,叶序斌,叶笃毅,等. 潮湿空气环境下 2024-T351 铝合金的缺口疲劳强度. 材料科学与工程学报,2015,45(5):107-111.

[7]　帅刚,邱骥,王红美,等. 铝合金 TIG 焊接接头喷射式微弧氧化腐蚀疲劳性能研究. 表面技术,2015,44(12):110-115.

[8]　Ebara R. Corrosion fatigue crack initiation behavior of stainless steels. Procedia Engineering,2010,2(1):1297-1306.

[9]　Sabelkin V,Perel V Y,Misak H E,et al. Investigation into crack initiation from corrosion pit in 7075-T6 under ambient laboratory and saltwater environments. Engineering Fracture Mechanics,2015,134:111-123.

[10]　Wang S D,Xu D K,Wang B J,et al. Effect of corrosion attack on the fatigue behavior of an as-cast Mg-7%Gd-5%Y-1%Nd-0.5%Zr alloy. Materials & Design,2015,84(3-

4):185-193.

[11] 李鹏,李恒奎,徐晓龙,等. A7N01S-T5 铝合金焊接热影响区腐蚀疲劳裂纹萌生行为研究. 电焊机,2015,45(5):107-111.

[12] 黄彪,唐正平,陈鑫,等. 6061-T6 铝合金激光焊接接头腐蚀疲劳裂纹扩展. 精密成形工程,2017,9(2):27-33.

[13] Li X D, Wang X S, Ren H H, et al. Effect of prior corrosion state on the fatigue small cracking behaviour of 6151-T6 aluminum alloy. Corrosion Science, 2012, 55(2): 26-33.

[14] Ma J, Zhang B, Wang J, et al. Anisotropic 3D growth of corrosion pits initiated at MnS inclusions for A537 steel during corrosion fatigue. Corrosion Science, 2010, 52(9): 2867-2877.

[15] Zhao W M, Wang Y X, Zhang T M, et al. Study on the mechanism of high-cycle corrosion fatigue crack initiation in X80 steel. Corrosion Science, 2012, 57(2): 99-103.

[16] Harlow D G, Wei R P. A probability model for the growth of corrosion pits in aluminum alloys induced by constituent particles. Engineering Fracture Mechanics, 1998, 59(3): 305-325.

[17] Seifert H P, Ritter S. The influence of ppb levels of chloride impurities on the strain-induced corrosion cracking and corrosion fatigue crack growth behavior of low-alloy steels under simulated boiling water reactor conditions. Corrosion Science, 2016, 108: 148-159.

[18] Tan J B, Wu X Q, Han E H, et al. Corrosion fatigue behavior of Alloy 690 steam generator tube in borated and lithiated high temperature water. Corrosion Science, 2014, 89: 203-213.

[19] Wu H C, Yang B, Wang S L, et al. Effect of oxidation behavior on the corrosion fatigue crack initiation and propagation of 316LN austenitic stainless steel in high temperature water. Materials Science and Engineering: A, 2015, 633: 176-183.

[20] Wei R P. Corrosion and corrosion fatigue of airframe materials. Airworthiness, 2000.

[21] Zheng X. A further study on fatigue crack initiation life-mechanical model for fatigue crack initiation. International Journal of Fatigue, 1986, 8(1): 17-21.

[22] Khaburskyi Y, Nykyforchyn H. Chemical method of fatigue and corrosion fatigue crack growth arrest in steels by metal treatment with the special technological environment. Procedia Structural Integrity, 2018, 13: 1651-1656.

[23] 张彦华. 焊接强度分析. 西安:西北工业大学出版社,2011.

[24] Mayer H, Papakyriacou M, Zettl B, et al. Endurance limit and threshold stress intensity of die cast magnesium and aluminium alloys at elevated temperatures. International Journal of Fatigue, 2005, 27(9): 1076-1088.

[25] Lu Y, Taheri F, Gharghouri M. Study of fatigue crack incubation and propagation mechanisms in a HPDC AM60B magnesium alloy. Journal of Alloys and Compounds, 2008, 466(1-2): 214-227.

[26] Yan S H, Nie Y, Zhu Z T, et al. Characteristics of microstructure and fatigue resistance of hybrid fiber laser-MIG welded Al-Mg alloy joints. Applied Surface Science, 2014, 298: 12-18.

[27] Wu S C, Yu C, Yu P S, et al. Corner fatigue cracking behavior of hybrid laser AA7020 welds by synchrotron X-ray computed microtomography. Materials Science and Engineering: A, 2016, 651: 604-614.

[28] 郑修麟，王泓，鄢君辉，等. 材料疲劳理论与工程应用. 北京：科学出版社，2013.

[29] Wang Q G, Apelian D, Lados D A. Fatigue behavior of A356-T6 aluminum cast alloys. Part I. Effect of casting defects. Journal of Light Metals, 2001, 1(1): 73-84.

[30] Li Y X, Qiu S F, Zhu Z T, et al. Intergranular crack during fatigue in Al-Mg-Si aluminum alloy thin extrusions. International Journal of Fatigue, 2017, 100: 105-112.

彩　图

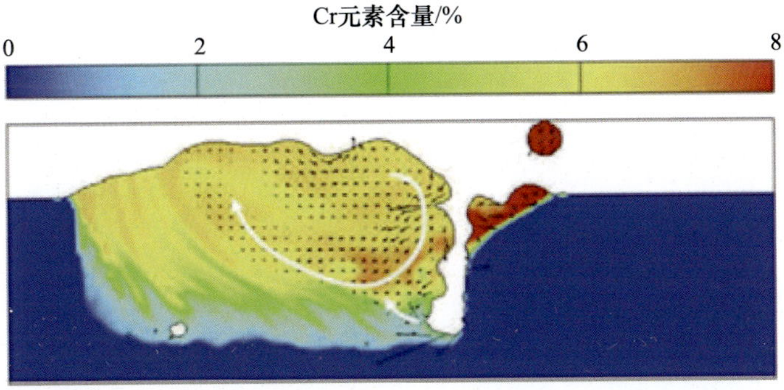

图 1.17　碳钢激光-电弧复合焊接过程中 Cr 元素分布

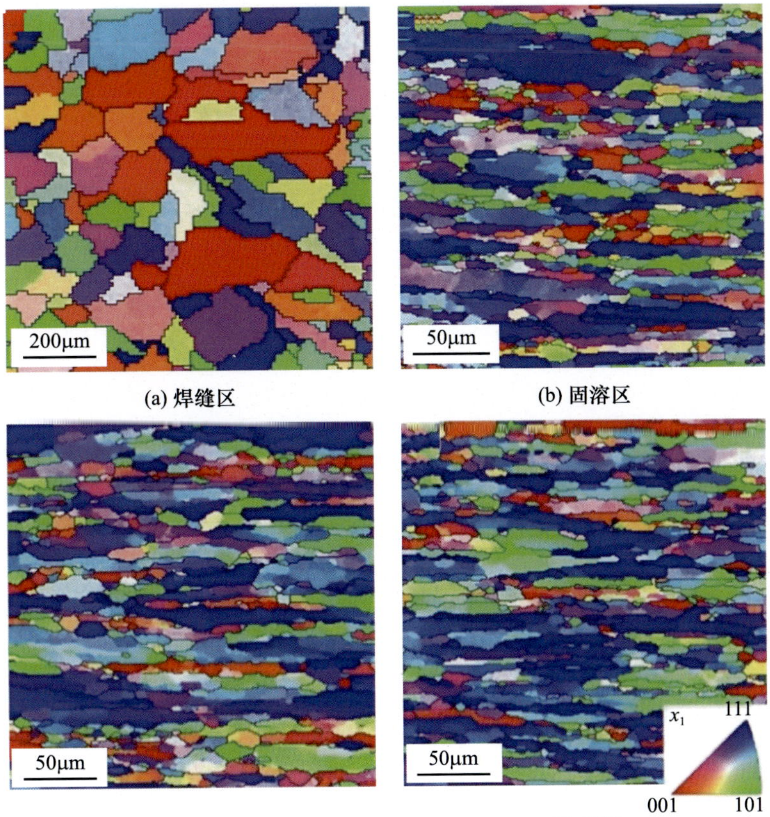

(a) 焊缝区　(b) 固溶区　(c) 过时效区　(d) 母材

图 1.29　A7N01S-T5 铝合金激光-MIG 复合焊接接头晶粒形貌

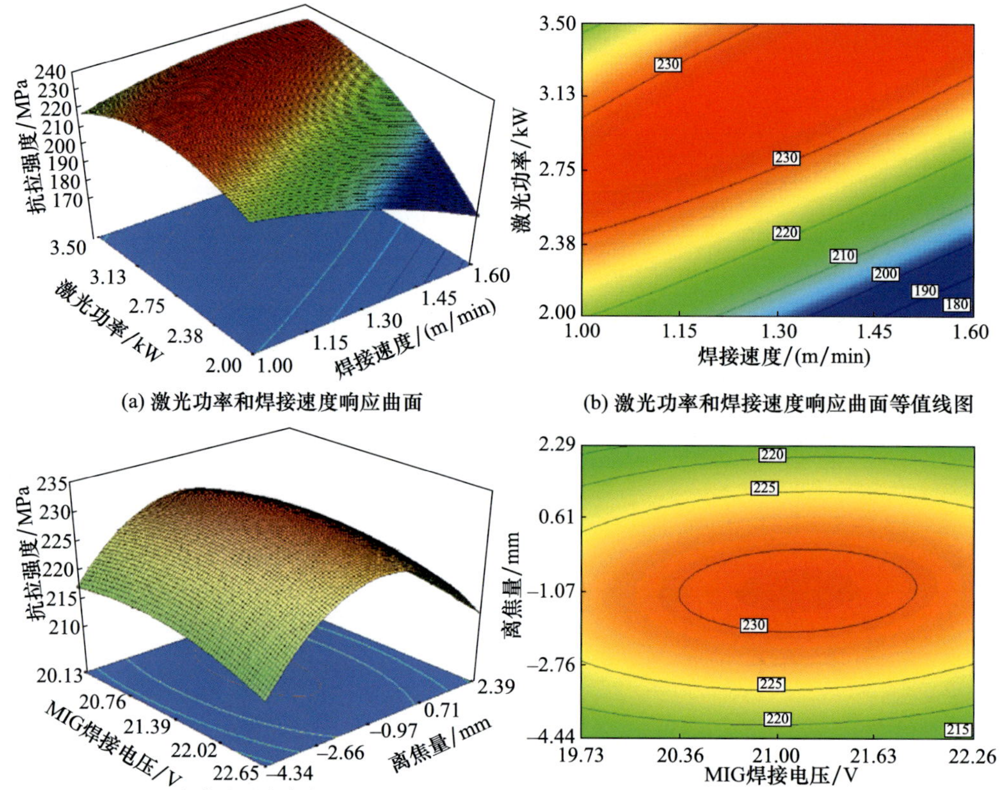

(a) 激光功率和焊接速度响应曲面　(b) 激光功率和焊接速度响应曲面等值线图

(c) MIG焊接电压和离焦量响应曲面　(d) MIG焊接电压和离焦量响应曲面等值线图

图 2.18　各工艺参数间的交互作用响应曲面

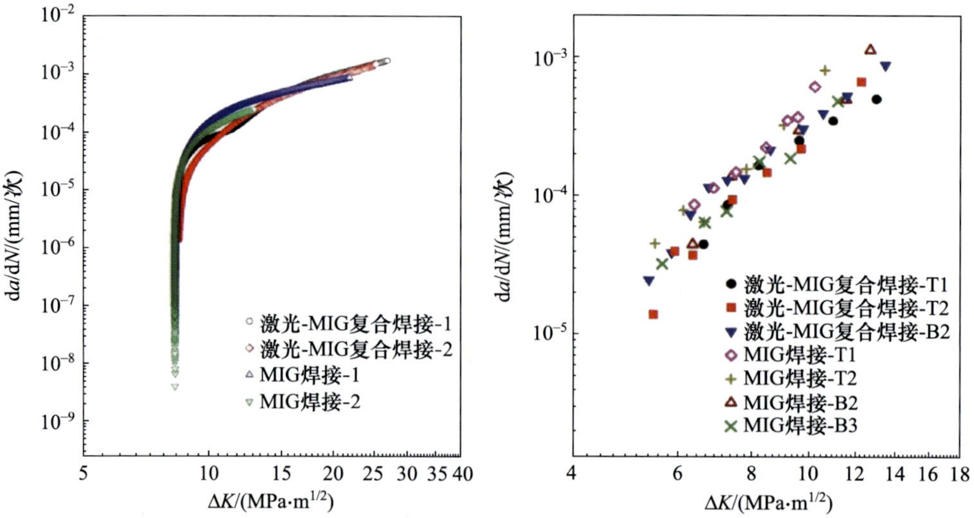

(a) Y-X 试样　(b) Y-Z 试样

图 2.27　疲劳裂纹扩展速率试验结果

为了更好地表征性能，本图适当放大了局部横坐标比例尺

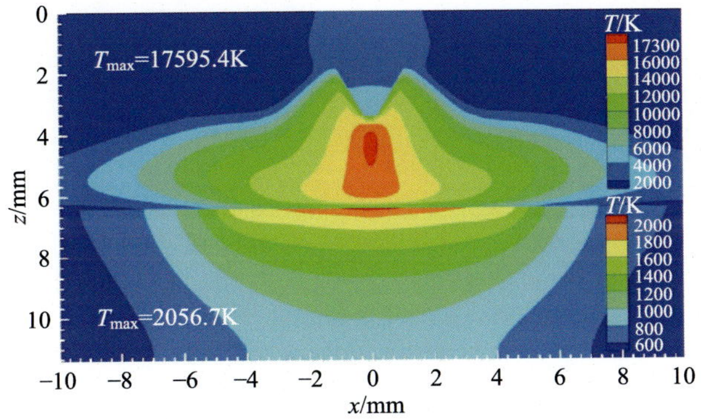

图 3.6　电弧焊接温度场分布

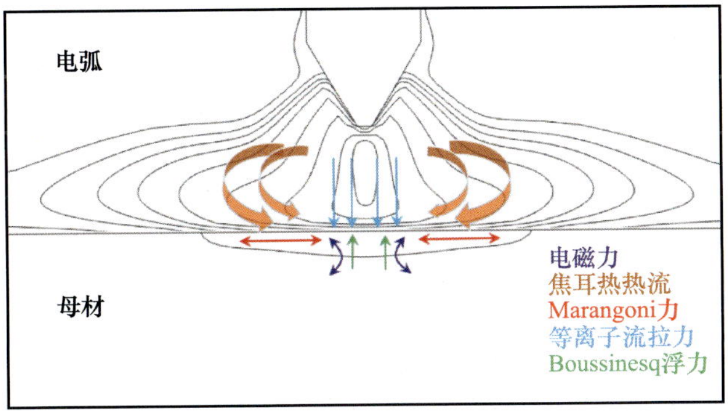

图 3.8　电弧焊接熔池受力及焦耳热热流方向

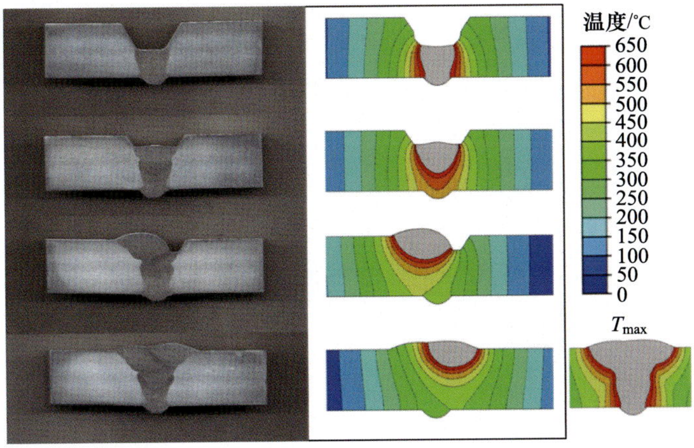

图 3.10　焊缝截面与计算得到的熔池温度场对比(每道温度场分布及最高温度分布)

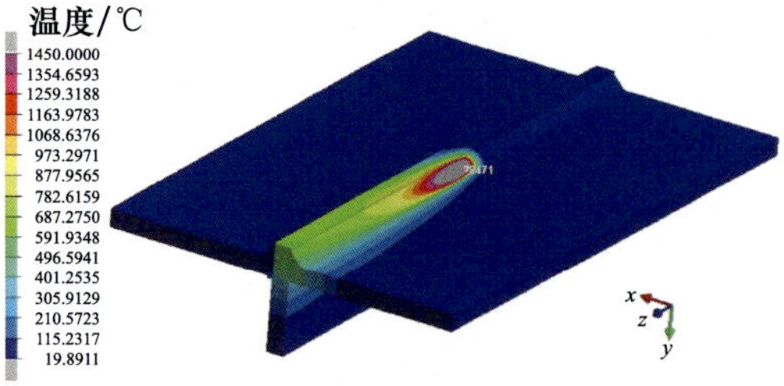

(a) C001接头

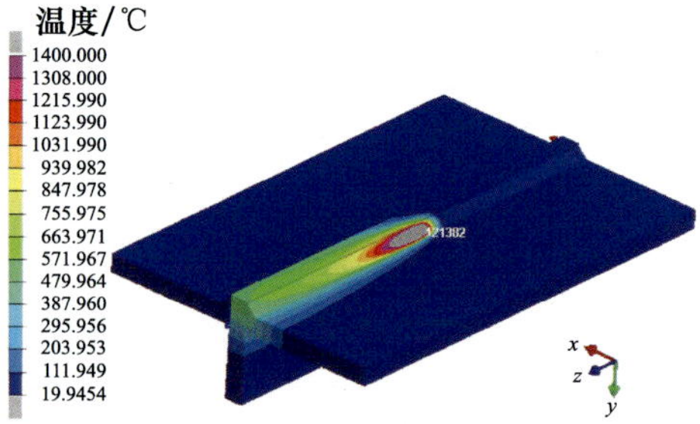

(b) C002接头

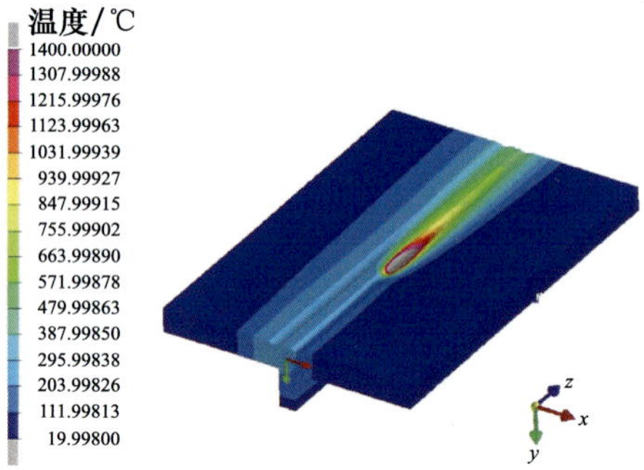

(c) C003接头

图 3.12　激光-电弧复合焊接热源温度场

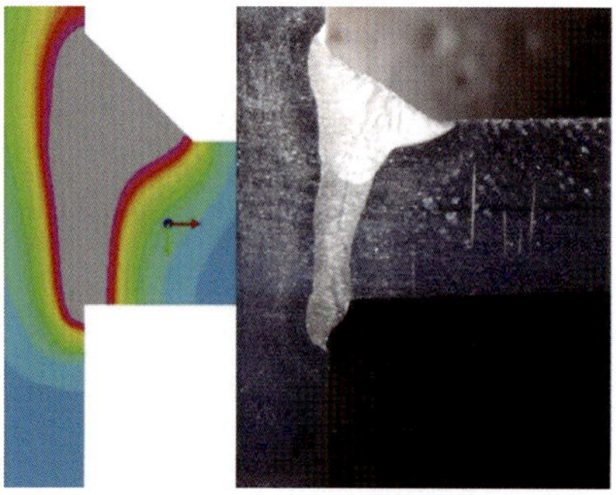

(a) C001接头

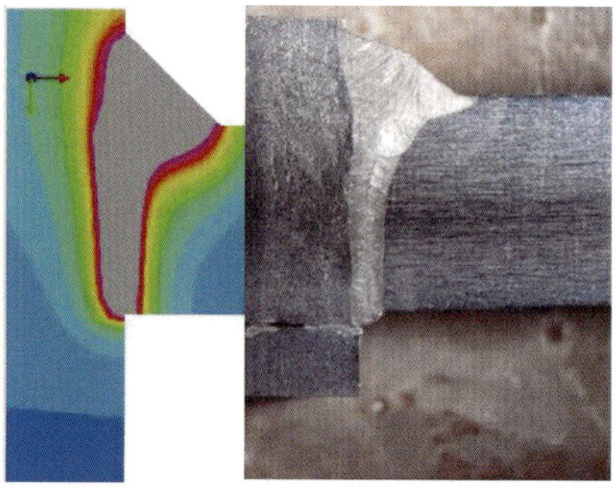

(b) C002接头

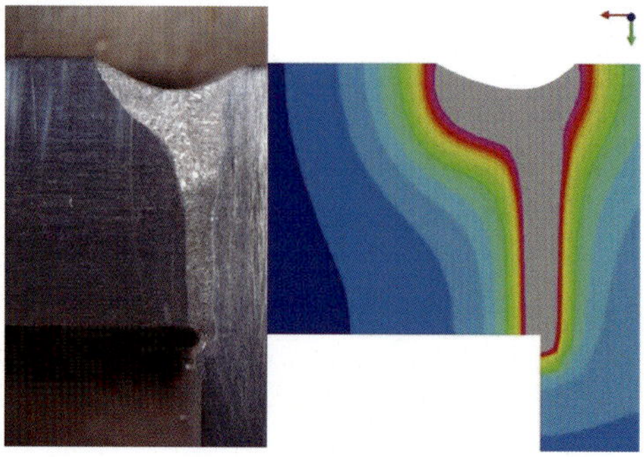

(c) C003接头

图 3.13　焊缝截面形貌

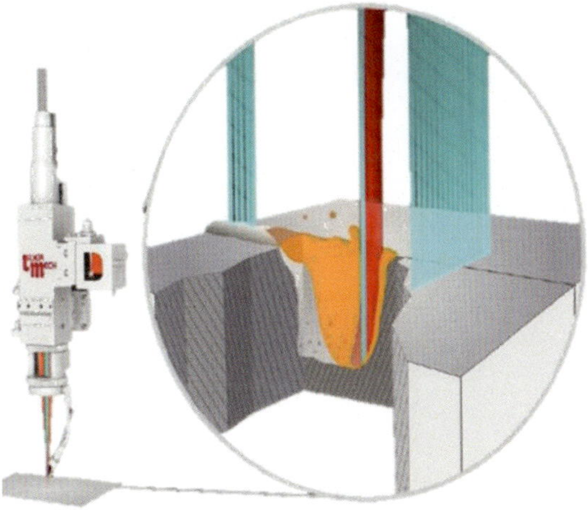

图 4.20　激光焊接在线监测技术原理示意图

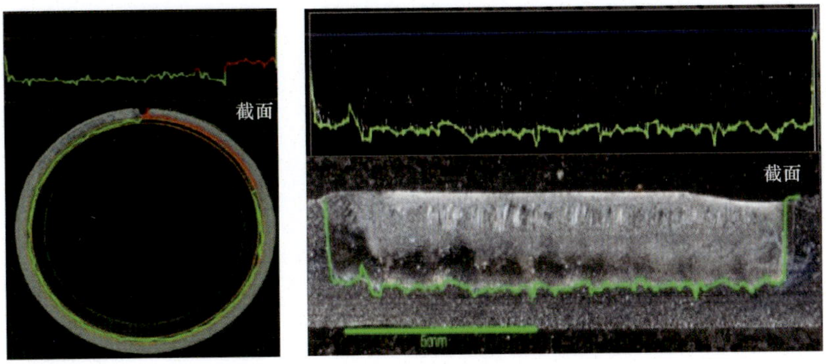

图 4.21　激光焊接熔深的闭环控制

(a) 极光　　(b) 焊接过程中的等离子体

图 4.23　等离子体

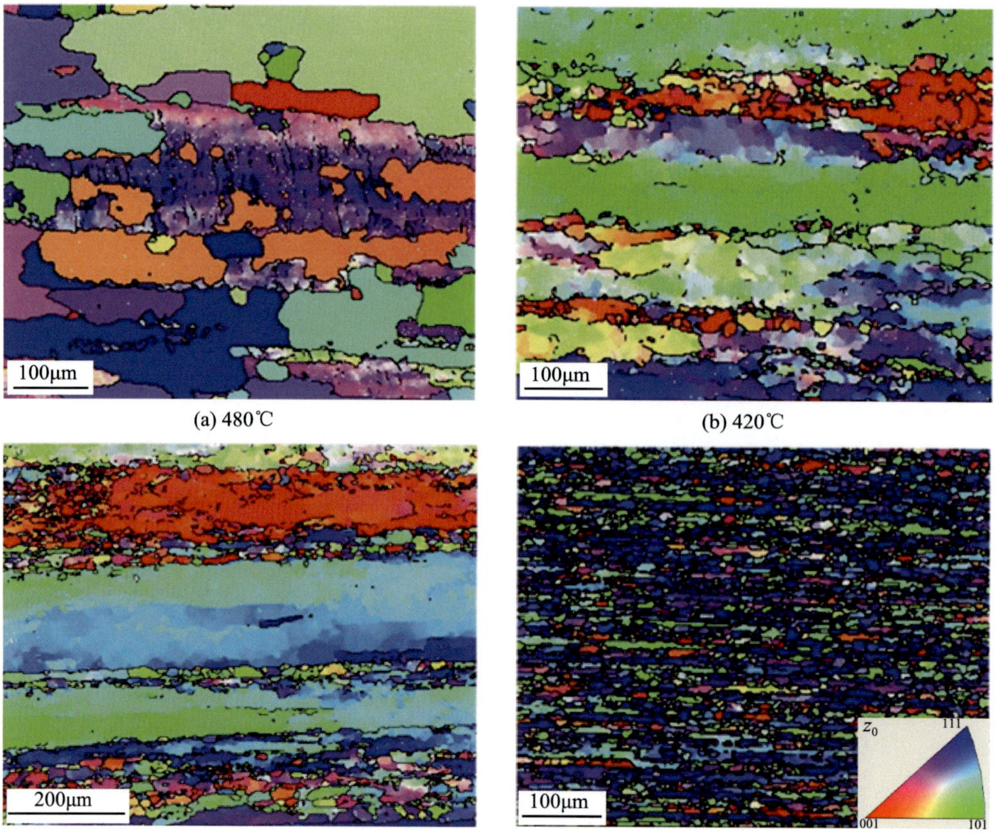

(a) 480℃　(b) 420℃

(c) 320℃　(d) 260℃

图 5.11　A7N01S-T5 铝合金激光-MIG 复合焊接接头热物理模拟热影响区微观组织图

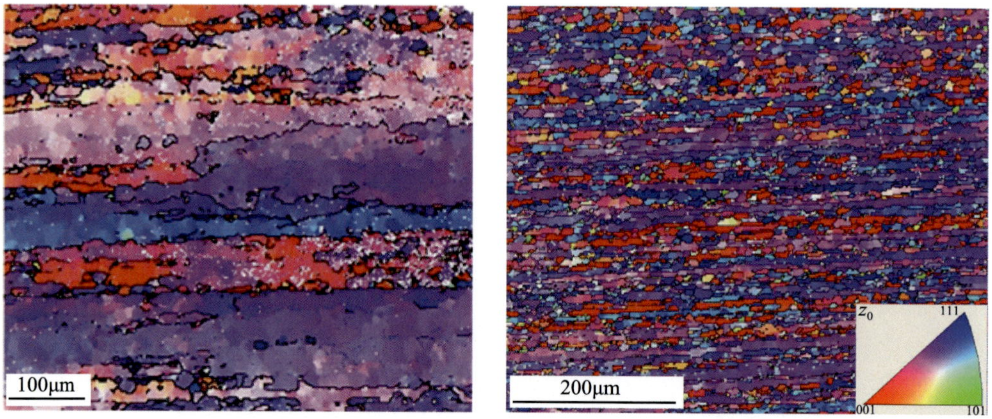

(a) 480℃　(b) 320℃

图 5.12　A7N01P-T4 铝合金激光-MIG 复合焊接接头热物理模拟热影响区微观组织图

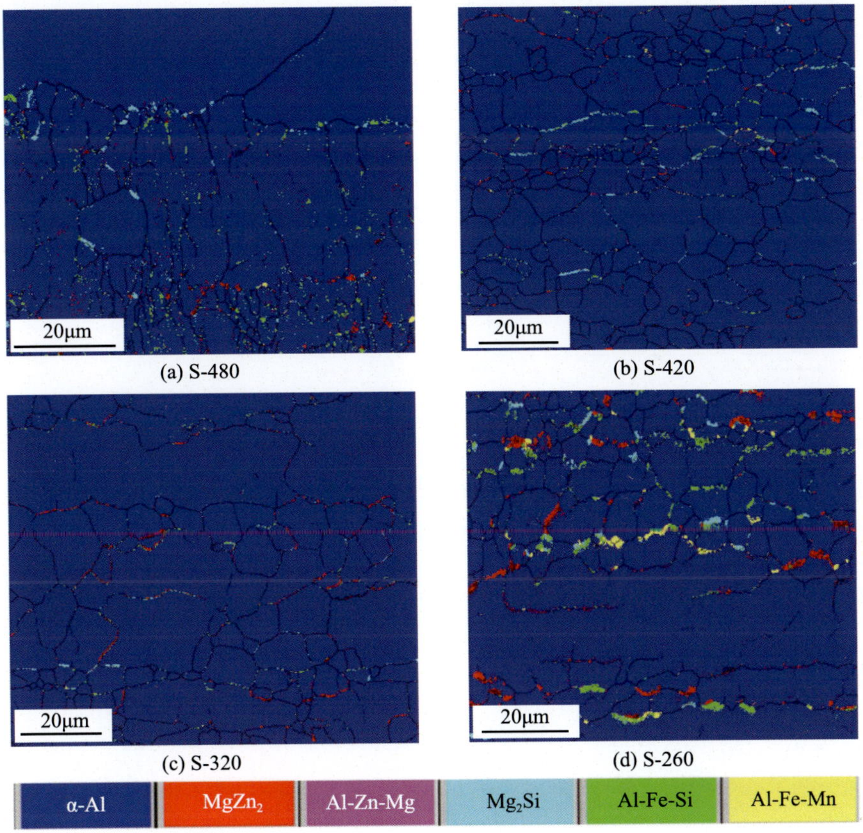

(a) S-480　(b) S-420

(c) S-320　(d) S-260

图 5.14　A7N01S-T5 铝合金热模拟试件的第二相分布图

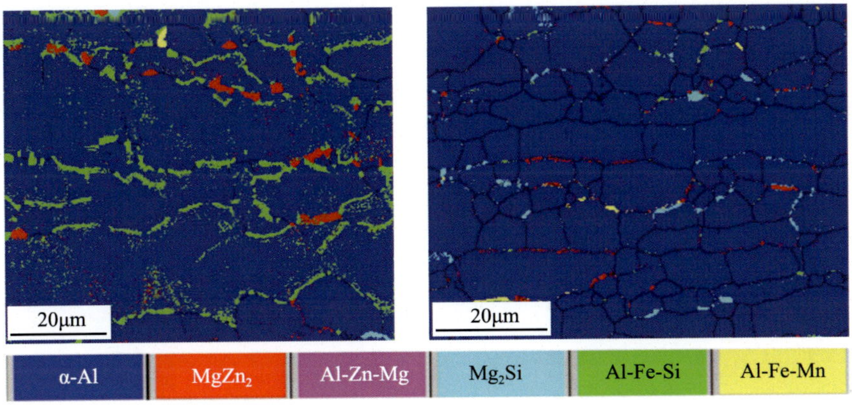

(a) P-480　(b) P-320

图 5.15　A7N01P-T4 铝合金热模拟试件的第二相分布图

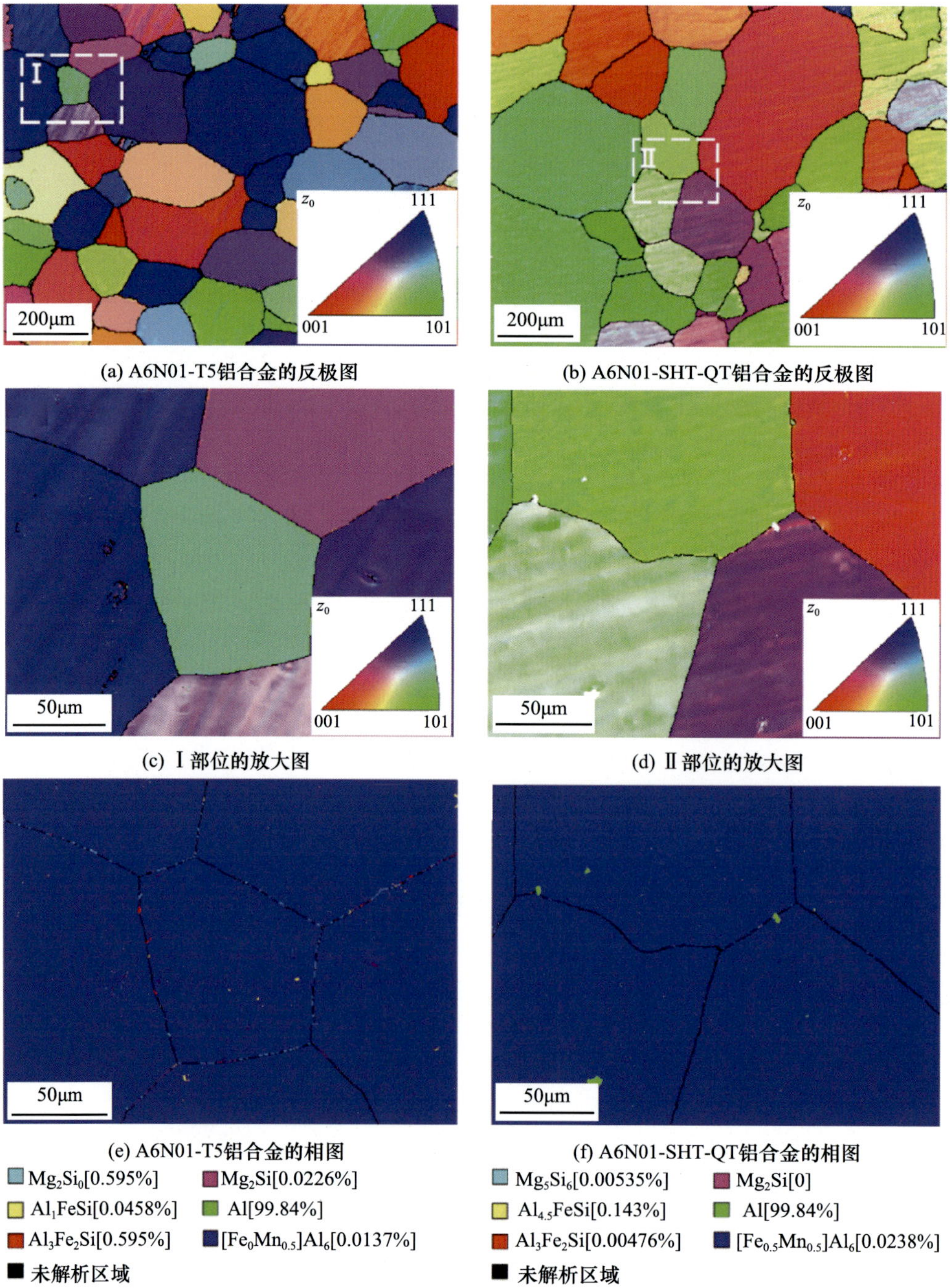

(a) A6N01-T5铝合金的反极图

(b) A6N01-SHT-QT铝合金的反极图

(c) Ⅰ部位的放大图

(d) Ⅱ部位的放大图

(e) A6N01-T5铝合金的相图

(f) A6N01-SHT-QT铝合金的相图

图 5.37　A6N01-T5 和 A6N01-SHT-QT 铝合金 EBSD 图